ro
ro
ro

«Wir leben leider wieder in einer Zeit der einfachen Antworten. Das ist gefährlich, und viele machen es sich zu einfach. Die Antworten werden komplexer, so wie die Welt um uns herum. Daher möchte ich verständlich, aber nicht vereinfacht, nicht verkürzt, aber auch nicht zu langatmig, nicht unausgewogen, aber mit klarer Position Fragen an und über die Politik beantworten. Allerdings will ich das mit einer Portion Humor tun. Denn anders hält man es in dem Geschäft ja nicht aus.»

Bijan Kaffenberger, Jahrgang 1989, war Mitglied des Bezirksvorstands der Jusos Hessen Süd und Stellvertretender Landesvorsitzender der Jusos Hessen. Neben seinem Hobby Politik gründete er mit anderen Studierenden die Kritischen Ökonomen an der Goethe-Universität Frankfurt. Er arbeitete im Thüringer Ministerium für Wirtschaft, Wissenschaft und Digitale Gesellschaft, gehört dem Sprecherkreis des SPD-Finanzforums in Frankfurt an und ist seit Januar 2019 der direkt gewählte Landtagsabgeordnete für den Wahlkreis Darmstadt II. Sein YouTube-Kanal *Tourettikette* gehört zu *funk* und wurde über eine Million Mal angeklickt.

Bijan Kaffenberger

WAS MACHEN POLITIKER EIGENTLICH BERUFLICH?

Fragen an die da oben

ROWOHLT TASCHENBUCH VERLAG

Originalausgabe
Veröffentlicht im Rowohlt Taschenbuch Verlag,
Reinbek bei Hamburg, Februar 2019
Copyright © 2019 by Rowohlt Verlag GmbH, Reinbek bei Hamburg
Redaktion Friederike Moldenhauer
Umschlaggestaltung zero-media.net, München
Umschlagabbildung Dennis Dirksen
Innengestaltung Daniel Sauthoff
Satz Lyon Text PostScript (InDesign) bei
hanseatenSatz-bremen, Bremen
Druck und Bindung CPI books GmbH, Leck, Germany
ISBN 978 3 499 63395 9

INHALT

VORWORT

In einer Welt, die sich immer schneller dreht, immer vernetzter ist und immer komplexer wird, brauchen besonders junge Menschen jemanden, der ihnen ihre Fragen an «die da oben» beantwortet. Denn laut einer Umfrage des Meinungsforschungsinstituts Civey[1] fühlen sich mehr als 80 Prozent der 18- bis 29-Jährigen in der Politik nicht ausreichend repräsentiert. Dabei sind wir doch alle Teil dieses Staates.

Meine Generation braucht jemanden, der sich ihrer annimmt. Einer von ihnen. Einer für sie. Jemand, der auch gefühlt mit dem Smartphone in der Hand geboren wurde, aber gleichzeitig den kommunalpolitischen Hinterzimmermuff und den faden Geschmack von abgestandenem Bier auf Ortsvereins-Stammtischen kennt. Derjenige möchte ich sein. Ich hoffe, dass es mir gelingt. Es wird nicht einfach werden. Und damit meine ich nicht das Schreiben dieses Buchs.

Wir leben leider wieder in einer Zeit der einfachen Antworten. Das ist gefährlich, und viele machen es sich zu einfach. Die Antworten werden komplexer, so wie die Welt um uns herum. Daher möchte ich in diesem Buch verständlich, aber nicht vereinfacht, nicht verkürzt, aber auch nicht zu langatmig, nicht unausgewogen, aber mit klarer Position Fragen an und über die Politik beantworten. Allerdings will ich das mit einer Portion Humor tun. Denn anders hält man es in dem Geschäft ja nicht aus.

Fragen an die Politik gibt es schon seit jeher. Aber die Kritik und die Art, wie sie geäußert werden, hat sich verändert. Die Debatte verroht zunehmend und wird unsachlicher. Deshalb möchte ich zuerst zurückblicken – in eine Zeit, in der die Welt scheinbar noch in Ordnung war.

Ich bin im Jahr 1989 geboren. Im selben Jahr schrieb ein

junges Mädchen, sie war damals gerade 12 Jahre alt und wurde mit über 40 Jahren Teil meines Wahlkampfteams, einen Brief an den damaligen Bundespräsidenten Richard von Weizsäcker. Kinder fragen heute wie damals ehrlich und einfach und vor allem aus einem Grund: Sie wollen eine verständliche und ebenso ehrliche Antwort. Sie machen keine Vorwürfe, sondern sind unvoreingenommen und wissbegierig. So sollten mehr Menschen an Politik herangehen.

In ihrem Brief fragte das junge Mädchen den Bundespräsidenten, wie man eigentlich Politiker werde und was die denn eigentlich dann beruflich machten.

Richard von Weizsäcker teilte ihr mit, dass er sich sehr über den Brief gefreut habe, und antwortete wie folgt:

«Auf deine Frage, wie man eigentlich Politiker wird, gibt es natürlich viele Antworten. Für mich ist ein Politiker ein Mensch, der selber daran mitarbeiten will, dass Frieden und Gerechtigkeit bei uns und in der Welt gesichert und erhalten bleiben. Wer sich diese Aufgabe als Beruf aussucht, führt kein einfaches Leben. Er muss die Sorgen und Nöte der Menschen in unserem Land, aber auch diejenigen der Bewohner anderer Länder gut kennen und verstehen, und dafür muss er sehr viel arbeiten, lesen und reisen.

Nur selten lässt ihm sein voller Terminkalender ein wenig freie Zeit, die er mit seiner Familie verbringen kann. Zum Beispiel vergehen oft viele Wochen, bevor er Briefe beantworten kann, über die er sich gefreut hat – so wie ich jetzt diese Antwort an dich schreibe.
Ich wünsche dir viel Freude und gutes Lernen in der Schule und eine Zukunft im Kreis deiner Familie, und ich grüße dich herzlich.»

Ich will in diesem Buch auch eine Antwort auf die Frage geben, wie man eigentlich Politiker wird. Unter anderem will ich meinen eigenen Weg beschreiben und mich mit den Sorgen der Menschen in diesem Land und in anderen Ländern befassen.

Ich will auch versuchen, Antworten auf die Fragen zu finden, die über zwanzig Jahre nach dem Brief an den Bundespräsidenten nach wie vor die Weltpolitik prägen. Wie kann Gerechtigkeit bei uns und in der Welt gesichert werden? Welche Ursachen und Folgen haben Kriege oder der Klimawandel?

Diese Fragen zu stellen, ist wichtig. Es hält eine Demokratie am Leben. Wenn aber auf jede Frage eine einfache Antwort gefordert wird, verkümmert der Diskurs. Politik ist ein komplexes Gebilde aus Interessen und Wechselwirkungen. Das heißt aber nicht, dass ein leckeres Politikgericht immer mit Konsenssauce serviert werden muss. Komplexe Probleme mit einem einfachen Ursache-Wirkungs-Schema zu untersuchen, führt nicht weit. Stattdessen ist ein strukturiertes Herangehen gefragt, um Lösungswege zu finden. Auch historische Zusammenhänge zu verstehen, ist wichtig, um die Gegenwart bewerten zu können. Die Inhalte von Diskussionen haben sich zwar verändert, aber die grundsätzlichen Fragen bleiben dieselben. Politik braucht eine offene Gesellschaft, freie Presse, das Recht auf freie Meinungsäußerung und das Recht, sich zu versammeln. Aber das sind nur die Grundvoraussetzungen für eine funktionierende Demokratie. Es braucht noch mehr. Es braucht Persönlichkeiten, die bewegen und motivieren, für eine bessere Welt zu kämpfen. Außerdem braucht es Wissen, um sich an Debatten und politischen Prozessen zu beteiligen. Zu all dem soll dieses Buch einen Beitrag leisten. Es soll zeigen, wie vieles in dieser Welt zusammenhängt, selbstkritisch mit Politik ins Gericht gehen und eine klare Haltung zu Sachthemen formulieren:

zur Einwanderung, zur Rente, zur Digitalisierung, um nur einige zu nennen. Mit Humor und Anekdoten aus meinem Leben – ich bin 29 Jahre alt, habe Wirtschaftswissenschaften in Frankfurt am Main studiert, engagiere mich seit über zehn Jahren politisch und habe das Tourette-Syndrom – will ich aber auch unterhalten und ganz besonders jungen Menschen Lust auf Politik machen. Beteiligt euch, bringt euch ein! Es ist wichtiger denn je, denn damit alles so bleiben kann, wie es ist, muss sich alles verändern.

Zum Schluss des Vorwortes soll es aber um euch, um die Leserinnen und Leser gehen. Denn dieses Buch habe ich für euch, nicht für mich geschrieben. Ich bitte schon jetzt, die Gedankensprünge und spontanen Assoziationen, die sich möglicherweise nicht immer sofort erschließen, zu entschuldigen – so ist das eben mit ADHS und Tourette. Ich hoffe, dass ihr Freude am Verfolgen meines verknäulten roten Gedankenfadens findet.

MENSCHENWÜRDE

Lieber Bijan, Menschenwürde ist ja nichts Greifbares. Was ist sie genau, und wie könnte man sie überhaupt antasten?

Alle in dieser Verfassung verliehene gesetzgebende Gewalt ruht im Kongress der Vereinigten Staaten, der aus einem Senat und einem Repräsentantenhaus besteht.»[2]

Das ist der erste Satz der Verfassung der Vereinigten Staaten von Amerika. Aber derzeit ist es vielleicht nicht die beste Idee, ein Kapitel zum Thema Menschenwürde mit den USA zu beginnen. Der Fisch stinkt ja bekanntlich vom Kopf her.

Vielleicht sollten wir uns lieber der «Grande Nation» zuwenden. Monsieur Macron hat zwar auch seine Schwächen, aber im Vergleich zu Mr. Trump verhält er sich durchaus menschenwürdig.

Die erste Fassung der Verfassung der Fünften Französischen Republik von 1958 beginnt wie folgt: «Die Republik und die Völker der überseeischen Gebiete, die in freier Entscheidung diese Verfassung annehmen, bilden eine Gemeinschaft.»[3]

Die Völker der überseeischen Gebiete wurden nicht immer ganz menschenwürdig behandelt von den Menschen aus der République. Im ersten Satz der französischen Verfassung sucht man die Würde also auch vergeblich.

Zum Glück gibt es unser Grundgesetz. Der brillante Staatsrechtsprofessor und Sozialdemokrat Carlo Schmid kämpfte dafür, den Satz «Der Staat ist um des Menschen willen da, nicht der Mensch um des Staates willen» an den Anfang des Grundgesetzes zu setzen. Das mit der Würde wäre dann erst im nächsten Absatz erwähnt worden. Aber es kam bekanntlich anders, und nun beginnt unser Grundgesetz in seinem ersten Artikel mit dem Satz, den jeder und jede kennt oder zumindest kennen sollte: «Die Würde des Menschen ist unantastbar.»

Wenn es etwas gibt, auf das die Inhaberinnen und Inhaber eines deutschen Passes wirklich stolz sein können, dann auf die Demut und die Einsicht der Frauen und Männer des Parlamentarischen Rates, die diesen Satz einst formuliert und platziert haben. Denn in diesem Satz steckt der Humanismus, dem auch mehr als 500 Jahre kriegerische Geschichte Europas nie etwas anhaben konnten und der bis heute unumstößlich ist. Ein schöner Satz, ein fordernder Satz. Aber was genau will er uns sagen?

Die Würde des Menschen ist unantastbar, natürlich. Sie soll nicht etwa unangetastet bleiben, nein, sie kann gar nicht angetastet werden. Denn Würde steht jedem Menschen zu. Ja, das gilt auch für Donald Trump.

Das alles klingt erst einmal mehr nach Pathos als nach Erklärung. Aber es ist eine grundgesetzliche und grundsätzliche Grundannahme, die vor jeder Form der Relativierung schützt.

Was das nun konkret heißen mag, wird in der Juristerei immer wieder einmal ausgelotet. Immerhin steht der Satz von der Menschenwürde ja auch nicht irgendwo, sondern in unserer Verfassung, im Fundament unserer Rechtsordnung. Dann muss das ja auch irgendwie juristisch relevant sein, sagen die Juristen und Juristinnen. Und die sind in diesem Fall sogar ausnahmsweise einer Meinung. Das gibt es selten bei dieser Spezies.

Menschen, die Jura studiert haben, fragen sich am liebsten, was gerade noch und was nicht mehr geht. Nicht mehr geht nach deren Meinung zum Beispiel der «Zwergenweitwurf», also das Werfen eines kleinwüchsigen Menschen durch einen Hünen im Rahmen einer Show. Gegen die Menschenwürde verstößt demnach auch die Durchführung einer Peepshow ebenso wie das Vorführen des Geschlechtsverkehrs auf der Bühne einer Gaststätte. Alle, die sich das alles dennoch nicht entgehen lassen wollen, müssen eine mehr oder weniger lange Reise in andere Länder auf sich nehmen. Andere Länder, andere Sitten, andere Verfassungen. Und vielleicht eine andere Art von Würde in den Niederlanden und Thailand, denn dort gibt es noch Peep- und Livesex-Shows.

Deutsche Gerichte stellten fest, dass diese Art von Unterhaltung die Menschenwürde der Darsteller verletzt. Dass in manchen Fällen die Betroffenen per Vertrag eingewilligt hatten, um mit den Darbietungen Geld zu verdienen, zählte dabei nicht. Denn die Würde des Menschen wird auch dann verletzt, wenn der oder die Betroffene das so wünscht. Die Würde des Menschen steht auch im Einzelfall nicht zur Disposition, meinen deutsche Verwaltungsrichter. Die eigene Würde ist unverkäuflich.

Wenn der Einzelne nicht darüber bestimmen kann, ist diese Würde also nicht nur die eines Menschen, sondern die der ganzen Menschheit. Wenn ich als Mensch also darin versage, diese Würde zu achten, dann muss die staatliche Gewalt einschreiten und mich und die Gattung Mensch davor bewahren. Darum gibt es dann auch keine Gewerbeerlaubnis für eine Peepshow. Das ist knifflig. Denn natürlich gilt der Schutz des Staates denjenigen, die ausgenutzt werden sollen, die sich nicht freiwillig in einer Peepshow zur Schau stellen, sondern – mit welchen Mitteln auch immer – von anderen dazu veranlasst werden. Aber ist das ein Problem der Menschenwürde? Oder bietet da die Rechtsordnung nicht andere Argumente und vor allem Instrumente zum Schutz?

Also noch einmal zurück. Die Würde des Menschen ist unantastbar. Das ist eine Feststellung, keine Vermutung.

Und an dieser Feststellung ändert auch eine Peepshow nichts, zu der Frauen – oder Männer – gezwungen werden. Ein solcher Zwang berührt ihre Grundrechte, die der Staat schützen muss, und er verletzt ihre Menschenrechte. Aber wir sollten nicht zulassen, dass diesen Menschen auch noch ihre Würde abhandenkommen kann.

RELIGION UND DIE WÜRDE DES MENSCHEN

Wenn wir nur auf den juristisch praktischen Nutzen schauen, werden wir der Würde des Menschen also nicht gerecht.

Auch nicht, wenn wir nur auf die Religion schauen. Denn die schöne grundgesetzliche Idee einer Würde des Menschen ist nicht mit einer bestimmten Religion verknüpft und damit auch kein Grund für Religionskämpfe, wie sie heute gerne wieder gefochten werden. Das Abendland ist in seinem Fortbestand nicht von der Auslegung des Begriffs der Menschenwürde abhängig. Viel besser: Eine der schönsten Erklärungen für das Konzept einer Würde des Menschen entstand als Brückenschlag zwischen Ost und West, Orient und Okzident, zwischen arabischer und europäischer Kultur. Ihr Urheber hieß Giovanni Pico della Mirandola. Er fasste seine Idee in einer kurzen Schrift mit dem Titel «Über die Würde des Menschen» zusammen. Am Anfang dieser Rede aus dem ausgehenden 15. Jahrhundert steht der Satz: «Ich las in den Schriften der Araber [...]».

Wie schön, ich bin auch zur Hälfte Araber. Allerdings meinte er nicht mein Buch. Offensichtlich braucht es zwei Hälften, in meinem Fall noch eine deutsche, für ein Ganzes.

Der Kulturaustausch inspirierte Pico zu einem Menschenbild, für das wir ihm noch heute einen Feiertag in unserem Kalender reservieren sollten.

Pico fand, das Besondere am Menschen, seine Würde, sei es, nicht einem vorgegebenen Ziel folgen zu müssen, sondern sich seine Lebensgestaltung und seinen Lebenssinn frei wählen zu können. Was könnte besser der Würde des Menschen gerecht werden als ein Feiertag?

So habe, formuliert Pico, Gott (wessen Gott auch immer) den Menschen mitten hinein in die Welt gestellt, auf dass er sich darin umschaue, was es in dieser Welt alles gibt.

Und da gibt es viel zu sehen; Zwergenweitwurf und Peepshows hat er aber wohl nicht gemeint.

Dem Menschen soll dabei nichts vorbestimmt sein. Er kann sich vielmehr selbst gestalten, nach Pico: zum Schöpfer seiner selbst werden. Dabei könne etwas tierisch Niederes herauskommen, aber auch etwas göttlich Erhabenes. Was den Menschen von allen anderen Formen des Lebens demnach unterscheidet und was seine besondere Würde begründet, ist diese Form der Verantwortung, sich selbst zu verwirklichen.

Die Würde des Menschen besteht damit in der Fähigkeit, sich selbst nach eigener Vorstellung zu entwickeln – er verfügt also über ein Entwurfsvermögen. Aber die Würde hängt nicht von der Ausübung dieses Vermögens ab. Und es gibt auch keinen richtigen oder falschen Lebensentwurf. Außerdem haben natürlich auch Kleinkinder Würde, ebenso wie Menschen mit schwerer geistiger Behinderung. Denn die Würde des Menschen muss nicht verdient werden, sie steht jedem von uns zu, weil wir Menschen sind.

DER STAAT SCHÜTZT DIE MENSCHENWÜRDE

Der erste Artikel unserer Verfassung spiegelt ein Menschenbild wider, das durch die Erfahrungen des Nationalsozialismus geprägt wurde. Anders als in dieser dunkelsten Epoche der deutschen Geschichte soll in der Bundesrepublik der Mensch, jede und jeder Einzelne, seinen Lebensentwurf selbst formulieren dürfen. Die Aufgabe des Staates ist es dabei nicht nur, diese Entwürfe zu respektieren, sondern besonders die Möglichkeiten der selbstgewählten Lebensgestaltung zu schützen.

Die Grenzen des eigenen Lebensentwurfs werden nur durch die Freiheitsbereiche unserer Mitmenschen gesetzt. Denn der eigene Lebensplan darf vieles, aber nicht zu Lasten anderer gehen.

Auf der anderen Seite werden die individuellen Lebensentwürfe auch vor dem Staat selbst geschützt. Hier kommen die Grundrechte ins Spiel, die unsere Verfassung garantiert. Sie halten den Staat davor zurück, sich zu sehr einzumischen.

Es ist nämlich nicht Aufgabe des Staates, mir zu sagen, was gut für mich ist und was nicht. Der Staat soll mich auch nicht «besser» machen wollen. Übrigens gilt das ebenso für das Konzept der Nation, denn auch eine Gemeinschaft von Menschen mit gleichem Pass oder gleicher Augenfarbe wird meiner Würde nur gerecht, wenn sie meinen eigenen Lebenswillen und meine eigene Idee vom Leben respektiert. Alles andere ist einer menschlichen Gemeinschaft – nun ja: unwürdig.

Wenn wir Pico della Mirandola folgen und das Entwurfsvermögen zum Kern der Menschenwürde machen, dann liegt in diesem Gebot zur Achtung meiner Würde auch die Pflicht für den Staat, mir eine freie Gestaltung meines Lebens zu ermöglichen. Denn seine verfassungsgemäße Aufgabe ist es, meine Würde und die aller anderen Menschen zu achten und zu schützen. Dazu gehört auch, die Voraussetzungen dafür zu schaffen, dass ich meine Lebensvorstellungen verwirklichen kann. Das ist eine große Aufgabe, denn es bedeutet, dass jeder und jede Einzelne vor existenzieller Not bewahrt werden muss und die grundlegenden Lebensbedürfnisse für alle gesichert werden müssen. Denn solange ich nachts nicht schlafen kann, weil ich hungern muss oder kein Dach über dem Kopf habe, bleibt mir kaum die Kraft, über einen Entwurf für mein Leben nachzudenken. Auf diesem Konzept der Menschenwürde lässt sich also der gesamte Sozialstaat begründen, der nicht weniger soll, als uns vor existenzieller Not zu schützen und die Voraussetzungen für ein Leben nach eigener Vorstellung zu schaffen.

Mit dieser Idee lässt sich aber auch der Kulturauftrag des Staates erklären, denn Werke der Literatur, der Musik, der bildenden und darstellenden Kunst sind dann nichts weniger als eine ganze Menge möglicher Entwürfe, eine Bibliothek, in der jede und jeder von uns herumstöbern kann, um sich Anregungen für ihren oder seinen Lebensentwurf zu suchen. Der Staat muss solche Entwürfe bewahren und zugänglich halten. Und wer jetzt schon wieder an vorgeführten Geschlechtsverkehr zu Unterhaltungszwecken denkt, dem sei gesagt: Nein, das ist keine darstellende Kunst.

Wenn der Sozialstaat das sichernde Element ist, bildet Kultur das aktivierende Element. Das bedeutet also Oper für alle, aber eben nicht nur Oper. Denn, unbedingt beachten, für die Lebensentwürfe gibt es keine Richtungsvorgaben.

Auch YouTuber können einen passenden Lebensentwurf liefern. Oder Fußballer. Oder Festivals. Also immer mutig heran an die eigenen Lebensentwürfe. Und nicht vergessen: Der Staat ist um des Menschen willen da, nicht der Mensch um des Staates willen. Nur um es noch einmal in aller Deutlichkeit gesagt zu haben.

BUNDESREPUBLIK

Lieber Bijan, was ist eigentlich eine Bundesrepublik, und warum lohnt es sich, ein guter Republikaner zu sein?

Wir leben in einer Demokratie. Aber Moment: Es heißt doch «Bundesrepublik», nicht «Bundesdemokratie». Und tatsächlich: Wir haben eine republikanische Staatsform. Unsere Monarchen heißen darum auch Bundespräsidentin (hoffentlich demnächst einmal) oder Bundespräsident (derzeit), genauer gesagt Frank-Walter Steinmeier. Doch die Frage «Monarchie, ja oder nein?», ist erst einmal nur Formsache, könnte man meinen. Doch Republik ist nicht nur eine Frage der Struktur, sondern zuallererst ein Bekenntnis. Und dieses Bekenntnis lautet: Alle Staatsgewalt geht vom Volke aus, so steht es in Artikel 20 Absatz 2 unseres Grundgesetzes[4]. Aber ist das nicht demokratisch? Nicht ganz, denn demokratisch ist, wie diese Staatsgewalt ausgeübt wird, es beschreibt also das Verfahren. Gemäß den Vorgaben im Grundgesetz erfolgt die Ausübung der Staatsgewalt durch das Volk in unserer Republik in Wahlen und Abstimmungen und durch besondere Organe der Gesetzgebung, der vollziehenden Gewalt und der Rechtsprechung.

Staatsgewalt und Volk, das sind also die Grundzutaten für die Republik. So ähnlich schrieb es übrigens schon Cicero vor mehr als zwei Jahrtausenden auf: *res publica res populi [est][5]*, die öffentliche Sache ist Sache des Volkes. Irgendwann wurde dann aus den öffentlichen Sachen, der Angelegenheit aller, der Begriff des Staates ganz allgemein. Allerdings hat dieser Staat keinen allein bestimmenden, von Gottes Gnaden eingesetzten Monarchen. Wenn es gilt, den König zu verjagen, reicht dieses Verständnis von Republik als Argument aus. Gründe dafür, die Monarchie nicht zu mögen, gibt es übrigens viele, etwa das Unbehagen, dem Willen eines Einzelnen oder einer Einzelnen ausgeliefert zu sein, selbst wenn derjenige oder diejenige auf einen freundlich anmutenden Namen wie Frank-Walter hören würde.

Selbst beim jungen Bismarck war dieses Unbehagen so groß, dass er davon überzeugt war, die Republik sei die vernünftigste Staatsform, so jedenfalls schreibt er es in seinen Lebenserinnerungen. Dass Bismarck dann doch nicht Republikaner geworden ist, lag vielleicht auch daran, dass ihm die eigentliche Würze verborgen blieb, mit der die Idee der Republik unwiderstehlich wird. Diese Würze ist die Idee der Freiheit.

JEAN-JACQUES ROUSSEAU: VOLONTÉ GÉNÉRALE

Die beiden Aspekte Staat und Freiheit in dem Gericht der Republik zusammenzubringen, ist eine kleine Denksportaufgabe. Den Ausgangspunkt bildet eine Feststellung des französischen Aufklärers Jean-Jacques Rousseau. Noch vor der Französischen Revolution stellte er fest, dass der Mensch eigentlich frei geboren sei, dennoch überall in Ketten liege. Sie stehen für die zahlreichen Konventionen und Regeln, denen wir im Zusammenleben unterworfen sind. Auch ich spüre diese Ketten regelmäßig, und sei es nur, wenn ich in einer Kreistagssitzung mal wieder das Bedürfnis verspüre, einem Mitglied der AfD-Fraktion den Mund mit Panzertape zuzukleben.

Genau wie mir werden diese Ketten jedem und jeder in dem Moment auferlegt, in dem er oder sie als einzelner Mensch Teil einer Gemeinschaft ist. Hier kann sie oder er sich nicht mehr nur nach ihrem bzw. seinem Willen verhalten. Die Frage lautet also für Rousseau und für uns freiheitsliebende Menschen: Wie behalte ich als Person meine Autonomie, also die Freiheit, nur mir selbst zu gehorchen, wenngleich ich mich ständig bestehenden Regeln unterwerfen muss? Diese Frage ist sehr wirkmächtig. Die Antwort, die Rousseau darauf fand, ist aufregend einfach, also genau die Art von Antworten, die grade in Mode sind. Sie lautete in diesem Fall: Autonom handeln kann ich, indem mein Wille im Einklang mit diesen Regeln steht. Denn wenn ich selbst will, was mir die Gesetze und Konventionen als Verpflichtungen vorgeben, folge ich ja nicht der von außen auferlegten Regel, sondern meinem eigenen Gesetz. Somit bin ich auch nicht mehr fremdbestimmt. Meine Freiheit besteht demnach darin, zu wollen, was ich soll. Das klingt konstruiert, ist es aber gar nicht, wenn wir zwei Dinge beachten: Erstens ist Wille diesem Verständnis nach immer auf eine Verhaltensregelung, ein Gesetz gerichtet, und zweitens folgt eine solche Selbstgesetzgebung immer der Vernunft. Ich richte mich also bei meiner Selbstgesetzgebung nicht an den vorhandenen Regeln aus, es ist vielmehr andersherum: Da meine eigenen Gesetze der Vernunft folgen, diese gesellschaftlichen Regeln anzunehmen, die unbestechlich, geradlinig und vor allem alternativlos sind, entsprechen sie auch all den Gesetzen, nach denen sich meine Mitmenschen richten. Im Inhalt unseres Willens stimmen wir somit alle überein, und das, was als Gesetz auch allgemein gelten kann, ist nicht die Summe unserer individuellen Gesetze, sondern deren Inhalt – der immer gleich ist. Indem sich also alle die gleichen, vernünftigen Regeln geben, löst sich der Widerspruch zwischen der Willensfreiheit und den Regeln des Zusammenlebens auf. Dann ist mein Wille zugleich der Wille aller, bei Rousseau: die Volonté générale.

Wille steht hier natürlich nicht für den Wunsch des Augenblicks, für das triebhafte Wollen (genau, darunter fällt auch das, woran der Leser oder die Leserin jetzt möglicherweise denkt), ganz im Gegenteil meint Wille eine bewusste und reflektierte Handlungsanweisung an mich selbst. Sie dient dazu, im Miteinander einer Gesellschaft bestehen zu können, ohne mit den anderen ständig in Konflikt zu geraten. Beim Beispiel oben hieße das also, dass ich eben niemandem – egal, für wie blöd ich seine Äußerungen halte – den Mund mit Panzertape zukleben darf.

IMMANUEL KANT: FREIHEIT ZUR PFLICHT

Was Rousseau elegant im Französischen mit Volonté générale beschrieb, wird bei dem Philosophen Immanuel Kant wenig später im nüchternen Deutsch gleich zur Pflicht, genauer gesagt zu einer Freiheit zur Pflicht (nicht von der Pflicht). Willensfreiheit ist ihm zufolge dann nicht nur ein Wesensmerkmal des Menschen, sondern sogar eine mindestens ethische Pflicht. Der Mensch ist dazu verpflichtet, diese Autonomie, die Selbstgesetzgebung, auch auszuüben, und zwar ständig und nach den Regeln der Vernunft. Das macht das Leben durchaus anstrengend und zwar mindestens so, wie Rousseau und Kant im Original zu lesen. Aber dafür gibt es ja diese kleinen Zusammenfassungen von Bundesrepublikanisch für Anfängerinnen und Anfänger.

DIE FREIHEIT DER UND DES EINZELNEN

Für die Republik als Staatsform lässt sich daraus immerhin ableiten, dass sie nicht nur die Sache des Volkes zur öffentlichen Angelegenheit macht, sondern auch Autonomie der Einzelnen und des Einzelnen zum tragenden Prinzip erhebt. Damit hat jede und jeder also die Freiheit, dem eigenen Gesetz zu folgen. Republik ist demnach darauf angelegt, die Freiheit des Einzelnen und der Einzelnen zu achten, soweit es um seine bzw. ihre Willensfreiheit geht. Der Einzelne und die Einzelne müssen andererseits der Vernunft zum Durchbruch verhelfen und seinen bzw. ihren Willen so einsetzen, dass er zusammen mit dem Willen anderer bestehen kann. Die Republik basiert auf der Freiheit zur Vernunft und sie ist die einzige Staatsform, in der das Wesensmerkmal des Menschen, seine Willensfreiheit, uneingeschränkt beachtet wird.

DIE FREIHEITLICHE ORDNUNG

Aber was konkret haben wir nun davon? Gar nicht so wenig. Denn zum einen ist die Gewalt, die unserer Verfassung gemäß vom Volke ausgeht, nach diesem Verständnis keine Gewalt, die sich gegen irgendjemanden richtet und schon gar nicht gegen eine Partei oder deren Mitglieder. Sie bedeutet vielmehr Machtausübung in Übereinstimmung mit dem Willen jeder und jedes Einzelnen, also der größtmögliche Respekt vor der individuellen Freiheit. Darum steht Republik für eine freiheitliche Ordnung. Es ist keine Freiheit, bei der jede und jeder in einem liberalistischen Sinne tun kann, was ihm gefällt. Dies ist eine viel schönere Form der Freiheit, nämlich die Persönlichkeit jeder und jedes Einzelnen wird respektiert, indem sie in jedem staatlichen Handeln geachtet und geschützt wird, indem beispielsweise alle Gesetze im Einklang mit dem Grundgesetz stehen müssen. In einem solchen Sinne können wir voller Überzeugung von einer freiheitlichen, also republikanischen Grundordnung sprechen. Deren Wert liegt darin, dass sie an den Inhalt der Gesetze, die zur Regelung des Zusammenlebens notwendig sind, strenge Anforderungen stellt. Denn in einer Republik sind nur solche Gesetze erlaubt, die vernunftgemäß sind und deshalb die Freiheit der und des Einzelnen nicht verletzen.

DAS DEMOKRATISCHE PRINZIP

Leider klappt das nur in der Theorie. Denn in der Praxis kommt sogleich das unabänderliche Grunddilemma der Menschheit auf: das Fehlen einer konkreten Idee davon, was denn eigentlich vernünftig ist. Also: Mund zukleben, ja oder nein?

Dazu gibt es meist mehr als eine Meinung und keinen geeigneten Richter oder keine geeignete Richterin, der oder die es entscheiden könnte. Darum brauchen wir auch eine Verfahrensform, um die dem Volk gegebene Macht so ausüben zu lassen, dass sie sich nicht zu weit vom Vernünftigen entfernt. In unserer Republik haben wir uns für die Demokratie als Verfahrensform entschieden. Und so begeben wir uns auf die immerwährende Suche nach dem Willen aller, der Volonté générale, und das geschieht mittels Wahlen, Debatten und Parteien. Selbst wenn wir mit dieser Art des Verfahrens unzufrieden sind und im konkreten Gesetz jede Vernunft vermissen, sollten wir dieses Prinzip an sich nicht verdammen. Denn immerhin bleibt uns die Gewissheit, dass alles noch schlimmer sein könnte, und wir können hoffen, dass die Vernunft bei der nächsten Wahl einen

Durchbruch schafft. Die Idee der res publica, wie sie bei den Römern ihren Anfang nahm, ist übrigens so schön, dass sie zwar nicht in den meisten Staaten der Welt, aber in die meisten Sprachen der Welt übernommen wurde.

DER FREISTAAT

Eigentlich gab es den Begriff der Republik sogar in allen Sprachen, deren Sprecherinnen und Sprecher mit dieser Idee in Berührung kamen, Ausnahmen bilden das Bayerische, Sächsische und Thüringische. Dort heißt es nicht Republik, sondern «Freistaat». Dieser Begriff ist allerdings weniger genau. Denn es geht ja nicht um einen freien Staat, sondern um die Freiheit des einzelnen Staatsbürgers und der einzelnen Staatsbürgerin, und auch diese nicht als Bürger und Bürgerin, sondern als Mensch. Außerdem müsste das Gegenteil von Freistaat der Unfreistaat sein. Nur bleibt bei diesem eigenwilligen Begriff offen, wovon ein solcher Freistaat eigentlich frei sein will und was in einem Unfreistaat unfrei wäre. Sicherlich würden uns beispielsweise einige Beschränkungen in Bayern einfallen, wie zum Beispiel keine Weißwurst nach 12 Uhr.

Eigentlich hat der Begriff «Freistaat» in einigen Mundarten des Deutschen seinen Ursprung. Darüber hinaus beruht er im Wesentlichen darin, dass einst 1) eine gewisse Abneigung gegen die Monarchie jedenfalls in einem Teil der Bevölkerung herrschte und dass 2) die Abneigung gegen (fast) alles Französische vielleicht noch größer war. Die Franzosen äußerten schon 1789 ihr Verständnis von Republik in Europa recht lautstark und hatten bald auch keine Scheu, ihren königslosen Staat auch so zu nennen. Damit war das Wort «Republik» für einige kleine Volksgruppen im deutschsprachigen Raum tabu.

Für alle anderen ist die Republik aber ein großer Segen, wenn ihre Prinzipien im Alltag umgesetzt werden. Auch wenn es nicht immer leicht ist, den Willen aller von der eigenen Laune und Lust zu unterscheiden, und vielleicht sogar all das, was ich wollen soll, so ganz gegen das geht, was ich gerne täte: Ringen wir mit uns, ringen wir mit allen anderen um das Beste für unser Gemeinwesen! Helfen wir der Vernunft zum Durchbruch! Kurz gesagt: Seien wir gute Republikaner, schon aus Selbstachtung!

DIREKTE DEMOKRATIE

Lieber Bijan, wenn alle Macht vom Volk ausgeht, wieso entscheiden wir dann nicht in Volksabstimmungen direkt über alles?

Um sich dem doch etwas spezifischen Thema der direkten Demokratie nähern zu können, ist es zunächst einmal wichtig, zu wissen, wie unsere Demokratie entstanden ist und wie Demokratie im politischen Alltag umgesetzt wird.

Auf der Tagesordnung eines normalen Sitzungstages im Deutschen Bundestag stehen typischerweise ein gutes Dutzend Themen. Und das jede Woche. Viel zu tun also für unsere Abgeordneten. Die meisten der Punkte sind wichtig, oder zumindest ist es notwendig, darüber zu diskutieren. Die wenigstens davon sind aber für uns, die wir nicht im Parlament sind, wirklich interessant. Und selbst wenn wir Abgeordnete wären, würden uns wahrscheinlich die meisten Fragestellungen trotzdem nicht interessieren. Das klingt erst mal traurig, ist aber so.

Klar gibt es sie, die Sternstunden der parlamentarischen Demokratie. Aber sie sind leider viel zu selten, sonst wären es auch keine – neudeutsch – Highlights. Der wesentliche Teil der Arbeit ist irgendetwas zwischen professioneller Routine und Pflicht, wie in den meisten anderen Jobs auch. Das ist die ganze harte Wahrheit über die Demokratie: Sie ist, die meiste Zeit jedenfalls, vor allem eins: anstrengend.

Aber regiert werden muss ja irgendwie. Und das heißt im Regelfall, Entscheidungen treffen. Genau dafür wurde die Demokratie erfunden. Irgendwer muss schließlich entscheiden. Und da es sich selten gut anfühlt, wenn andere über einen entscheiden, ist es besser, ich darf selbst entscheiden (geht eher selten) oder ich darf an der Entscheidung zumindest mitwirken. Diese Einflussnahme fühlt sich natürlich erst wirklich gut an, wenn am Ende das Ergebnis herauskommt, das man sich gewünscht hat. Ein wenig Egoismus ist ja oft dabei, wenn es um Entscheidungen geht. Fällt eine Entscheidung anders, gegen den eigenen Willen aus, ist es fast egal, wie sie zustande gekommen ist. Das Ergebnis fühlt sich dann oft einfach falsch an. Und es kostet ein großes Maß an Disziplin und Frustrationstoleranz, solche Entscheidungen zu akzeptieren. Dabei spielt es keine Rolle, ob man wie ich im Kommunalparlament sitzt oder Wählerin bzw. Wähler ist.

KAMPF UM DEN KONSENS

Tatsächlich war es lange ein Problem des demokratischen Prinzips, dass im Grunde nur eine einstimmige Entscheidung wirklich alle Beteiligten zufriedenstellt. Entscheidet die Mehrheit, dann ist die Minderheit in ihrem Willen unterdrückt. Und eine solche Minderheit kann ziemlich groß sein. Noch während der Englischen Revolution im 17. Jahrhundert gab es deshalb große Denker, die allein deshalb die Monarchie besser fanden, da auch dann, wenn der Monarch oder die Monarchin der größte Trottel auf Erden ist, jedenfalls nur ein einziger Trottel die Entscheidungen trifft und nicht Tausende oder gar Millionen. Aber das ist natürlich Polemik. Denn immerhin ist Demokratie eine Idee, der wir in der europäischen Kulturgeschichte schon lange eine wichtige Rolle beimessen.

Die Vorkämpfer unseres heutigen Staatswesens meinten, dass Demokratie im Grunde der Urzustand jeder menschlichen Gemeinschaft sei. Alle anderen regulären Staatsformen seien dagegen immer erst das Ergebnis einer mehr oder weniger demokratischen Entscheidung darüber, ob nun eine Monarchie, Aristokratie, Theokratie oder Oligarchie eingerichtet werden solle. Unplausibel ist das jedenfalls nicht. So lässt es sich gut vorstellen, wie an kalten Sommerabenden in der letzten Eiszeit eine Gruppe von Sammlerinnen und Jägern vor ihrer Höhle saß und miteinander diskutierte, wer morgen Höhlendienst haben wird und wer zur Jagd geht. Bis heute finden solche Diskussionen noch in jeder WG statt. Und jede Gruppe von Zehnjährigen, die sich zum Spielen verabredet, beginnt zunächst mit dem Versuch eines (basis)demokratischen Prozesses darüber, was und wie gespielt wird, wer mit wem und gegen wen spielt. Aus diesen frühen Erfahrungen wissen wir auch alle, wie fragil und komplex dieses auf Konsens ausgerichtete Konzept ist und dass eine Übereinstimmung aller Beteiligten häufig die Ausnahme ist. Und zu den schmerzlichen Erfahrungen der Kindheit gehört auch, dass selten das Argument zählt, sondern oft das Alter oder die Stärke oder beides zusammen. Wichtig ist also leider oft nicht, was gesagt wird, sondern wer es sagt.

GESCHICHTE DER DEMOKRATIE

Das ist auch der Haken an der schönen Idee der Demokratie. Sie funktioniert erst dann, wenn sich wirklich alle auf Augenhöhe begegnen. Und mit dieser Erkenntnis beginnt auch die Geschichte unserer europäischen Vorstellung von Demokratie vor mehr als 2600 Jahren in Griechenland, genauer gesagt in Athen. Dort jedenfalls wurde zum ersten Mal, nach unserem heutigen Wissen, in einem komplexen städtischen Regierungs- und Verwaltungssystem eine Bürgerbeteiligung an den Entscheidungen des Staates eingerichtet. Der Anlass dafür war ernst, denn dem Staatswesen ging es nicht gut: Die Wirtschaftslage war angespannt, Grundeigentum hatten nur einige wenige Familien und die Produktion von Grundnahrungsmitteln war zugunsten lukrativerer Produkte aufgegeben worden. So wurde der Seehandel ausgebaut und dadurch der Wein- und Olivenanbau für den Export lukrativ. Das führte zu einer Verringerung der Getreideproduktion, was zur Folge hatte, dass es weniger zu essen gab.[6] Einige dieser Gegebenheiten treffen sicher auch auf heute zu. Vor allem aber waren ehemals freie Bürger und Bürgerinnen inzwischen verarmt und sogar in Sklaverei geraten, was von allen Problemen das mit Abstand größte darstellte. Um diesen Staat zu verteidigen, gab es eine Armee, die sich aus den freien Bürgern rekrutierte. Diese Freien mussten dann auch für ihre Bewaffnung selbst sorgen. Daher war es nötig, jedenfalls ein gewisses Niveau an Wohlstand zu sichern, um die Waffen vorzuhalten. Es brauchte schon der Wehrfähigkeit wegen eine Mittelschicht. Da es die aber nicht mehr gab, musste der damalige Archont von Athen, Solon, handeln, damals noch ganz ohne Demokratie.[7] Und was er tat, war spektakulär: Erstens teilte er das Land in Verwaltungsbezirke ein, die zweitens dafür Sorge zu tragen hatten, dass sich die soziale Lage der Bürger und Bürgerinnen nicht zu sehr unterschied. Drittens wurde eine Bodenreform durchgeführt, indem der Grund neu aufgeteilt und zugleich Höchstgrenzen für Landbesitz eingeführt wurden. Und viertens kaufte der Staat seine in Unfreiheit und Sklaverei geratene Bevölkerung wieder frei, gab den Betroffenen ein Stück des neu aufgeteilten Grundbesitzes und ließ sie in den gerade neu geschaffenen Verwaltungsbezirken mitreden. Von da an wurde darauf geachtet, dass sich der Reichtum nicht nur auf wenige beschränkte, sondern die meisten Bürgerinnen und Bürger einigermaßen zufrieden leben konnten. Wobei «die meisten» hier nicht ganz stimmt, denn damals hatte die Idee der Gleichheit Grenzen. Denn am Prozess der Meinungsbildung durften nur männliche Bürger mit Grundbesitz teilhaben. Und die waren eine kleine Minderheit im Staat, alle anderen wurden regiert, ob sie wollten oder nicht.

Aber immerhin war das Grundprinzip einmal erkannt. Aller Anfang ist bekanntlich schwer. Alles Weitere konnte ja in den folgenden zwei Jahrtausenden verfeinert werden.

Und was ist in dieser Zeit passiert? Eine wichtige Neuerung gab es: Die Gleichheit nach unserem heutigen Verständnis ist vor allem eine Gleichheit vor dem Gesetz. Warum? Weil sich Privilegien schlecht mit einem Meinungsaustausch auf Augenhöhe und einer Überzeugung durch Argumentation vertragen.

Und das führt zum eigentlichen Thema: dem Meinungsaustausch. Demokratie meint ja vor allem ein Verfahren, in dem eine Entscheidung gefunden wird. Das setzt voraus, dass alle, die am Prozess mitwirken, auch wissen, worum es geht. Bauchgefühl hilft manchmal, ist aber kein unbedingt verlässliches Argument. Sich informieren ist eine Herausforderung. Und als Ökonom weiß ich, dass eine umfassende Information aller Beteiligten eine Utopie aus theoretischen Modellen ist. Dass alle im Prozess der Meinungsbildung Gehör finden, ist leider auch illusorisch.

DIE ÖFFENTLICHKEIT

Schon als sich die Idee des Parlamentarismus durchzusetzen begann, gab es sehr seriöse Debatten dazu, ob Parlamentssitzungen öffentlich sein sollten oder nicht. Gegen eine Öffentlichkeit wurde angeführt, dass dann die schöne Rede und nicht unbedingt die kluge Rede überzeuge. Ein früher Kompromiss bestand darin, dass zwar die Sitzung selbst nicht öffentlich sein sollte, aber über deren Verlauf öffentlich berichtet werden solle. Wir haben inzwischen akzeptiert, dass die Gefahr, die eine Rede darstellen kann, ein Teil des demokratischen Prozesses ist, gerade weil wir auf schmerzhafte historische Erfahrungen verweisen können. Außerdem wissen wir um die Meinungsmacht von Medien. Einerseits ist sie wichtig, um Standpunkte zu pointieren und um Komplexität so zu reduzieren, dass auch schwierige Dinge erklärbar werden. Andererseits wird in den Medien oft vieles verdreht und eingefärbt. Unser Verfassungsgericht jedenfalls erkennt die Notwendigkeit an, für ein Gleichgewicht der Kräfte im Prozess der Meinungsbildung zu sorgen. Die Pressefreiheit als Gut wird demnach von der Versammlungsfreiheit austariert, die Bühne der Meinungsmacher also korrigiert durch die offene Bühne für den Einzelnen und die Einzelne (später mehr dazu!). Und so ist Demokratie ein stetes Ringen, und hier schließt sich der Kreis: Arbeit.

Wie viel Arbeit ist jede und jeder von uns bereit, dafür aufzuwenden? Wer dieses Buch liest, jedenfalls ein wenig mehr. Wie informiert wollen wir alle sein, um selbst an Entscheidungen mitzuwirken? Und wie viel Zeit haben wir eigentlich für solche Entscheidungsprozesse oder wollen wir uns dafür nehmen?

DIREKTE DEMOKRATIE

Damit direkte Demokratie funktioniert und alle immer an allen Entscheidungen mitwirken, braucht es die Bereitschaft, sich stets mit allem zu beschäftigen, alles wissen zu wollen und vor allem sich auf den demokratischen Prozess des Überzeugens und Sich-überzeugen-

Lassens einzulassen. Das ist eine schöne Idee, nur sehen wir sie aus guten Gründen in der Praxis nirgends verwirklicht. Tatsächlich nirgends, auch nicht in der Schweiz, die immer als Vorzeigemodellregion für direkte Demokratie angepriesen wird. Dort gibt es Elemente der direkten Demokratie, immerhin. Eine Dame aus der Schweiz, die im Satı-Frühstücksfernsehen für die Maske zuständig war, erklärte mir einmal, dass die Deutschen die Elemente der direkten Demokratie sowieso missverständen. Es gehe gar nicht ums Abstimmen, sondern darum, Debatten anzustoßen. Auch deswegen sollte mal über direkte Demokratie geredet werden. Immerhin gibt es für direkte Demokratieelemente ebenso viele Gründe wie dagegen. Unser repräsentatives System, bei dem Demokratie auf verschiedenen Stufen und durch Abgeordnete ausgeübt wird, hat sicher Schwächen. Doch ist an den meisten dieser Unzulänglichkeiten übrigens nicht das repräsentative System selbst schuld, sondern eher die, die es repräsentieren.

Wenn ein erheblicher Teil der Menschen es kaum schafft, sich in größeren Abständen aufzuraffen, um am demokratischen Prozess – in dem Fall Wahlen – mitzuwirken, wie sieht es dann mit einer täglichen Beteiligung aus?

So nehmen wir doch direkte Demokratie als Ideal und begnügen uns in der Praxis damit, ihm möglichst nahe zu kommen. Aber eben nur so nah, wie es unsere Bequemlichkeit, unsere Zeit, unser Alltag und all die anderen wichtigen Dinge, die wir auch gleich und sofort noch tun müssen, es eben erlauben.

Ich persönlich bin gegen eine vollständige direkte Demokratie. Allerdings finde ich es wichtig, den Menschen in unserem Land die Möglichkeit zu geben, an politischen Entscheidungen mitzuwirken. Dazu müssen aber die Hürden gesenkt werden, um den Zugang zur direkten Demokratie zu vereinfachen. Hessen ist hier mit gutem Beispiel vorangegangen.

Dort konnten die Bürgerinnen und Bürger bei einem Volksentscheid 2018 über die Vorschläge des Landtags zu einer Änderung der hessischen Verfassung abstimmen. Ein Punkt dabei war die Stärkung der direkten Demokratie. Dabei gab es einmal den Punkt der Volksbegehren. Durch ein Volksbegehren kann ein Gesetzentwurf durch die Bürgerinnen und Bürger in den Landtag eingebracht werden. Damit das aber passieren kann, müssen die Wahlberechtigten ihre Zustimmung dazu geben. Hierzu war früher die Zustimmung von 20 Prozent der Stimmberechtigten nötig. Durch einen positiven Volksentscheid könnten die Hürden gesenkt werden, indem zukünftig dann nur noch 5 Prozent der Stimmberechtigten sich für ein Volksbegehren aussprechen müssten.

Über den in den Landtag eingebrachten Gesetzentwurf durch das Volksbegehren entscheiden dann die Abgeordneten. Lehnen sie ihn ab, kommt es zu einer Volksabstimmung. Dies ist der zweite Punkt des hessischen Volksentscheids über die direkte Demokratie. Es galt bisher, dass einem Gesetzentwurf zugestimmt wird, wenn dafür eine einfache Mehrheit unter den abgegebenen Stimmen vorlag. In Zukunft müssen ein Viertel der Stimmberechtigten für den Gesetzentwurf stimmen. Damit soll sichergestellt werden, dass eine Volksabstimmung über ein Gesetz, das vom Volk eingebracht wurde, auch wirklich dem Mehrheitswillen der Bevölkerung entspricht. Gleichzeitig soll auch verhindert werden, dass eine meinungsstarke Minderheit die Volksabstimmung für sich entscheidet.[8,9]

Ihr seht schon, selbst der Zugang zur direkten Demokratie ist nicht einfach, deswegen ist es die direkte Demokratie auch nicht, da auch ihr Erfolg von der Bereitschaft des Volkes, an Abstimmungen teilzunehmen, abhängt.

VERSAMMLUNGSFREIHEIT UND RECHTSROCK

Lieber Bijan, warum können sich auch Nazis versammeln, und was kann man machen, damit das nicht passiert?

TATORT THEMAR

Der kleine beschauliche Ort Themar, gelegen im Thüringer Wald, darf sich seit mehr als 700 Jahren Stadt nennen und folgte allen großen und kleinen Wirrungen der Geschichte, ohne auszuscheren. Das gilt auch für die Zeit des Nationalsozialismus, in der die jüdische Gemeinde des Ortes ausgelöscht und einige hundert Zwangsarbeiter und -arbeiterinnen in den umliegenden Fabriken teils zu Tode geschunden wurden. Danach musste das Leben wie überall in Deutschland auch in Themar irgendwie weitergehen.

Neben einer durchaus sehenswerten Altstadt – so wichtig, dass es zerbombt wurde, war Themar dann doch nicht – erweist es sich in der Mitte des zweiten Jahrzehnts des 21. Jahrhunderts als eine der wesentlichen Besonderheiten des Ortes, dass es dort im Stadtrat keine CDU-Fraktion gibt. Was vormals christlich-demokratisch war, wollte nämlich eines Tages lieber als «Pro Themar» Kommunalpolitik machen. Eigentlich selbstredend, dass man Kommunalpolitik für seinen Ort macht. «Contra Themar» hätte nicht gepasst. Eine Sache ist da aber noch, auf die auch der CDU-Ersatz «Pro Themar» – obwohl der Name klingt, als ob sie zur rechtsextremen und verfassungsfeindlichen Pro-Bewegung gehörten – lieber verzichten würde: Die Stadt ist inzwischen bundesweit bekannt als ein Ort, an dem regelmäßig tausende Deutsche der unästhetischsten Sorte zusammenkommen, um – nun ja – ihre Musik zu hören und den eigenen Angaben nach auch politische Meinungen auszutauschen. Diese Diskursfreude mit Livemusik wird in den Medien etwas verkürzt als Rechtsrock-Konzerte bezeichnet. Ein solches zieht durchaus auch mal 6000 der politischen Debatte zugeneigte, national gestimmte Deutsche an, dann kommen dort zweimal so viele Menschen zusammen, wie das kleine Themar Einwohnerinnen und Einwohner hat. Das ist einerseits gut im Sinne der Tourismusstatistik, wenn es andererseits nicht mit einem starken Reputationsverlust einherginge. Und so denkt die Stadtverwaltung, das Landratsamt, das Innenministerium und sogar der Thüringer Landtag vor jedem Konzert darüber nach, wie sich dieser nicht nur der schrecklichen Musik wegen unangenehme Aufmarsch verhindern lassen könnte. Aber zuletzt steht immer ein Grundgesetzartikel als Schutz zwischen den politischen Mühen und der Machtdemonstration von rechts: die Versammlungsfreiheit.

VERSAMMLUNGSFREIHEIT

Das ist ein in vielen vorparlamentarischen Jahrhunderten hart errungenes Grundrecht. Oder wie es das Bundesverfassungsgericht so schön sagte: Das Recht, sich ungehindert und ohne besondere Erlaubnis mit anderen zu versammeln, galt seit jeher als Zeichen der Freiheit, Unabhängigkeit und Mündigkeit des selbstbewussten Bürgers und der selbstbewussten Bürgerin.

In unserem Grundgesetz wurde es als Artikel 8 festgeschrieben.[10]

Danach hat jeder und jede Deutsche das Recht, sich ohne Anmeldung oder Erlaubnis friedlich und ohne Waffen zu versammeln. Ein kleiner Schönheitsfehler dabei ist, dass es einen deutschen Pass, genau gesagt einen Pass der Bundesrepublik Deutschland braucht, um das Grundrecht für sich in Anspruch nehmen zu können. Ohne deutschen Pass wird es etwas komplizierter. Aber das ist für die Musiktouristen in Themar nicht das Problem, ausgenommen sind natürlich alle diejenigen, die meinen, noch immer einem Deutschen Reich anzugehören. Für Reichsbürger kann es also dann konsequenterweise keinen Grundrechtsschutz der Versammlungsfreiheit geben, aber da wollen wir mal nicht so sein.

Aber nicht jedes Treffen ist gleich eine Versammlung. Dem Bundesverfassungsgericht verdanken wir die Klarstellung, dass das Grundgesetz nur Versammlungen schützt, die Ausdruck gemeinschaftlicher, auf Kommunikation angelegter Entfaltung sind. Bloße Ansammlungen, Volksbelustigungen und anderes Treiben sind in diesem Sinne keine Versammlungen.

VERSAMMLUNG UND MEINUNGSBEKUNDUNG

Wie schwierig die Abgrenzung zwischen einer Volksbelustigung und einer politischen Veranstaltung zur Meinungsäußerung und -bildung sein kann, lernten die bayerischen Behörden schon im Jahr 1832. Da Versammlungen als liberales Teufelszeug ebenso wie die freie Presse verboten waren, gingen findige Bürgerinnen und Bürger dazu über, Feste zu veranstalten. Zur größten dieser Feiern kamen am 27. Mai 1832 mehr als 30 000 Menschen in die Rheinpfalz, um rund um das Schloss Hambach eine ganz besondere Party zu feiern. Diese zählen wir heute als Hambacher Fest zu unserem kulturellen und politischen Erbe.

Geprägt war dieses Fest von einer dichten Folge öffentlicher Meinungsbekundungen. Und schon in der Eröffnungsrede fand Philipp Jakob Siebenpfeiffer, Publizist und einer der Initiatoren, Worte, die zwar hier nichts zum Thema beitragen, aber auch heute noch so schön klingen, dass sie als Auflage zu Beginn eines jeden Rechtsrock-Konzerts in Themar oder wo auch immer verlesen werden sollten. Siebenpfeiffer also sagte an die 30 000 Gäste gewandt: «Es lebe das freie, das einige Deutschland! Hoch leben die Polen, der Deutschen Verbündete! Hoch leben die Franken [d. i. Franzosen], der Deutschen Brüder [...].»[11]

Von diesem Satz ist es ein ganz kurzer Weg zur Europäischen Union.

Wenn nun in unserem Verständnis – und auch in dem der bayerischen Behörden des 19. Jahrhunderts – eine Versammlung gemeint ist, dann muss sie einen Bezug zur Meinungsäußerung aufweisen. Das ergibt aus Sicht der demokratischen Kultur und der Mitwirkung des Volkes an der staatlichen Gewalt durchaus Sinn. Und völlig unlustig müssen solche auf Information oder Meinungskundgabe ausgelegten Treffen auch nicht zwingend sein. Denn der Schutz des Grundgesetzes soll, so hat das Bundesverfassungsgericht klargestellt, nicht auf Veranstaltungen beschränkt sein, auf denen argumentiert und gestritten wird. Umfasst sind vielmehr «vielfältige Formen gemeinsamen Verhaltens bis hin zu nicht verbalen Ausdrucksformen [...], auch solche mit Demonstrationscharakter, bei denen die Versammlungsfreiheit zum Zwecke plakativer oder aufsehenerregender Meinungskundgabe in Anspruch genommen wird.» In dem Urteil, aus dem die Zitate stammen, ging es übrigens um die Proteste gegen die Errichtung des Kernkraftwerks Brokdorf.[12] Da es die erste große Entscheidung der Hüter unseres Grundgesetzes zur Versammlungsfreiheit war, gab es in den Urteilsgründen gleich noch ein paar grundsätzliche Anmerkungen zur Bedeutung der Versammlungsfreiheit.

POLITISCHE WILLENSBILDUNG

Die Eigenart des Willensbildungsprozesses im demokratischen Staat hatte das Bundesverfassungsgericht erstmals in den frühen 1950er Jahren im sogenannten KPD-Urteil herausgestellt.[13] Dort wurde hinsichtlich der freiheitlichen demokratischen Ordnung festgestellt, dass die bestehenden, historisch gewordenen staatlichen und gesellschaftlichen Verhältnisse verbesserungsfähig und verbesserungsbedürftig seien. Daraus ergebe sich eine im Grunde nie endende Aufgabe zur Optimierung. Und diese Aufgabe müsse durch stets erneute Willensentscheidungen gelöst werden, auch wenn der Weg zur Bildung dieser Willensentscheidungen unvermeidbar als ein Prozess von «trial and error» ausgestaltet sein werde. Das ist es auch, was mich in meiner politischen Aktivität antreibt: das immerwährende Streben danach, die Welt ein klein wenig besser zu machen, und die Überzeugung, dass der soziale Fortschritt ein nie endender politischer wie gesellschaftlicher Prozess ist.

Um dabei die Fehlerrate möglichst gering zu halten, sieht auch das Verfassungsgericht die ständige Debatte sowie die gegenseitige Kontrolle und Kritik als beste Garantie für eine (relativ) richtige politische Linie. In einer späteren Entscheidung heißt es dann ergänzend, dass in einer Demokratie die Willensbildung vom Volk zu den Staatsorganen und nicht umgekehrt verlaufen müsse und sich das Recht des Bürgers und der Bürgerin auf Teilhabe an der politischen Willensbildung nicht nur in der Stimmabgabe bei Wahlen äußern solle. Wichtig für das Funktionieren des Staatswesens ist demnach vielmehr, dass jeder und jedem Einzelnen seine Teilhabe an der politischen Willensbildung durch Einflussnahme auf den ständigen Prozess der politischen Meinungsbildung ermöglicht werden muss. Und diese Meinungsbildung muss sich in einem demokratischen Staatswesen frei, offen, unreglementiert und grundsätzlich «staatsfrei» vollziehen.[14] Solche Urteile beweisen einmal mehr den Wert, den das Bundesverfassungsgericht für unser Gemeinwesen haben kann.

Wie aber kommen nun die Versammlungen ins Spiel? Auch darauf haben unsere Verfassungshüter eine abgeklärte Antwort. Denn im Prozess der Willensbildung, so das Gericht nun in der Brokdorf-Entscheidung, können große Verbände, finanzstarke Geldgeber oder Massenmedien beträchtlichen Einfluss ausüben, während wir einfache Staatsbürger und -bürgerinnen uns angesichts dieser Meinungsmacht eher als ohnmächtig erleben. In einer Gesellschaft wie der unseren, in der der direkte Zugang zu den Medien und die Chance, dort seine Meinung zu äußern, auf wenige beschränkt ist, stellt die Versammlung immer noch eine Möglichkeit dar, seinen Willen auszudrücken und darauf aufmerksam zu machen.

So verbleibt der Einzelnen und dem Einzelnen neben ihrer bzw. seiner organisierten Mitwirkung in Parteien und Verbänden im Allgemeinen nur eine kollektive Einflussnahme durch Inanspruchnahme der Versammlungsfreiheit für Demonstrationen – stellt das Bundesverfassungsgericht fest. Denn auch wenn heute jeder und jede über Facebook und Twitter öffentlich seine Meinung kundtun kann, heißt das ja noch lange nicht, dass dies meinungsmächtig ist.

Deshalb kann eine ungehinderte Ausübung der Versammlungsfreiheit dem Gefühl politischer Ohnmacht und gefährlichen Tendenzen zur Staatsverdrossenheit entgegenwirken. Die Sicherung der Versammlungsfreiheit liegt mit den Worten des Bundesverfassungsgerichts «letztlich auch deshalb im wohlverstandenen Gemeinwohlinteresse, weil sich im Kräfteparallelogramm der politischen Willensbildung im Allgemeinen erst dann eine relativ richtige Resultante herausbilden kann, wenn alle Vektoren einigermaßen kräftig entwickelt sind».[15] Judex non calculat («der Richter rechnet nicht»), heißt es, aber von Geometrie und Mechanik haben Richter offenbar durchaus Ahnung, wie die ungewöhnliche Metapher beweist.

Die Versammlungsfreiheit ist also die Macht der kleinen Leute. Die Ungerechtigkeit des Alltags – auch zuweilen Ironie des Schicksals – wollte es, dass sich dies ausgerechnet in eigenartigen Zusammenkünften wie PEGIDA beweisen musste – oder eben in Rechtsrock-Konzerten in Themar. Aber warum sind eigentlich Rechtsrock-Konzerte als Versammlungen geschützt?

LOVE-PARADE VOR DEM BUNDESVERFASSUNGSGERICHT

Da ich ja am liebsten elektronische Musik höre und einem gepflegten Rave nicht abgeneigt bin, trifft mich der Grund besonders hart: Es liegt ausgerechnet an der Love-Parade. Denn auch die schaffte es als Streitfall bis in die Säle des Bundesverfassungsgerichts. Das Gericht hatte zwar im Ergebnis nichts dagegen einzuwenden, dass die Love-Parade von den (Finanz-)Behörden und Verwaltungsgerichten nicht als Versammlung anerkannt wurde, stellte aber in diesem Zusammenhang noch einmal klar, dass unter die Versammlungsfreiheit auch Versammlungen fallen, wenn sie ihre kommunikativen Zwecke unter Einsatz von Musik und Tanz verwirklichen. Das sei schon dann anzunehmen, wenn diese Mittel zur kommunikativen Entfaltung mit dem Ziel eingesetzt werden, auf die öffentliche Meinungsbildung einzuwirken. Für die Einbeziehung in den Schutz der Versammlungsfreiheit reicht es dabei schon aus, wenn sich die Veranstaltungen dafür einsetzen, dass bestimmte Musik- und Tanzveranstaltungen auch in Zukunft ermöglicht werden. Geschützt wird dabei nicht aber das Abhalten der Musik- und Tanzveranstaltung selbst, sondern die «kommunikative Einflussnahme auf die öffentliche Meinung, um auf die zukünftige Durchführung solcher Veranstaltungen hinzuwirken», stellt das Bundesverfassungsgericht klar.[16] Dass diese Einschätzung nicht nur für bunte und laute Musikzüge in Berlin gilt, musste dann das Verwaltungsgericht Hamburg am Beispiel eines Skinhead-Konzerts kurze Zeit später feststellen. Seitdem hat sich ein immer gleiches Spiel etabliert: Zunächst zeigen wenig freundliche und dem demokratischen Gemeinwesen nicht wohlgesinnte, meist grimmige Herren eine Veranstaltung an, und die Versammlungsbehörde erlässt ein Verbot, an dessen Bestand sie selbst nicht glaubt. Am Ende bekommt ein Verwaltungsgericht den Schwarzen Peter zugeschoben und muss entscheiden.

ÖFFENTLICHE SICHERHEIT UND ORDNUNG

Dabei gehört gerade die Versammlungsfreiheit zu den Grundrechten, die nicht unbeschränkt bestehen. Denn in Artikel 8 des Grundgesetzes heißt es, dass für Versammlungen unter freiem Himmel dieses Grundrecht durch Gesetz oder aufgrund eines Gesetzes beschränkt werden kann. Ein solches, das Grundrecht beschränkendes Versammlungsgesetz gibt es tatsächlich. Seine Existenz geht auf einen Beschluss des Deutschen Bundestages zurück, der zum 24. Juli 1953 in Kraft trat. Keine sechs Wochen nach Niederschlagung der Demonstrationsbewegung in der ehemaligen DDR ist das jedoch nicht nur zeitlich gesehen ein vielleicht nicht ganz glücklicher Umstand. Aber das Versammlungsgesetz will ja Versammlungen nicht verhindern, sondern, wie Gesetze das im besten Fall tun, Interessen ordnen und miteinander in Einklang bringen. Versammlungen müssen deshalb auch nicht erlaubt werden, sondern lediglich angezeigt. Aber sie können verboten werden, wenn nach den zur Zeit des Verfügungserlasses erkennbaren Umständen die öffentliche Sicherheit oder Ordnung durch die Versammlung unmittelbar gefährdet ist (§ 15 Versammlungsgesetz). Das verschafft dem Staat durchaus Möglichkeiten – im Guten wie im Schlechten. Denn eine Gefährdung der öffentlichen Sicherheit und Ordnung ist ein weites, ein ganz weites Feld sogar. Unter der öffentlichen Ordnung wird gemeinhin auch die Rechtsordnung verstanden, also die Summe der Gesetze und ihre einzelnen Teile. Da muss es doch möglich sein, jedenfalls diejenige oder denjenigen, deren oder dessen einziges Interesse darin besteht, unsere freiheitlich-demokratische Ordnung zu überwinden und den Fortschritt zu hemmen, Grenzen zu setzen.

Aus Themar kam übrigens im Frühjahr 2018 die Nachricht, dass ein für Sommer 2018 geplantes weiteres Rechtsrock-Konzert gestützt auf § 15 Versammlungsgesetz verboten werden musste. Denn dem Interesse der reiselustigen Rechts-Rocker an der kollektiven Meinungsbekundung standen nach Ansicht der zuständigen Behörden die mindestens gleich bedeutsamen und ebenfalls gesetzlich geschützten Interessen von seltenen Vogelarten an einer ungestörten Brutpflege entgegen. Da sich die Brutpflege nicht verschieben lässt, ein Konzert aber schon, könne dieses jedenfalls während der Brutzeit nicht stattfinden. Das ist doch mal ein Anfang. Übrigens gehört zu den in und um Themar brütenden seltenen Vogelarten auch das Blaukehlchen, eine Singvogelart aus der Familie der Fliegenschnäpper. Als Zugvogel kommt es nur im Sommer nach Themar, um zu brüten. Den Winter dagegen verbringt es im Süden, bevorzugt im Maghreb. Wie ich also – halb deutsch, halb maghrebinisch. Und der schöne Vogel stört sich wahrscheinlich genauso wenig, wie ich es täte, daran, dass er für das Verbot eines Rechtsrock-Konzertes verantwortlich ist.

Nachtrag vom 10. Juni 2018: So einfach war das anscheinend leider doch nicht mit dem Verbot von Rechtsrock-Konzerten zum Schutz von seltenen Vogelarten. Nachdem sich der Veranstalter dagegen juristisch gewehrt hat, hat das zuständige Oberverwaltungsgericht bei einer Prüfung keinen Verstoß gegen das Bundesnaturschutzgesetz erkennen können und es somit möglich gemacht, dass das Festival doch stattfinden konnte. Und so lauschten am 8. und 9. Juni 2018 über 2000 Neonazis den Klängen von einschlägigen Bands anstatt Vogelgezwitscher.[17]

PRESSEFREIHEIT

Lieber Bijan, alle Welt redet über diese Pressefreiheit, aber wo kommt die eigentlich her?

Presse ist ein mächtiges Wort. Schon ganz bildlich schwingt die Kraft mit, die es lange Zeit brauchte, um mit Druck Metalllettern auf Papier zu stemmen, damit darauf Text erscheint. Auch wenn dieser Vorgang heute technisch ganz anders gelöst werden kann, sorgt die Presse im klassischen Sinne, sorgen die Medien heute für die Verbreitung von Informationen. Und was einmal in der Welt ist, kann schwer wieder eingefangen werden. Das ist ein Dilemma, denn wie gehen wir mit Falschmeldungen – neudeutsch «Fake-News» – oder intimen privaten Details, die ein Leben ruinieren können, um, oder gar mit Informationen, deren Veröffentlichung die Sicherheit eines Staates gefährden? Seit es möglich wurde, gedruckte Blätter in hohen Auflagen zu verbreiten, fordern diese Fragen Gesetzgeber und Gesellschaft heraus, in Zeiten von Facebook und Twitter vielleicht sogar mehr denn je. Aber auch schon früher bestand eine Tendenz, neue Technologien nicht nur zu nutzen, um das Leben der Menschen besser zu machen, sondern dem eigenen sinnfreien, unnützen oder auch boshaften Treiben nachzugehen. Als Johannes Gutenberg um 1450 den Buchdruck erfand, war es sein Ziel, durch die Innovation des Drucks mit beweglichen Lettern die Mühe zu ersparen, die Bibel mit der Hand abschreiben zu müssen. Das Nächste, was gedruckt wurde, waren dann aber Kräuterbücher und kitschige Ritterromane. Genau wie heute verbreiteten sich schon damals Rezepte, Wunderheilerunsinn und Storys für Pubertierende. Allerdings wurden auch Rechtstexte und andere juristische Abhandlungen, vor allem aber Unmengen von Flugschriften verbreitet. Deren oft beleidigender Inhalt würde auch heute noch bei der Regierung und der Opposition zu hitzigen Debatten über Sperrungen und Selbstkontrolle der Druckereien führen.

DIE ERSTE ZENSUR 1529

Damals brauchte es dazu allerdings keine Mehrheitsentscheidungen im Bundestag. Es reichte ein Beschluss im Reichstag, bei dem der Kaiser in Speyer am 22. April 1529 zum ersten Mal in der Geschichte des Heiligen Römischen Reiches Deutscher Nation eine Präventivzensur für Drucksachen erließ. Von da an musste alles von einem amtlich eingesetzten Zensor zum Druck freigegeben werden. Möglich wurde das durch die überschaubare Anzahl Druckerpressen. Kaiser Karl V. wollte damit vor allem die gezielten Medienkampagnen durch Flugschriften, die damals Luthers Reformationsbewegung begleiteten, eindämmen. Wirklich erfolgreich war das aber nicht. Schon im Jahr darauf wurde ein neues Gesetz erlassen, das nun dem Kurfürsten von Sachsen als dem Schutzherrn der Reformation ausdrücklich verbot, überhaupt religiöse Schriften in seinem Land drucken oder verbreiten zu lassen. Das hielt Johann den Beständigen nicht davon ab, zunächst in seinem Machtzentrum Wittenberg, später auch in Jena Druckereien betreiben zu lassen. Schon damals war man im heutigen Freistaat Thüringen progressiv. Dazu brauchte es offensichtlich nicht erst mich im Thüringer Wirtschaftsministerium.

Aber auch im übrigen Teil des Reiches lief es nicht nach den Vorstellungen des Kaisers, der sich dazu veranlasst sah, seine Zensur in den folgenden Jahren immer wieder zu erneuern und zu verschärfen. Nur elf Jahre nach dem ersten Zensurgesetz kam es zu einer gesetzgeberischen Großtat im alten Reich. Im Jahr 1548 wurde zum Schluss des Reichtags zu Augsburg die Kaiserliche Ordnung und Reformation guter Polizei verkündet, als Reichspolizeiordnung für die nächsten 250 Jahre eines der zentralen deutschen Gesetze. Dort wurde das Thema Zensur mit Begründung endgültig geregelt: Ihre kaiserliche Majestät stellte nämlich fest, dass «unser satzung gar nichts gehalten / Sonder das solliche schmeliche Bücher schrifften / gemälts und gemechts / je lenger je mehr gedicht / getruckt gemacht / feyl gehabt / unnd außgebreytet werden».[18] Festgelegt wurde dann, dass kein Druckwerk ohne vorherige Kontrolle durch die Obrigkeit erscheinen durfte. Diese Zensur sollte Schriften verhindern, die Schmähungen oder Aufrührerisches enthielten. Darunter fielen auch alle Texte, die der katholischen allgemeinen Lehre zuwider waren. Immerhin diese letzte Festlegung wurde mit einer Novelle der Reichspolizeiordnung im Jahr 1577 geändert und fortan die christliche Lehre beider Konfessionen unter Schutz gestellt.

STRITTIGE PUBLIKATIONEN IM 21. JAHRHUNDERT

Eine Darstellung wie die von Papst Bendikt XVI. mit Inkontinenz, wie die Satirezeitschrift *Titanic* sie 2012 publizierte, wäre damals unvorstellbar gewesen. Heute führt so eine Veröffentlichung dann zu einer Rüge des Presserates[19], da die Darstellung laut dem zuständigen Beschwerdeausschuss «entwürdigend und ehrverletzend» sei. Die Juli-Ausgabe mit dem umstrittenen Titelbild durfte jedoch weiterhin verkauft werden und der Vatikan zog seine eingereichte Klage zurück. Ein weiterer Christ(-Demokrat) wehrte sich rechtlich gegen eine Veröffentlichung der Presse. Nicht der Papst, sondern Ole von Beust, ehemaliger Erster Bürgermeister von Hamburg, war das im Jahr 2008. Er reichte Klage gegen die *Titanic* ein, weil diese ein satirisches Bild mit dem Aufdruck «CDU-Wähler aufgepasst: Ole von Beust ist schwul!» publiziert hatte. Doch die Zeitschrift schlug zurück: In der nächsten Ausgabe fand sich exakt dasselbe Bild, nur mit der Überschrift «Schwule Wähler aufgepasst: Ole von Beust ist in der CDU!»

Zensur war allerdings früher wie heute nicht nur politisch beeinflusst. Die Verhinderung von sogenannten Schmähschriften, die nicht unbedingt auf eine politische Auseinandersetzung ausgerichtet waren, ist durchaus ein sinnvolles Ziel zum Schutz persönlicher Rechte. Und das Mittel, solche Schriften schon gar nicht erst drucken zu lassen, ist unter Berücksichtigung der Verhältnismäßigkeit immerhin ein geeigneter Weg, um dieses Ziel zu erreichen.

ZENSUR UND GELD

Allerdings trifft das nur zu, wenn auch die Zensoren und Zensorinnen ihr Amt ernst nehmen. Das taten sie aber nicht immer. Das konnte am fehlenden Arbeitsethos liegen, das gute Beamte und Beamtinnen ja bekanntlich mitbringen sollten. Manchmal gab es nämlich auch Ausnahmen von der Zensur, etwa für Professoren. (Professorinnen gab es damals noch nicht.) Zuweilen wurden die Zensoren aber auch danach ausgewählt, dass sie gar nicht so genau hinsahen. So kam ein wenig bedeutender Fürst in der kleinen, abseits der großen Politik gelegenen thüringischen Residenzstadt Rudolstadt auf die Idee, mehr Bedeutung zu erringen oder zumindest die wirtschaftliche Lage seiner

Landeskasse zu verbessern, indem er ein Druckereiunternehmen in seinem Fürstentum ansiedeln ließ. Er gewährte dem Unternehmer dazu ein Monopolrecht und ernannte ihn auch gleich zum Zensor. Das erwies sich für Autoren und die fürstlichen Finanzbeamten gleichermaßen als glückliche Verbindung. Welches Interesse sollte der Unternehmer haben, in seiner Druckerei Gedrucktes zu zensieren, da es ihm ums Geldverdienen ging? Die Autoren mussten also keine Angst davor haben, dass ihre Werke der Zensur zum Opfer fielen, und die fürstliche Kasse wurde durch die Steuereinnahmen aufgebessert.

Wie sollte aber mit diesem fragwürdigen Verfahren im öffentlichen Interesse umgegangen werden? Den Gesetzgeber im Alten Reich kümmerte das nicht, aber den nördlichen Nachbarn, das Königreich Dänemark. Hier erließ die Regierung im Jahr 1770 im wahrsten Sinne des Wortes über Nacht ein Zensurverbot. Initiator dafür war nicht der dänische König selbst, sondern dessen deutschstämmiger Leibarzt und Aufklärer Struensee. Dieser hatte das Vertrauen des zunehmend als geistesgestört geltenden dänischen Königs Christian VII. erworben und war von diesem ab 1771 sogar mit einer Generalhandlungsvollmacht ausgestattet worden. Diese nutzte er, um die Regierungsgeschäfte im Namen des Königs zu führen und eine an den Idealen der Aufklärung orientierte Politik einzuleiten. Allerdings machte er sich damit weite Teile des Adels zum Gegner. Sogleich mit der Aufhebung der Zensur erschien eine Vielzahl an Schmähschriften und Flugblättern gegen den Mediziner, um seinen Einfluss auf den König zu schmälern. Ihm wurde seine Initiative zum Presserecht nicht wirklich gedankt, und kurze Zeit später wurde er wegen Hochverrats hingerichtet. (Das Drehbuch zum Film *Die Königin und ihr Leibarzt*, der Struensees Geschichte erzählt, wurde 2012 auf der Berlinale mit einem Silbernen Bären ausgezeichnet. Allerdings vernachlässigt der

Film die politische Ebene ein wenig und konzentriert sich auf die Dreiecksbeziehung zwischen Königin, König und Leibarzt.)

Obwohl der König von Dänemark gleichzeitig Herzog von Schleswig und Holstein war, gehörten die beiden Länder zum Heiligen Römischen Reich Deutscher Nation. Damit stellt also diese kleine Episode zugleich den Beginn der Pressefreiheit in Deutschland dar.

Und noch heute gibt es eine dänische Minderheit in Schleswig-Holstein, die übrigens durch eine regionale Kleinstpartei, den Südschleswigschen Wählerverband (SSW), vertreten wird. Nach der dortigen Landtagswahl im Jahr 2012 regierte der SSW mit SPD und Grünen in der in Deutschland einmaligen, «Küstenkoalition» oder auch «Dänen-Ampel» genannten Koalition. Bis der Ministerpräsident der SPD, Thorsten Albig, sie durch ein dummes Interview in der *Bunten* 2017 in den Sand setzte. Hätte es doch noch Zensur gegeben in Schleswig-Holstein! Vielleicht würde er dann jetzt noch regieren!

ANFÄNGE DER PRESSEFREIHEIT IN DEUTSCHLAND

Allerdings währte die erste Phase der Pressefreiheit auf deutschem Boden nur kurz. Denn die Vielzahl an Flugschriften, die nun kursierten, aber auch die zahlreichen Zeitungen waren der Regierung dann doch suspekt, und darum wurde die Zensur 1799 wieder eingeführt. Doch so leicht ließ sich die Idee der Pressefreiheit nun nicht mehr einfangen. Ausgerechnet Napoleon brachte dann Schwung

in die Debatte. Aber nicht, indem er neben seinem neuen Zivil-
gesetzbuch, dem Code Civil, auch Freiheitsrechte in die – je nach
Lesart befreiten oder besetzten – deutschen Lande brachte. Er half
der Idee indirekt, indem er in seinem Herrschaftsbereich die Zensur
noch weiter verschärfte. Kleine Menschen ganz groß – im Zensieren. Napoleons Politik führte dazu, dass am Ende seiner Herr-
schaft die Abschaffung der Zensur als Akt der Befreiung von der
Besatzungsmacht gewertet wurde. Der aus Trümmern geschaffene
Deutsche Bund nahm sich in seiner Bundesakte, die am 8. Juni 1815
verabschiedet wurde, zum Ziel, auch die Frage der Pressefreiheit zu
lösen. Denn statt in den Staatsvertrag selbst eine Bestimmung zu
diesem Thema aufzunehmen, reichte es nur für die Festlegung, die
Bundesversammlung möge sich bei ihrer ersten Zusammenkunft mit
der Abfassung gleichlautender Verfügungen über die Pressefreiheit
beschäftigen. Die Bundesversammlung widmete sich dieser Frage mit
einer Seriosität und einem Ernst, aus dem sich ablesen ließ, dass diese
Beschäftigung ein höheres Ziel habe als die profane Lösung einer
Aufgabe. Und so wäre beinahe nichts dabei herausgekommen, wenn
nicht ein Mitgliedsstaat dieses eigenartigen Bundes etwas voreilig
Fakten geschaffen hätte. In ihrem Bestreben, in diesen neuen Zeiten
alles genau richtig zu machen, hatten nämlich die Beamten in der
Regierungszentrale des kleinen Großherzogtums Sachsen-Weimar-
Eisenach die Bundesakte durchgelesen, die Pflichten analysiert und
einen Plan erarbeitet, wie die dort gestellten Aufgaben möglichst
rasch und vielleicht sogar vorbildlich erledigt werden könnten. Land-
ständische Verfassung erlassen – erledigt. Bei der Gelegenheit gleich
Pressefreiheit regeln – erledigt. Dann noch die Justiz in drei Instanzen
ordnen und ein oberstes Gericht mit der schönen Bezeichnung
Oberappellationsgericht einrichten – erledigt. Das alles geschah in
weniger als 18 Monaten. Es liest sich dann auch ganz unpathetisch,

was die Weimarer Regierung am Ende der ersten niedergelegten Verfassung am 5. Mai 1816 – übrigens der ersten geschriebenen Verfassung in der deutschen Geschichte überhaupt – formulierte:

> Gleich wie Wir nun durch vorstehende Bestimmungen die Landständischen Rechte Unserer getreuen Unterthanen, und durch diese die Rechte der einzelnen Staatsbürger dauerhaft gesichert zu haben; auch zu solchem Zwecke folgende bereits anerkannte Rechte: das Recht auf eine, auch die Verbindlichkeiten des Fiscus umfassende, in drei Instanzen geordnete, unpartheische Rechtspflege, und das Recht auf Freiheit der Presse, hierdurch ausdrücklich anerkennen und gesetzlich begründen [...].[20]

So einfach konnte das also gehen. Nur wie lässt sich damit umgehen, dass zwar manch einer oder eine sehr ehrenwerte Ziele verfolgt, wenn er oder sie eine Druckschrift auf den Weg zu den Leserinnen und Lesern bringt, ein anderer oder eine andere aber beim Schreiben von düsteren Zielen motiviert ist? Oder wie ist es, wenn die Schrift zwar gut gemeint ist, ehrlich und offen, genau diese Tugenden aber bei den Lesern und Leserinnen nicht so gut ankommen? Diese Fragen lösten einen langen Disput aus. Auf der einen Seite stand die Idee, Rechtsverletzungen durch Zensur vorzubeugen. Die Befürworter und Befürworterinnen dieser Prävention konnten immerhin anführen, dass es nicht reiche, nachträglich Vergehen der Presse zu ahnden, da dann ja der Schaden schon entstanden sei und nicht mehr behoben werden könne. Das Bild des sich einnässenden Papstes beispielsweise wäre ja schließlich in der Welt. Die Aufgabe einer Pressegesetzgebung wäre es demnach, der Pressefreiheit Grenzen zu setzen, was gar nicht Zensur für alle bedeuten müsse. Die Zeitgenossen waren sensibel genug, die Zensur auf bestimmte Arten von Druckwerken beschränken zu wollen, von denen nach ihrer Vorstellung eine besondere Gefahr ausging: anonym erscheinende Drucke, (politische) Zeitungen und Schriften ausländischer Autoren. Dagegen waren die Argumente für die Freiheit der Presse eher idealistisch als pragmatisch: So hieß es 1817 in der *Jenaischen Allgemeinen Literatur-Zeitung*, einer damals einflussreichen Zeitschrift, die Freiheit der Schrift solle selbst eine Art Zensur über das Verhalten der Staatsbeamten ausüben. Darüber hinaus sei alles Bemühen, einen sicheren Rechtszustand und bürgerliche Freiheit zu begründen, vergebens, wenn nicht zugleich ein Interesse des Volkes an den Angelegenheiten des Gemeinwesens geweckt und der Sinn für Wahrheit geschärft werde. Darum müssten auch alle Tatsachen öffentlich verhandelt werden dürfen. Gegen einen möglichen Missbrauch helfen dann, wie in allen anderen Bereichen auch, die Strafgesetze und die Pflicht jedes Druckers und Verlegers, sich durch Namensnennung in Form eines Impressums der Verantwortung für das Druckwerk zu stellen.

Während die Mehrheit der Staaten die althergebrachte Zensur vorzog, gab es im Großherzogtum Sachsen-Weimar-Eisenach kein Zurück, und die Pressefreiheit blieb. Damit blühte das Zeitungswesen regelrecht auf und die politischen Themen wurden öffentlich verhandelt. Nur beschränkten sich diese Gegenstände nicht auf die vielen spannenden politischen Fragen zwischen Weimar und Eisenach, sondern umfassten auch die noch spannenderen in Berlin, Wien und Moskau. Das fanden die gekrönten Häupter dort allerdings weniger angemessen, und so bekam die Justiz bald ordentlich Arbeit. Dabei erwies sich die gerade neu formierte Weimarer Justiz als in dieser Frage eigensinnig. Denn spätestens das Oberappellationsgericht in Jena, die höchste und abschließende Instanz, befand jeweils die verfassungsmäßig gesicherte Pressefreiheit doch für wichtiger, kannte allerhand formale Gründe, warum bestimmte Prozesse so nicht geführt werden durften, dass Versuche der Verwaltung, die Arbeit der Presse zu behindern, keine ausreichende Rechtsgrundlage hatten, und gab in allen Verfahren den Herausgebern und Verlegern Recht. Es mag dabei nicht ganz unbedeutend gewesen sein, dass auch der eine oder andere Richter vom blühenden Zeitungsgeschäft selbst als Herausgeber oder Verleger profitierte. Bestanden schon vorher in Rudolstadt Drucker und Zensor in Personalunion, bedingte eins das andere. Doch für die Weimarer Regierung war das aus zwei Gründen ungünstig: Zum einen wurde die konsequente Rechtsprechung von den auswärtigen Regierungen als schwerer Affront gewertet, zum anderen nutzte die Justiz die Möglichkeit, sich von der Regierung unabhängig zu machen, was bis dahin nicht üblich war.

Ähnliche Affronts, grade wenn es um ausländische Staatsoberhäupter geht, kommen auch aktuell vor. Als ich das erste Mal den Journalisten Jan Böhmermann traf, diskutierten alle noch über seine Äußerungen in Bezug auf den türkischen Präsidenten Recep Tayyip Erdoğan. Mit ihnen löste er 2016 eine diplomatische Krise aus. Die folgende Debatte führte dazu, dass Paragraph 103 des Strafgesetzbuches, der die Beleidigung ausländischer Staatschefs unter Strafe stellt, abgeschafft wurde.

So wurde zu Beginn des 19. Jahrhunderts neben der Pressefreiheit gleich die Unabhängigkeit der Justiz in Weimar mit erfunden. Doch leider nahm das Experiment ein unerwartet schnelles Ende, als die Mitglieder des Deutschen Bundes mit den Karlsbader Beschlüssen zum einen das «Weimarer Problem» einer freien und durch die Justiz in ihrer Freiheit geschützten Presse lösten und zum anderen ein Presserecht für den gesamten Bund schufen. Immerhin blieb die Justiz in Weimar unabhängig. Und es brauchte auch nur 50 Jahre, bis sich die Erkenntnis durchsetzte, dass Zensur am Ende aufwendig, teuer und – wie es sich schon in den 300 Jahren zuvor erwiesen hatte – aufgrund zuweilen ganz menschlicher Gründe wie beispielsweise dem Gewinnstreben – ineffektiv sein kann. Bei der Abwägung zwischen dem Schutz des Einzelnen und der Einzelnen (und des Staates) vor Diffamierung und der freien Verbreitung von Informationen setzte sich nun die Einsicht durch, dass eine Strafandrohung ausreichend ist, um die widerstreitenden Interessen in Ausgleich zu bringen. Mit der Drohung verbunden war die Verpflichtung, dass eine Person die Verantwortung für die Veröffentlichung übernehmen und rechtlich für den Inhalt einstehen muss.

Dem Interesse der Öffentlichkeit an Informationen wird damit grundsätzlich Genüge getan. Was ist mit dem Schutz derjenigen, über die diese Informationen verbreitet werden? Der liegt in den Händen der Justiz, ebenso wie der Schutz derjenigen, die Informationen verbreiten, weil sie sich dazu berechtigt oder – aus welchem Grund auch immer – verpflichtet fühlen. Darum ist die Frage, in wessen Händen die Justiz liegt, ganz entscheidend. Richterinnen und Richter entscheiden letztendlich, ob die Presse bzw. die Medien alle Tatsachen öffentlich verhandeln dürfen, um damit erstens bei der Bevölkerung den Sinn für Wahrheit zu schärfen, zweitens damit bei der Sicherung des Rechtszustandes und der bürgerlichen Freiheit zu helfen und drittens eine Art Zensur über das Verhalten der Staatsbeamten und Politik auszuüben.

Berichtet dann zum Beispiel eine Zeitschrift kritisch über militärische Angelegenheiten, die so zwar eigentlich schon bekannt waren, aber jedenfalls noch nicht in dieser Form sachlich und zutreffend öffentlich dargestellt wurden, so kann die Justiz die Redakteure und Herausgeber wegen Spionage zu Haftstrafen verurteilen (so 1931 das Reichsgericht die Redakteure der *Weltbühne* um Carl von Ossietzky). Die Justiz, die doch in Weimar ihren Weg in die Unabhängigkeit nahm, wurde ausgerechnet in der Weimarer Republik wieder politisch. Ein solcher Streit um die Veröffentlichung militärischer Details kann aber auch damit enden, dass nach einigen Wirrungen, Durchsuchungsaktionen, Untersuchungshaft und politischen Debatten eine Verurteilung wegen Landesverrats nicht erfolgt, diverse Staatssekretäre zurücktreten und ein bayerischer Bundesminister (Franz Josef Strauß) sich schmollend nach München zurückziehen muss. Darin bestand im Jahr 1962 die *Spiegel*-Affäre, die auch eine Art späte Wiedergutmachung für den Skandal um die Zeitschrift *Weltbühne* drei Jahrzehnte zuvor war.

PRESSEFREIHEIT HEUTE

Und heute? Pressefreiheit bleibt eine Gratwanderung. Denn auch wenn sie dem Informationsinteresse der Öffentlichkeit dient und damit ein Kernbestandteil jeder Demokratie sein muss, ist nicht jede Publikation darauf angelegt, politisch zu informieren. Lässt sich aber überhaupt eine Aufteilung in politisch bedeutsame und andere Presse vornehmen? Besser nicht! Nach langem Suchen kam man zu der Lösung, nicht die Veröffentlichungen zu verhindern, sondern bei Rechtsverletzungen den vermeintlich Geschädigten die Chance zu geben, Unterlassung und Wiedergutmachung zu verlangen und das Strafrecht anzuwenden. Pressefreiheit ohne rechtsstaatlichen Schutz ist allerdings ein wertloses Gut. Und Zensur ist über kurz oder lang – das lehrt uns die Geschichte – auch kein hinreichend geeignetes Mittel, um politische Umbrüche zu verhindern.

Die vielfältigen Erfahrungen mit der Entwicklung der Pressefreiheit lassen sich aber auch wunderbar auf die derzeitige Debatte um Fake News und Meinungsfreiheit im Internet anwenden. Auch hier dürfte Zensur, auch in Form der Selbstzensur, schnell an ihre Grenzen stoßen. Einen fairen Interessenausgleich gibt es dann, wenn eine Person für die Veröffentlichung die Verantwortung übernehmen muss. Also deckt auf die Trolle und lasst uns über Vor- und Nachteile von absoluter Anonymität streiten, dabei aber nicht vergessen, wo die Debatte ihren Ursprung hat!

BUNDESTAGSTOILETTEN UND DIE WASCHMASCHINE

Lieber Bijan, wie sehen im Bundestag die Toiletten aus, und was soll die Waschmaschine sein?

Eingangs will ich gleich eines anmerken, ich kann nur von der Herrentoilette berichten, bei den Damen war ich noch nie. Dort dürfte es aber auch eher unspektakulär sein, denn üblicherweise haben Toiletten ja immer Einzelkabinen.

Pissoirs gibt es bei den Damen nicht, auch wenn grade in linken Kreisen und auf Festivals die Nutzung von Urinellas – ein Hilfsmittel, das Frauen erlaubt, im Stehen zu pinkeln – zunimmt. Welch progressive Erfindung! Darauf hat die Welt gewartet. Pissoirs gibt es also nur bei den Herren, sie sind nichts Besonderes, außer bei den Luxusversionen, wenn sie sich wie im Bundestag üblich in eigenen geräumigen und abschließbaren Kabinen befinden. Ich habe lange gerätselt, was dafür der Grund sein könnte. In jeder anderen Herrentoilette gibt es maximal einen kleinen Sicht- bzw. Spritzschutz. Wahrscheinlich wird mit einer eigenen Kabine für Stehpinkler das Ziel verfolgt, dass die CSU-Abgeordneten weiterhin in dem Glauben leben können, sie hätten den Längsten. Und falls dem mal ausnahmsweise nicht so sein sollte, können dank der Kabinen wenigstens keine Beweisfotos entstehen.

Für den Fall, dass fleißige Abgeordnete alle Hände voll zu tun haben, gibt es im Eingangsbereich der Herrentoilette bei den Waschbecken auch noch Aktenhalter.

Das Reichstagsgebäude ist aber kein Scheißhaus! Ganz im Gegenteil. Es beherbergt den Deutschen Bundestag, daher spricht man vom «Hohen Haus».

Kleine Menschen kennen das, wenn man auf der Toilette beim Sitzen mit den Beinen nicht ganz auf den Boden reicht. Unangenehm, unentspannt und manchmal fühlt man sich in die Kindheit zurückversetzt. Aber nur keine Sorge, im Bundestag passt die Sitzhöhe. Mit 1,73 Meter bin ich ja selbst kein Riese, aber meinem Empfinden nach könnte es für den fast 10 Zentimeter kleineren Gregor Gysi von den Linken knapp werden. Man sollte also die Augen offen halten, wenn man das Reichstagsgebäude besichtigt. Vielleicht sieht man Herrn Gysi ja mit einem kleinen Trittschemel um die Ecke verschwinden.

Das Parlament ist sicher alles andere als ein stilles Örtchen – erst recht nach dem Einzug der AfD in den Bundestag. Die *ZEIT* ermittelte übrigens in ihrer «Wie geht es Ihnen heute?»-Umfrage,[21] dass der traurigste Moment des Jahres 2017 der Abend der Bundestagswahl war. Am niedergeschlagensten war die Stimmung kurz bevor die Hochrechnungen bekanntgegeben wurden. Denn am 24. September 2017 war es so weit, und mit der AfD zog erstmalig nach dem Krieg wieder eine rechte Partei in den Bundestag ein. Etwa 86 Prozent der *ZEIT*-Leserinnen und -Leser klickten zwischen 17 und 18 Uhr bezüglich ihrer Stimmung das Antwortfeld «schlecht» an.

DAS REICHSTAGSGEBÄUDE

Die Geschichte des Reichstagsgebäudes regt aber dazu an, in sich zu gehen und nachzudenken. Es wurde zwischen 1884 und 1894 erbaut und bestand knapp vierzig Jahre, bis der Reichstagsbrand in der Nacht vom 27. auf den 28. Februar 1933 als eines der negativen «Highlights» in die Geschichte Deutschlands einging. Brandstiftung war der Grund des Brandes, ob es die Nazis selbst waren oder der für die Tat hingerichtete Linksanarchist Marinus van der Lubbe, wird sich nie mit Sicherheit sagen lassen. Wenige Monate später wurde die SPD von den Nazis verboten. Als gesetzliche Grundlage für die Entscheidung wurde unter anderem die Reichstagsbrandverordnung angeführt. Diese Verordnung funktionierte wie eine Art Notstandsgesetz, das die NSDAP als politische Konsequenz aus dem Brand erließ und das als wesentlicher Schritt auf dem Weg in die Diktatur gilt. Dieser Prozess gipfelte bekanntlich im Zweiten Weltkrieg und der Vernichtung von sechs Millionen Jüdinnen und Juden. Kurz vor Ende dieses grausamen Krieges kam die Rote Armee und hisste auf dem Reichstagsgebäude ihre Flagge als Zeichen des Sieges.

Das bekannte Bild dazu ist nachgestellt. In Wirklichkeit war es Michail Petrowitsch Minin, der im Schutz der Nacht des 30. April 1945 mit einem Trupp Pioniere das Gebäude erstürmte. Das Bild hingegen wurde erst am 2. Mai 1945 fotografiert, zwei Tage nachdem die Flagge – es war übrigens eigentlich auch nur ein Fetzen roter Stoff – tatsächlich auf dem Dach des Reichstagsgebäudes aufgezogen wurde. Manches am Reichstagsgebäude ist also anders, als man denkt.

DAS NEUE REICHSTAGSGEBÄUDE

Bei der Schlüsselübergabe für den neu gestalteten Bau, der nach dem Umzug des Bundestages von Bonn nach Berlin ab 1999 für den Plenarbetrieb genutzt wurde, wies der damalige Bundestagspräsident Wolfgang Thierse daher aus gutem Grund darauf hin, dass Adolf Hitler als Mitglied des Parlamentes nie in dem Gebäude gesprochen habe. Nach dem Krieg und während der deutschen Teilung sei das Reichstagsgebäude bedingt durch die Nähe zur innerdeutschen Grenze «wie ein Mahnmal»[22] gewesen. So symbolisierte das Objekt laut Thierse das ungelöste Problem der deutschen Teilung.

Beim Umbau erhielt das Gebäude nach dem Entwurf des Architekten Sir Norman Foster eine rund 23 Meter hohe Kuppel, die seitdem eines der Wahrzeichen Berlins geworden ist. Wahrscheinlich habt auch ihr – wie weit mehr als 35 Millionen Besucher und Besucherinnen bis 2016 – darin eure Runden gedreht.

Ich war im Sommer 2008 auf Einladung der damaligen Justizministerin Brigitte Zypries zum ersten Mal «politisch» in Berlin unterwegs und habe mit ihr vor der Kuppel für ein Foto posiert. Auch wenn mir die Optik meines 19-jährigen Ichs fast ein wenig peinlich ist – ein Mann wird ja durchs Alter bekanntlich nur besser –, will ich es euch nicht vorenthalten:

Brigitte Zypries und ich vor der Kuppel des Reichstagsgebäudes 2008 (Foto: privat)

Brigitte Zypries sollte danach noch etwa ein Jahr Bundesjustizministerin bleiben. Nach über sieben weiteren Jahren im Bundestag und u.a. als Parlamentarische Staatssekretärin im Wirtschaftsministerium hatte sie aber ihr Comeback. Während ihr alter Studienfreund Frank-Walter Steinmeier Bundespräsident und Sigmar Gabriel Außenminister wurde, stand Brigitte Zypries bis zum Ende des Kabinetts Merkel III als erste Frau in der Geschichte der Bundesrepublik dem Wirtschaftsministerium vor. Eine große wie großartige Frau, von der ich in all den Jahren, die seit dem Bild vergangen sind, viel lernen durfte. Wir haben etwas gemeinsam, denn die Justiz- und Wirtschaftsministerin a.D. äußerte in einem Interview mit dem *Freitag* nach der Übergabe der Amtsgeschäfte: «Für mich gab es allerdings immer ein Ansporn, zu sagen: Ich mache das jetzt aber anders!»[23] Das will ich auch!

REGIERUNGSVIERTEL: KÄSEGLOCKE UND WASCHMASCHINE

Nicht viele, die auf dieser Ebene politisch aktiv sind, bleiben trotz Platz am Kabinettstisch noch so bodenständig, wie ich Brigitte bisher beispielsweise beim gemeinsamen Spülmaschine-Ein-und-Ausräumen in der Küche des Bürgerhauses oder bei Fahrten in ihrem VW Golf erlebt habe. Wahrscheinlich wird es auch nie wieder eine Politikerin geben, die schneller auf Mails und WhatsApp-Nachrichten antwortet. Viele andere, die unter dieser Glasglocke ihren Dienst tun, scheinen gelegentlich der Welt entrückt. Grade als Kommunalpolitiker fällt mir gelegentlich auf, dass die Glasglocke doch viele von der Außenwelt abschirmt. Das hat zur Konsequenz, dass manche Abgeordnete von Zeit zu Zeit unbehelligt sind von der Realität und davon, was so auf dem «platten» Land passiert. Sie bleiben unter sich und bilden die Berliner (Filter-)Blase, wenn man so will. Gegen diese Ignoranz hilft nur eins: Raus aus der Kuppel und rein in den Wahlkreis! Vielleicht werde auch ich mal umgekehrt junge Menschen zur Kuppel-Besichtigung nach Berlin einladen.

Tipp

Ich kann nur raten, meldet euch bei euren Abgeordneten vor Ort und fragt gezielt nach den sogenannten BPA-Fahrten. BPA steht für Bundespresseamt, das für Menschen aus dem Wahlkreis der Abgeordneten Gruppenfahrten nach Berlin organisiert – all inclusive! Das ist eine super Möglichkeit, gerade als junger Mensch das politische Berlin zu erkunden. Wenn ich mich recht entsinne, blieb aber auch noch etwas Zeit zum Feiern. Aber so ganz genau kann ich mich daran nicht mehr erinnern.

Gegenüber vom Bundestag steht übrigens das Bundeskanzleramt, wobei es, nachdem Angela Merkel jetzt vier Mal zur Kanzlerin gewählt wurde, Bundeskanzlerinamt heißen müsste. Nicht umsonst trägt das Gebäude den Spitznamen «Waschmaschine». Aber keine Sorge, Sexismus-Alarm wäre hier unangebracht, denn schon unter Bundeskanzler Gerhard Schröder wurde hier bis 2005 fleißig Wäsche gewaschen. «Ich will da rein!», hatte der Gerd 1982 gerufen und am Zaun des Kanzleramtsgebäudes in Bonn gerüttelt. Eine Waschmaschine gab es bei Familie Schröder, die nach dem Krieg in ärmlichen Verhältnissen in einer Behelfsunterkunft lebte, wohl lange nicht.

Der Spiegel berichtete dazu im Jahr 2001 über eine angebliche Konversation zwischen Axel Schultes, dem Architekten der Waschmaschine, und Schröder, die sich bei einer Begehung des Baus abgespielt haben soll: Schröder nannte das Kanzleramt herablassend das «unglaubliche Gebäude». Schultes erwiderte: «Ich bringe Ihnen 500 Leute, die das begeisternd finden.» Aber Schröder beharrte darauf, das letzte Wort zu haben: «Und in ein paar Monaten bringe ich Ihnen 500 Leute, die das Gegenteil finden, nämlich alle, die hier arbeiten müssen.»

Ich für meinen Teil wasche zwar nicht gerne, aber das Kanzleramt gefällt mir trotzdem. Gerne und oft habe ich am Fenster gestanden, um aus dem fünften Stock des Paul-Löbe-Hauses den perfekten Blick nach Westen auf die Waschmaschine genießen zu können. Der legendäre fünfte Stock mit seinen Raucherbalkonen mit Sichtschutz. Auch Brigitte Zypries hatte dort ihr Büro. Nach ihrem Ausscheiden aus dem Bundestag sind übrigens Martin Schulz und sein Team in ihr altes Büro gezogen. Brigitte lebt mittlerweile in Darmstadt, Martin wahrscheinlich in Würselen, und weder sein noch mein Blick richtet sich gen Waschmaschine. Ich für meinen Teil habe erst mal den Landtag in Wiesbaden im Blick.

BEAMTE UND ICH IM MINISTERIUM

Lieber Bijan, auf dem Amt arbeiten die faulsten Menschen der Welt, oder?

Eigentlich gilt ja landläufig das Vorurteil, dass Studierende die faulsten Menschen der Welt seien.

Im Laufe meines Studiums engagierte ich mich trotz des Uni-Stress bei den Jusos und in der Kommunalpolitik. Daneben beschäftigte ich mich mit fachlichen Fragen mit Bezug zu Banken und Finanzmärkten, wie Einlagensicherung und implizite Staatsgarantien, und wurde Mitglied des Sprecherkreises SPD Finanzforum in Frankfurt. (Nein sagen war noch nie so meine Stärke.) In diesem Gremium wurden Themen aus dem Bereich Finanzen diskutiert. Vor dem Hintergrund der Finanzkrise standen besonders Fragen zu Bankenregulierung und Niedrigzinsumfeld im Mittelpunkt der Debatte. Die meisten Teilnehmenden waren und sind SPD-Mitglieder, die in Frankfurter Finanzunternehmen, der Bundesbank oder der Europäischen Zentralbank arbeiten, aber eben auch Studierende aus dem wirtschaftswissenschaftlichen Bereich, so wie ich.

Durch einen Kollegen aus diesem Gremium wurde ich auf eine offene Referentenstelle aufmerksam. Ich bewarb mich und bekam die Chance, mich in meinem ersten Job außerhalb der Universität zu beweisen. Seit Januar 2016 arbeite ich, allerdings zunächst befristet, als Referent für Digitalisierung und Breitbandausbau im schönen Erfurt.

Meine Berufslaufbahn begann also als Referent im öffentlichen Dienst, als Staatsdiener also. Ein wichtiger Hinweis allerdings gleich zu Beginn: Beamter war ich nicht, sondern Tarifbeschäftigter.

Als Referent oder Referentin strebt man den höheren Dienst an und hat einen Diplom- oder einen Master-Abschluss. Daneben gibt es noch den gehobenen Dienst, in dem Sachbearbeiterinnen und Sachbearbeiter mit einem Bachelor-Abschluss oder einem Abschluss von einer Verwaltungsfachhochschule tätig sind, während Angestellte mit einer Berufsausbildung im mittleren Dienst als Bürosachbearbeiter oder -sachbearbeiterin angestellt werden.

IM MINISTERIUM

Ich landete im Thüringer Ministerium für Wirtschaft, Wissenschaft und Digitale Gesellschaft, das klang erst einmal spannend! Dort gab es jedenfalls viele Beamtinnen und Beamte, von denen ich etwas lernen konnte – sowohl inhaltlich als auch etwas über die Beamtenmentalität. Nach dem Studium hatte ich knapp drei Jahre die Möglichkeit, mich intensiv mit den Inhalten, aber auch mit der Verwaltung an sich auseinanderzusetzen. Auch weil die Uhren dort etwas langsamer gehen, reichte diese Zeit schon aus, um das Wesentliche mitzunehmen und zu verstehen, wie der Laden läuft.

Mein dortiger Abteilungsleiter zum Beispiel liebte die Verwaltung. Er ist mit Leib und Seele Beamter und hat ein Beamtenethos, das er wie eine Monstranz vor sich herträgt. Gerne erzählt er die Geschichte des Sieges der Römer im Zweiten Punischen Krieg. Hier gelang es den Römern allein durch eine perfekt organisierte Verwaltung, schneller weitere Legionen aufzustellen, als Hannibal sie vernichten konnte, selbst als dieser kurz vor Rom stand.

Für das Aufstellen von Heeren waren jedoch weder meine Abteilung noch ich zuständig. Aber dieser kleine Exkurs in die Antike von meinem Kollegen diente ohnehin nur der allgemeinen Weiterbildung der Mitarbeiterinnen und Mitarbeiter. Denn nicht die Vergangenheit, sondern die Zukunft lag in meinem Zuständigkeitsbereich: Zuerst beschäftigte ich mich mit den Themen Mittelstand und Breitbandausbau, und dann wurde ich dem neu geschaffenen Digitalreferat zugeordnet. Fortan befasste ich mich mit dem Breitbandausbau und der Digitalisierung.

BEHÖRDENSTRUKTUR

An meinem ersten Arbeitstag bekam ich einen Dienstausweis. Darauf klebte, wie konnte es anders sein, ein am gleichen Tag mit einer Digicam aufgenommenes Foto, auf dem ich wie ein Schwerverbrecher aussah. So weit war also alles wie überall sonst auch. Der Ausweis gab außerdem über meinen Namen und meine Berufs-/Dienstbezeichnung Auskunft. Was «Tarifbeschäftigter» im Unterschied zu «Beamter» bedeutete, lernte ich im Laufe der Zeit.

Es ist nicht so schlimm, wie es im ersten Moment klingt, aber im öffentlichen Dienst gibt es eine Zwei-Klassen-Gesellschaft. Dabei dachte ich an meinem ersten Tag, dass alle nach der klassenlosen Gesellschaft strebten, wenigstens im einzigen Bundesland, in dem ein linker Ministerpräsident die Staatskanzlei führte.

Er führt aber nicht nur die Staatskanzlei, sondern hat ein Kabinett, das aus den Ministerinnen und Ministern besteht. Sie stehen einzelnen Ressorts vor und sind als Minister oder Ministerin für ihre Themengebiete, z.B. eben Digitalisierung, zuständig. Darunter gibt es die Ebene der Staatssekretäre oder Staatssekretärinnen, ihnen unterstehen Abteilungen, die jeweils von einer Person geleitet werden – dem bzw. der Abteilungsleiter*in (AL). Wir erinnern uns, mein AL war der mit der Geschichte des Zweiten Punischen Krieges.

Eine Abteilung besteht wiederum aus Referaten, die nächstkleinere Einheit. Anders ist es in Ministerien des Bundes. Die sind viel größer und haben daher noch eine weitere Ebene zwischen Abteilungen und Referaten, die Unterabteilungen. An der Systematik ändert das allerdings nichts. Das Referat ist die kleinste «selbständige» Einheit und wird selbstverständlich auch geleitet. Irgendjemand muss ja schließlich Entscheidungen treffen und sagen, was zu tun ist. Sonst würde ja niemand etwas machen oder, noch schlimmer, jede und jeder, was er bzw. sie will.

TAG EINS

Vor lauter Ebenen und Leitungen hatte ich schon fast den Überblick verloren, wo ich mich in dieser Struktur befand. Ich war im Referat für Digitales. Wie alles im Ministerium hatte es eine Nummer, die 26. Ich war Referent mit der Nummer 26.3, also der dritte Referent in Referat 26, das außer uns wie üblich noch aus Bürosachbearbeitern und -sachbearbeiterinnen sowie einer Leitung bestand.

Besonders viele der Referatsleitenden haben ein sehr interessantes Selbstverständnis. Da viele von ihnen schon über 25 Dienstjahre auf dem Buckel haben, denkt sich so manche*r: «Ist doch egal, wer unter mir Minister ist.» Es ist ein beliebter Satz in Anlehnung an die Äußerung von Franz Josef Strauß von 1975: «Es ist mir egal, wer unter mir Bundeskanzler wird.»[24] Doch in Zeiten von Horst Seehofer und Heimatministerien erscheint er aktueller denn je.

Um das Verhalten von Beamten und Beamtinnen verstehen zu können, muss man ein Gefühl für deren Denkweisen entwickeln. Auch den hierarchischen Aufbau und die streng geregelten Verwaltungsabläufe muss man dabei berücksichtigen. All das kann sehr prägend sein. Sind Beamte und Beamtinnen vielleicht einfach nur in diesem goldenen Käfig aus Regeln und lebenslanger Jobgarantie gefangen? In ihrer eigenen Wahrnehmung sind sie jedoch häufig eher die Leidtragenden der strukturellen Zwänge. Oftmals trifft es vor allem die Bürgerinnen und Bürger, die mit der Verwaltung zu tun haben, da sie die Antworten der teils schlecht gelaunten Belegschaft erhalten.

DAS HAUS, DAS VERRÜCKTE MACHT

Aber ist es in dieser Verwaltung wirklich so wie im «Haus, das Verrückte macht» aus dem Film *Asterix erobert Rom*? Dort treibt die komplexe Bürokratie die Menschen in den Wahnsinn und es ist die Aufgabe von Asterix und Obelix, «eine Formalität verwaltungstechnischer Art» zu lösen.

Konkret müssen sie es schaffen, den Passierschein «A 38» zu bekómmen. Eigentlich ganz einfach, den Passierschein am Schalter 1 abholen. So die erste Information. Dazu müssen die beiden Comic-Helden aber zunächst auf den Plan im 6. Stock schauen, der zeigt, wo sich Schalter 1 befindet. Am Schalter angekommen, werden sie zu Schalter 2 in den 3. Stock geschickt ... Zuerst brauchen sie das blaue Formular von Schalter 1. ... und so geht es immer weiter. Diese Never-Ending-Story bringen Asterix und Obelix dadurch zum Abschluss, dass sie die Verwaltung mit ihren eigenen Waffen schlagen. Denn ihre Frage nach Passierschein A 39 lässt das ganze System zusammenbrechen.

Ich teile die Kritik, dass überbordende Bürokratie möglichst abgebaut werden sollte. Allerdings bedeutet das nicht, dass wir in der Verwaltung nicht klaren Regeln folgen müssen und es keine definierten Prozesse zu geben braucht. Wäre das anders, würden wir im Chaos versinken, und das will ja auch niemand. Sicherlich können diesbezüglich noch an vielen Stellen die Abläufe optimiert werden, ohne dass gleich das System zusammenbricht.

Nach wie vor funktioniert ein großer Teil der deutschen Bürokratie zum Beispiel noch auf Papier. Wahrscheinlich hat die Verwaltung damit eine ähnliche Menge an Holz auf dem Gewissen, wie sie der Sojaproduktion zum Opfer fällt. Verwaltung, Monokultur und Tiermast – die schlimmsten Feinde des Regenwaldes. Da wäre es doch höchste Zeit, das papierlose Büro einzuführen. Aber um eine solch radikale Änderung im System zu vollziehen, braucht man viel Zeit, eine Projektgruppe, ein Pilotprojekt und den Willen, gegen viele interne Widerstände anzukämpfen. Einfach mal so die alten Regeln ändern und Prozesse neu definieren geht nicht. Dafür braucht es als Grundlage eine Änderung der Geschäftsordnung, um die elektronische Akte einzuführen, und abschließend eine Dienstanweisung, um für die zukünftigen Abläufe die genaue Umsetzung näher zu erläutern und zu regeln. Dienstanweisungen gelten natürlich nicht nur für Beamte, sondern auch für mich als Tarifbeschäftigten. Klingt dann doch ein wenig nach Passierschein A 38.

Wie ich sind viele im öffentlichen Dienst Tätige angestellt und haben wie in der freien Wirtschaft Arbeitsverträge, die befristet oder unbefristet sind. Der öffentliche Dienst, allen voran die Länder, sind Spitzenreiter bei den Befristungen. Auch ich hatte als Berufseinsteiger zuerst einen auf zwei Jahre befristeten Vertrag. Insofern ist es ein Vorurteil, dass alle Mitarbeiterinnen und Mitarbeiter eines Amtes Beamte sind und sich nie um ihren Job sorgen müssen.

Ein Teil der Mitarbeitenden in der Verwaltung sind aber natürlich auch Beamte und Beamtinnen. Im Grundgesetz regelt nämlich der sogenannte Funktionsvorbehalt in Art. 33 Abs. 4 des Grundgesetzes, dass Personen, denen hoheitliche Aufgaben übertragen werden, Beamtinnen und Beamte sein sollen. Hoheitlich ist eine Aufgabe dann, wenn sie öffentlichen Zwecken dient, sich aus der Staatsgewalt ableitet und der Staat sie gesetzlich erbringen muss. Ein gutes Beispiel dafür sind Polizistinnen und Polizisten. Sie sind immer Beamtinnen oder Beamte und haben daher keinen Arbeitsvertrag, sondern stehen in einem besonderen Dienstverhältnis. Das bedeutet, sie haben ihren Job auf Lebenszeit und bekommen statt einer Rente eine Pension direkt aus den Steuertöpfen statt aus der Rentenkasse.

In der Verwaltung jedoch, wie in meinem Fall, ist längst nicht jede Aufgabe hoheitlich. Da dieser Begriff nicht ganz klar definiert ist, werden unsere Aufgaben daher oft eher willkürlich verteilt. Trotz des bereits erwähnten Funktionsvorbehaltes habe ich in den letzten Jahren den Eindruck gewonnen, dass in Behörden oft ohne ein erkennbares Muster verbeamtet wird. Auch ist längst nicht jeder besonders scharf darauf, Beamter zu werden.

Das Beamtentum bringt nämlich neben Rechten auch Pflichten mit sich. Nebentätigkeiten sind enger geregelt und müssen genehmigt werden, auch ein Streikrecht haben Beamtinnen und Beamte nicht. Sie haben ja auch keinen Tarifvertrag, da ihre arbeitsrechtlichen Regelungen in Gesetzen, also unter dem sogenannten Gesetzesvorbehalt stehen. Daher musste ich auch sehr über die Klage mehrerer beamteter Lehrkräfte gegen das Streikverbot schmunzeln, die im Sommer 2018 zu deren Ungunsten entschieden wurde.[25] Ihre besondere Stellung verdanken sie dem Grundgesetz, nachdem sie einer besonderen Treuepflicht gegenüber dem Staat unterliegen, der durch sie immer funktionieren soll. Wie das mit Streikrecht zusammenpasst, erschließt sich mir nicht. Aber die Klägerinnen und Kläger können ja ihre Ernennungsurkunde zurückgeben, sich als Tarifbeschäftigte anstellen lassen und dann streiken.

Ich habe das Gefühl, dass es ohnehin für viele junge Menschen nicht mehr so reizvoll ist, ihr Leben lang den gleichen Job zu haben, und sie daher nicht unbedingt als Verwaltungsangestellte verbeamten, werden wollen, wie dies früher der Fall war. Dabei beziehen sich meine Beobachtungen allerdings auf den höheren Dienst.

Bei Lehrkräften ist das etwas anders, da sie mit ihrer Ausbildung ja relativ festgelegt sind. Unabhängig, ob Verbeamtung oder nicht, wird der öffentliche Dienst für Studierende der Rechts- oder Wirtschaftswissenschaften weniger attraktiv. So stellt sich jedenfalls die Personalsituation dar, denn es lässt sich vielerorts nur schwer sehr gut qualifiziertes Personal finden. Oftmals können Stellen nicht zeitnah besetzt werden oder die Anzahl sowie die Qualität der Bewerbungen lässt zu wünschen übrig. Das kann natürlich auch ein Stück weit daran liegen, dass ich Erfahrungen in Erfurt gesammelt habe, einer Stadt, die sehr schön, aber sicher nicht der Nabel der Welt ist. Jedoch müsste man eigentlich davon ausgehen, dass die relativ zum Preisniveau gute Bezahlung im öffentlichen Dienst auch gute Leute dorthin locken müsste. Zum Vergleich: Wer in München oder Berlin lebt und in einem der dortigen Landesministerien tätig ist, verdient nicht mehr als jemand in einer weniger teuren Stadt. Das sind die Grenzen der ökonomischen Theorie, die Realität sieht halt immer anders aus.

Auch in anderen Ministerien oder an Gerichten mangelt es an gutem Personal. Oft fehlen gerade jungen Menschen Leistungsanreize, und die Gewissheit, dass es sehr, sehr lange dauern kann, die Karriereleiter hochzuklettern, stört besonders die Motivierten unter ihnen.

Natürlich wird der öffentliche Dienst in den höheren Entgeltgruppen nie mit der freien Wirtschaft mithalten können, allerdings sollte er sich im Wettbewerb als Qualitätsführer positionieren. Dazu gehört es, flexiblere Arbeitszeitmodelle anzubieten, unbürokratische Regeln für die Arbeit im Home-Office einzuführen und zusätzliche Urlaubstage oder alternativ entsprechende Bonuszahlungen anzubieten. Auf gut Deutsch: Der Staat als Arbeitgeber muss sich modernisieren, wenn wir auch zukünftig eine effiziente und funktionierende Verwaltung haben wollen. Bis dahin ist es noch ein weiter Weg. Man kann die Verwaltung sicher nicht zu einem Start-up-Unternehmen machen, aber ein wenig cooler darf sie schon noch werden. Eine Siebträger-Espressomaschine in der Teeküche, die einen vernünftigen Kaffee macht, wäre ein Anfang. Jacobs-Krönung-Filterkaffees mit Kondensmilch aus Portionspackungen, die man sonst nur von Oma kennt, sind eher uncool. Eine meiner ersten Amtshandlungen war daher die Einführung eines Kännchens Vollmilch in Besprechungen. Mühsam ernährt sich das Eichhörnchen.

Veränderungen werden von den Kolleginnen und Kollegen gut angenommen, obwohl die Außenwahrnehmung häufig anders ist. Veränderungswille existiert, wenngleich Behörden oft auch durch Typen geprägt sind, die es in eben dieses tendenziell eher statische Umfeld zieht. Es sind ruhigere Menschen, denen Stress fremd ist und die oftmals genügsam sind. Hinzu kommen die noch etwas angestaubten Strukturen – da versteht es sich von selbst, dass einen dieses Umfeld manchmal frustrieren kann. Wenig Veränderungen und lange Verweildauern treiben Dynamiker und Dynamikerinnen zur Weißglut. Dieses Gefühl wird dadurch verstärkt, dass Beamte und Beamtinnen, wenn sie erst einmal eine Führungsposition innehaben, ihren Status nicht mehr verlieren können.

Das aus der Management-Literatur bekannte Peter-Prinzip[26] macht auch vor dem öffentlichen Dienst nicht halt. Nach diesem Prinzip versagt die Organisation, sodass es in vielen Fällen zu einer Beförderung bis zur Überforderung kommt. Der Stellenabbau in den letzten Jahren, immer komplexere Gesetze und die zunehmende Belastung durch Arbeit geben mancher älteren Führungskraft dann den Rest. Die Schlagzahl im Arbeitsprozess hat sich erhöht und alles muss schneller gehen, auch im öffentlichen Dienst. Wie in der Privatwirtschaft kommen manche Mitarbeiterinnen und Mitarbeiter da einfach nicht mehr mit. Dieses Problem wird noch dazu durch die fortschreitende Digitalisierung und die damit verbundene Einführung von E-Government, also den Zugang zu behördlichen Dienstleistungen über das Internet, gerade für Ältere verschärft werden.

Wenn ich bedenke, dass sich die, wie bereits erwähnt, ohnehin ruhigeren Typen für den öffentlichen Dienst entscheiden und deren Führungsposition dann wie zementiert ist, graut es mir manchmal.

Vielleicht wäre es besser, gerade Leitungsaufgaben nur noch auf Zeit zu vergeben und den lebenslangen Statusanspruch auf das Einstiegsamt bzw. wenige Beförderungen zu begrenzen.

Viele Beamte und Beamtinnen haben gelernt, nur innerhalb des festgelegten Rahmens zu denken, und scheuen jeden Versuch, die Institution an sich und ihre Regeln zu verändern. Doch genau das wird durch die Digitalisierung geschehen, und dieser Prozess läuft bereits. Leider gibt es bisher kaum Anreize für Veränderung durch Einzelne innerhalb des bürokratischen Systems. Innovativ zu sein wird kaum belohnt, und wer die institutionalisierten Regeln in Frage stellt, wird tendenziell als störender Fremdkörper wahrgenommen.

Um auf die Eingangsfrage zurückzukommen: Mit Faulheit hat Beamtentum nichts zu tun. Das Sein bestimmt ja bekanntlich das Bewusstsein, daher sind viele Beamte oft nur zu angepasst. Durch ihr Umfeld werden sie dahingehend geprägt, Regeln zu befolgen und nicht prinzipiell die Effizienz und den Nutzen des eigenen Tuns zu hinterfragen. Steile Hierarchien stellen noch dazu das Gegenteil eines organisationstheoretischen Optimums dar. Der öffentliche Dienst muss also dringend reformiert werden, aber geben wir dabei den Beamtinnen und Beamten eine Chance! Es sind auch nur Menschen.

POLITIK ALS BERUF(UNG)

Was machen Politikerinnen und Politiker eigentlich beruflich?

Schon der berühmte deutsche Soziologe Max Weber unterschied in seinem Vortrag «Politik als Beruf»[27] vor etwa einhundert Jahren zwischen verschiedenen Typen von Politikern und Politikerinnen. Also sollten auch wir uns zuallererst darauf einigen, was genau wir als Politiker oder Politikerin begreifen. Denn mit einer Begriffsdefinition zu beginnen, scheint mir grundsätzlich ein gelungener Anfang einer Analyse zu sein (selbst wenn ich Ökonom und kein Soziologe bin).

HAUPT- ODER EHRENAMTLICH?

Wir nähern uns den verschiedenen Politiker-Gattungen am besten wie wilden Tieren bei einem Zoobesuch: interessiert, aber mit Respekt und einem gewissen Sicherheitsabstand.

Die meiner Meinung nach wichtigste Unterscheidung in der Politik ist die zwischen Haupt- und Ehrenamt, Weber nennt das Nebenberufspolitiker bzw. Berufspolitiker. Das bedeutet zunächst, dass nicht jeder oder jede, der oder die Politik macht, gleich hauptberuflich Politiker oder Politikerin ist, also dieses Thema im Wesentlichen das Leben materiell und ideell bestimmt. Ich zum Beispiel sitze in der Gemeindevertretung von Roßdorf, einem sehr schönen Dorf mit etwa 12 000 Einwohnern in Südhessen. Als Vorort von Darmstadt etwa 30 Kilometer südlich von Frankfurt liegt es ruhig, aber ganz gut angebunden. Neben mir sitzen noch dreißig weitere Ehrenamtliche in der Gemeindevertretung unseres Ortes. Die Sitzungen finden etwa alle 10 Wochen am Freitagabend ab 19:00 Uhr statt, dazu kommen eine Fraktionssitzung und ein Ausschuss, der sich mit Fachthemen beschäftigt. Diese Treffen finden unter der Woche, nach der Arbeit statt. Feierabendpolitiker sind wir also quasi und eben nur nebenberuflich tätig. Als kleine Aufwandsentschädigung gibt es pro Sitzung 15 Euro. Davon geht aber auch ein Teil an die Fraktion. Wenn man Glück hat, kommt man bei kurzen Sitzungen also grade knapp über den Mindestlohn von 8,84 Euro pro Stunde. Ums Geld geht's dabei aber auch gar nicht, sondern wie der Begriff Ehrenamt schon sagt, um die Ehre. Manchmal kann die Ehre aber auch zur Bürde werden.

Bis in die 1960er Jahre gab es das Sitzungsgeld noch in bar direkt im Anschluss an die Sitzungen. Nicht selten kam nichts davon zu Hause an, sondern wurde direkt in der nächstgelegenen Kneipe versoffen. Was sich natürlich besonders an den Tagen anbietet, an denen die Ehre zur Bürde wird und die Nerven Kühlung brauchen. Gelegentlich komme ich auch entnervt aus den Sitzungen der Gemeindevertretung oder des Kreistages – meist ist die Opposition schuld.

Im Kreistag, dem ich im Landkreis Darmstadt-Dieburg angehöre, gibt es u. a. fürs Aufregen – hier ist auch die AfD Teil der Opposition – immerhin 45 Euro pro Sitzung. Dieser Landkreis besteht aus Roßdorf sowie 22 weiteren großen und kleinen Städten und Gemeinden. Etwa alle acht Wochen tagt der Kreistag und entscheidet für die 23 Kommunen über Dinge, die der Kreis für sie so tut, wie die Schulträgerschaft oder das Kreiskrankenhaus. Auch hier gibt es Fachausschüsse und eine Fraktionssitzung. So kommt zwar etwas mehr Sitzungsgeld zusammen, aber dafür gibt man auch mehr an die Fraktion ab. Außerdem dauern die Sitzungen oft sehr viel länger und fangen daher leider auch früher an, nämlich meistens mittags. Das bedeutet, dass ich mir mindestens einen halben Tag freinehmen muss. So komme ich in Summe auf schätzungsweise 30 Stunden ehrenamtlichen Engagements pro Monat in der Kommunalpolitik. Selbst wenn die Aufwandsentschädigung bar ausgezahlt würde, wäre montags 17:30 Uhr auch keine optimale Zeit für den Tresen. Was wohl Max Weber zu solchen Sitzungszeiten sagen würde?

KOMMUNALPOLITIK ALS STREICHELZOO

Kehren wir zurück zum Bild des Zoos: Diese Politiker-Gattung ist quasi wie die Ziegen. Es gibt sie in jedem noch so kleinen Tierpark, sie sind nicht unbedingt spannend anzusehen, aber das Gehege ist gleich am Eingang, sodass keiner an ihnen vorbeikann und sofort mit ihnen konfrontiert wird. Ziegen sind also immer im Blickfeld, und auch eine direkte Kontaktaufnahme ist problemlos möglich; Kommunalpolitik als Streichelzoo quasi. Und diese Gruppe Politiker und Politikerinnen braucht auch vor allem eines: Anerkennung und Streicheleinheiten. Daher dürfen sie auf Volksfesten vor Ort auch gerne gestreichelt und gefüttert werden. Bloß keine Berührungsängste also bei Gemeinderäten und Gemeinderätinnen und Ähnlichem! Einfach ansprechen, sie beißen nicht.

Noch mal zurück zum Thema Freistellung für Sitzungen: Kommunalpolitikerinnen und -politiker brauchen einen wohlwollenden Arbeitgeber. Zwar bestehen je nach Bundesland unterschiedliche Regelungen im Kommunalrecht, die gemeinsam mit entsprechenden Passagen in Tarifverträgen eine Freistellung vom Beruf für die Zeit der Sitzungen vorsehen, allerdings variiert oftmals die Umsetzung im Einzelfall. Die Ausübung eines politischen Ehrenamtes darf zwar eigentlich nicht behindert werden, allerdings müssten auch in Zeiten von flexiblen Arbeitsmodellen, Gleitzeit und Home-Office Lösungen gefunden und Rechtsklarheit geschaffen werden – einerseits für die Ehrenamtlichen und andererseits für die Personalabteilungen. Wer hat schon Interesse an einem Rechtsstreit mit dem Arbeitgeber? Wichtig dabei wäre vor allem das Bewusstsein, dass eine Freistellung auch erfolgen muss, wenn das Ehrenamt nicht mit den eigenen festgelegten Arbeitszeiten bzw. Kernarbeitszeiten kollidiert. Nur so kann gewährleistet werden, dass in einer Welt, in der die Arbeitszeiten immer flexibler werden, das Ehrenamt, insbesondere im politischen Bereich, nicht weiter geschwächt wird. Sollte diese Forderung nicht umgesetzt werden, droht ein Rückgang des Engagements gerade bei jungen Leuten in der Politik. Bei dem ersten Job nach dem Studium plus Kommunalpolitik kommen schon mal schnell 60 Stunden die Woche und mehr zusammen. Ganz zu schweigen von Menschen, die in Branchen arbeiten, in denen schon mehr als 50 Stunden im Büro verlangt werden. In solch einer Situation kann man dann das Ehrenamt vergessen.

DAS RAUBTIERGEHEGE

Deutlich seltener ist die Gattung der hauptamtlichen Vollblutpolitiker und -politikerinnen, die keinen anderen Beruf neben ihrem Mandat haben. Klassische Berufspolitiker und -politikerinnen nach Weber wären unter anderem Landtags- oder Bundestagsabgeordnete. In Deutschland sind ca. 1800 Landtagsabgeordnete und 709 Bundestagsabgeordnete (19. Legislaturperiode) tätig. Auf 45 000 Bürgerinnen und Bürger kommt also im Durchschnitt etwa ein Mitglied des Landtags (MdL) und auf ca. 115 000 ein Mitglied des Bundestags (MdB). Man sieht also, dass es sich dabei um eine seltenere Spezies handelt, die man auch nicht zwingend so oft zu sehen bekommt wie die kommunalen. Zum Vergleich: In Roßdorf kommt auf je 400 Bürgerinnen und Bürger ein Kommunalpolitiker.

Dass man die MdBs und MdLs nicht so häufig zu Gesicht bekommt, liegt zum einen an den vollen Terminkalendern, aber auch daran, dass die Abgeordneten oft zwei vollkommen unterschiedliche Lebensräume haben. Während Vögel im Winter in den Süden ziehen und im Sommer zurückkehren, pendelt ein Abgeordneter Sommer wie Winter etwa wöchentlich aus der jeweiligen Landeshauptstadt bzw. Berlin in sein natürliches Habitat, den Wahlkreis.

Bei Stadtstaaten ist diese Strecke vergleichsweise kurz. Vielleicht bekommen die Abgeordneten deshalb dort weniger Gehalt, also Diäten. Man mag es zwar kaum glauben, aber im Saarland gibt es eine «volle» Diät, denn dort gibt es einen «richtigen» Landtag. In den Stadtstaaten hingegen lauten die Bezeichnungen für das Parlament und die Abgeordneten anders. Sie heißen in Hamburg Mitglied der Hamburgischen Bürgerschaft (MdHB), in Berlin Mitglied des Abgeordnetenhauses (MdA) und in Bremen Mitglied der Bremischen Bürgerschaft (MdBB). Bei diesen drei Parlamenten handelt es sich um sogenannte Halbtagsparlamente.

Das klingt fast ein wenig wie bei meinem Lieblingsverein SV Darmstadt 98, der nach dem Aufstieg in die erste Bundesliga in der Saison 1977 / 78 das sogenannte «Darmstädter Modell» kreierte. Die meisten Spieler waren keine Vollprofis und gingen nebenbei einer anderen hauptberuflichen Tätigkeit nach, somit konnten sie nur nach Feierabend Fußball spielen. So entstand in der Presse der Begriff der Feierabendfußballer.

Mindestens die kommunalen sollten wir als Feierabendpolitiker und -politikerinnen betrachten, während die «MdHP» – Mitglieder des Halbtagsparlamentes – in diesem Sinne nur Halbprofis sind, wie die früheren Kicker des SV Darmstadt.

Tatsächlich ist es absurd, anzunehmen, man hätte in den dortigen Parlamenten weniger Arbeit als anderswo. Fakt ist, dass in diesen Fällen Abgeordnete neben dem Mandat mindestens in Teilzeit arbeiten gehen oder noch nebenher studieren.

Eine Bekannte von mir aus Hamburg hat beispielsweise neben dem Mandat ihren Master gemacht. Ein anderer Kumpel aus Berlin ist MdA und arbeitet außerdem noch halbtags als Referent in einem Berufsverband. Neben der Arbeit und dem Parlament müssen beide auch noch die Parteigliederungen bespaßen, damit sie wieder aufgestellt werden. Das bedeutet, dass man auch diverse Funktionen innerhalb der Partei bekleiden muss und die Freizeit, die einem neben dem Mandat noch bleibt, oft in Sitzungen verbringt. Ich kann euch versichern, das ist in vielen Fällen nicht vergnügungssteuerpflichtig.

Wieder von der eigenen Partei aufgestellt zu werden, ist die eine Sache, die andere, noch einmal gewählt zu werden. Die Legislaturperiode, also der Zeitraum, der im Regelfall zwischen zwei Wahlen liegt, beträgt je nach Bundesland vier bis fünf Jahre.

BEFRISTUNG IN POLITIK UND ARBEITSWELT

Besonders viele junge Menschen haben in dieser Hinsicht leider etwas mit Politikerinnen und Politikern gemein, denn sie sind befristet beschäftigt. Immer häufiger befristen Unternehmen Stellen, gerade für Berufsanfänger und -anfängerinnen. Die haben damit keine ausreichende Planungssicherheit mehr, um eine Familie zu gründen oder eine Wohnung zu kaufen. Genau das fällt damit aus, was die Wirtschaft selbstverständlich von jungen Menschen, die ein paar Jahre im Arbeitsleben stehen, erwartet. Selbst wenn man gut verdient, ergibt es eben bei einer Befristung mehr Sinn, einen Porsche zu kaufen als ein Kind zu bekommen. Sollte man mit einer befristeten Stelle den Unterhalt für die Familie nicht erwirtschaften können, lässt sich der Porsche, im Gegensatz zur Familie, nämlich wieder verkaufen.

Zwischen 1991 und 2017 hat sich der Anteil an befristeter Beschäftigung bei den 25- bis 34-Jährigen fast verdoppelt, er stieg von ca. 7 auf 13 Prozent. In der Gruppe der jüngeren Berufstätigen zwischen 15 und 24 Jahren hat sogar über jeder Fünfte eine befristete Stelle. Doch wie konnte dieser Anteil so schnell steigen? Ein Grund dafür ist, dass fast die Hälfte aller Neueinstellungen im Jahr 2016 befristet war, wie die Zahlen des Nürnberger Instituts für Arbeitsmarkt- und Berufsforschung der Bundesagentur für Arbeit belegen.[28]

Worauf will ich hinaus? Oftmals wird behauptet, die Politikerinnen und Politiker kennen die Probleme der einfachen Leute nicht mehr. Wer hauptamtlich Politik macht, ist jedenfalls auch «befristet beschäftigt» und muss mit der Unsicherheit leben, seinen Job nach einer Legislaturperiode zu verlieren (oder auch mal währenddessen, falls es beispielsweise zu Neuwahlen kommt). Allerdings ist es für ehemals Hauptamtliche oft einfacher, eine «Anschlussverwendung» zu finden, als für Büroangestellte, die sich nach einer befristeten Anstellung einen neuen Job suchen müssen. Auch in der Politik kann man sich in dieser Hinsicht richtig oder falsch verhalten.

SEITENWECHSEL

In der Kritik wie kaum ein anderer war und ist hier der ehemalige Bundeskanzler Gerhard Schröder, der kurz nach seinem Amt begann, gut dotiert bei der Nord Stream AG, einer Tochter der russischen Gazprom, zu arbeiten. Das Unternehmen betreibt eine Pipeline, für deren Bau sich Schröder in seiner Amtszeit als Bundeskanzler eingesetzt hatte. Kaum besser war die Resonanz, als er später auch noch in den Aufsichtsrat des ebenfalls russischen Energiekonzerns Rosneft berufen wurde.

Auch beim Wechsel des ehemaligen Kanzleramtschefs Ronald Pofalla in den Vorstand der Deutschen Bahn hagelte es Kritik. Wohl vor allem auch, weil die Bahn Staatseigentum ist und sich damit das Bild eines Selbstbedienungsladens aufdrängte: Es schien ein klarer Fall von Politikern im Sumpf der Macht. Offenbar ist dieser Sumpf leider auch manchmal ein natürlicher Lebensraum für Politiker und Politikerinnen und sicherlich ein Grund dafür, dass sie bei Umfragen über das Ansehen von Berufen regelmäßig im hinteren Drittel landen.[29] Längst überfällig wären hier klare Regeln, unter welchen Bedingungen ein Wechsel insbesondere aus Spitzenpositionen oder im Anschluss daran in Posten in der Wirtschaft statthaft ist. Es wäre sicher sinnvoll und zum Wohle der Politik im Allgemeinen, wenn solche Seitenwechsel nicht das Image der Politik beschädigten. Selbst mir, als kleiner Lokalpolitiker, wurde schon vorgeworfen, ich würde es mir später einmal bei einem der kommunalen Betriebe gutgehen lassen wollen. Man wird sich ja wohl noch mal was gönnen dürfen ...

Neben der berechtigten Kritik bei anrüchigen Jobwechseln gibt es jedoch auch immer wieder die gleichen unsachlichen Debatten, wenn es darum geht, dass die Diäten erhöht werden sollen. Besonders im Bundestag ist das Geschrei immer groß.

Warum sollte man es auch jemandem gönnen, dass man ihn oder sie mit der eigenen Stimme wählt, damit er oder sie nach der Wahl dann oftmals mehr Gehalt als man selbst monatlich zur Verfügung hat? Diese Frage stellen sich viele Menschen und begründen damit die Kritik am Verdienst von hauptamtlichen Politikern und Politikerinnen. Auch die nach Ansicht vieler zu hohen Pensionsansprüche werden beanstandet.

Das Gehalt und die Pensionsansprüche sollen unabhängig machen, so steht es jedenfalls in Artikel 48 des Grundgesetzes. Bundestagsabgeordnete erhalten daher eine monatliche Diät. Aktuell liegt sie bei 9541,74 Euro brutto und wird seit 2016 jedes Jahr zum 1. Juli automatisch an den Nominallohnindex angepasst, dazu komme ich noch.

Oft heißt es, die Abgeordneten gehörten zu den wenigen in der Arbeitswelt, die ihr eigenes Gehalt beschließen könnten. Dem ist jedoch nicht so, auch wenn ich mir gut vorstellen kann, dass einige Mitglieder des Bundestags sich das sicherlich wünschten. Aber gerade die kontrovers geführte Debatte über das Beschließen des eigenen Gehaltes führte zu dem jetzigen System.

Die Grundlage der automatischen Anpassung ist die Entwicklung des vom Statistischen Bundesamt ermittelten Nominallohnindexes. Dieser wird jedes Jahr bis zum 31. März an den Präsidenten des Deutschen Bundestages übermittelt. Aus diesen Daten werden dann die neuen Diäten errechnet und in einer Bundestagsdrucksache veröffentlicht (Drucksache 18/11900).

Nimmt man den monatlichen Betrag mal zwölf, kommt man auf 114 500,88 Euro brutto im Jahr (2017). Sonderzahlungen wie Urlaubsgeld, Weihnachtsgeld, ein dreizehntes Monatsgehalt oder Ähnliches gibt es übrigens nicht. Abgeordnete zahlen wie alle anderen Beschäftigten auch Einkommenssteuer, Solidaritätszuschlag und ggf. Kirchensteuer sowie Krankenversicherung. Trotzdem zeigt dieses Gehalt: Bundestagsabgeordnete sind quasi Vollprofis aus der Champions League – die Tiger oder Elefanten im Zoo.

AUFGABEN VON BUNDESTAGSABGEORDNETEN

Was gehört denn so zu den Pflichten eines MdBs? Zunächst sind Abgeordnete nur ihrem Gewissen verpflichtet. Lassen sie mal ein Bürgerfest oder eine Ehrung im Sportverein aus, bekommen sie sicher ein schlechtes Gewissen – oder die Wählerinnen und Wähler ein schlechtes Bild, denn wer sich nicht häufig sehen lässt, läuft Gefahr, nicht erneut gewählt zu werden. Etwas nachsichtiger ist man vielleicht mit Abgeordneten, die gleichzeitig noch Minister sind, oder mit der Kanzlerin, die ja auch MdB ist und ihren Wahlkreis in einem Teil Vorpommerns auf Rügen hat. Dafür ist sie ja regelmäßig im Fernsehen oder in der Zeitung präsent. Das tröstet über Muttis Fehlen hinweg, zu Hause in Vorpommern. Angela Merkel hat trotz vieler Fehlzeiten in ihrem Wahlkreis seit 1990, seit es diesen Wahlkreis gibt, immer gewonnen. Sicher macht sie im Sommer auch mal Urlaub auf Rügen.

Wer hauptberuflich Politikerin oder Politiker ist, hat viele Termine. Eine durchschnittliche Woche im Bundestag ist insbesondere während der Sitzungsperioden eng getaktet. Neben Sitzungen von Arbeitsgruppen, Ausschüssen, Fraktion etc. kommen noch viele Besprechungen mit den Mitarbeiterinnen und Mitarbeitern hinzu. Oft besteht auch das Mittagessen in einem Termin mit jemandem, der spontan noch einen Platz im Kalender beansprucht. Das ist aber eben Teil des Jobs.

Besonders junge Neulinge im politischen Geschäft müssen sich erst einarbeiten und natürlich auch behaupten, das geht nicht immer reibungslos. Markus Frohnmaier von der AfD z. B. hatte mit 26 Jahren einen Herzinfarkt. Zwar waren wir bei unseren Streitgesprächen bei Informr[30] nie einer Meinung, aber ich hatte dennoch immer im Hinterkopf, dass er eigentlich schon schwer krank gewesen ist. Ein Bekannter von mir, Lobbyist und Autor, sagte mir vor kurzem, als ich nach einem Termin für eine Lesung fragte, er mache in diesem Jahr keine Termine mehr. Er hatte die Diagnose kreisrunder Haarausfall im Bart aufgrund von Stress erhalten – bevor sein Bart nicht wieder wachse, keine Lesung. Das habe ich sofort respektiert. Denn ich weiß ja, dass nicht nur MdBs aufgrund ihrer Tätigkeit in Berlin wie auch durch die Präsenz im Wahlkreis sowie durch die Bespielung der sozialen Netzwerke oft sehr viel Stress ausgesetzt sind, wie alle anderen Arbeitnehmerinnen und Arbeitnehmer auch. Als wäre der Beruf nicht früher schon anstrengend genug gewesen, nimmt der Druck noch zu. Bei Vereinsfesten, bei Kaninchenzüchtern in Hintersonstwasbach – mein liebster Verein diesbezüglich ist übrigens der Eberstädter Kaninchenzuchtverein H29 e. V. von 1906. Hier war ich 2018 Schirmherr der jährlichen Jungtierschau. Immer wieder stehen Termine an. Da heißt es, sonntags um 14:00 Uhr den schönsten Rammler zu prämieren, und dann muss man sich als heimatverbundenes Political Animal mit dem preisgekrönten Prachtexemplar ablichten lassen, das Bild umgehend twittern und dann gleich weiter zum nächsten Termin … Hier ein schönes und zugleich anschauliches Beispiel von meinem Kollegen Johannes Kahrs:

Johannes Kahrs ✓
@kahrs

Folgen ⌄

nach der rammlershow der hamburger
kaninchenzüchter,jetzt dialogveranstaltung
#SPDerneuern hamburg,dann
landesverbandsschau hühner & tauben.

12:47 - 28. Okt. 2017

Johannes Kahrs ✓
@kahrs

Folgen ⌄

auf der rammlerschau der hamburger
kaninchenzüchter mit einem deutschen
riesen, 8,7 kg, wildgrau, traumschön!

Aber ich stehe da Herrn Kahrs in nichts nach. Auch ich habe mich natürlich ablichten lassen und das Bild anschließend gepostet:

Der 2. Vorsitzende des Kaninchenzuchtvereins H29 e. V. von 1906
Michael Degel und ich bei der Jungtierschau 2018

SOCIAL MEDIA

Fast alle Berufspolitiker nutzen Facebook, viele mittlerweile auch Instagram und Twitter. Sucht doch mal nach dem Profil eurer Abgeordneten. Grade die sozialen Netzwerke regelmäßig zu bedienen, ist auch Aufgabe von Abgeordneten bzw. ihren Mitarbeitern und Mitarbeiterinnen, und dieser Bereich ist enorm gewachsen.

Aber nicht nur der Arbeitsaufwand ist durch die digitale Medienlandschaft gestiegen, auch das Privatleben von Abgeordneten ist «noch» viel öffentlicher geworden. Nicht nur dadurch, dass sie viel über sich posten, hat das Internet die Politik verändert. Nicht nur

Bilder und Statements von ihnen verbreiten sich in Windeseile, sondern auch Informationen über sie.

Nach einer arroganten Aussage in der *Bunten* über seine Exfrau im April 2017 erlebte Thorsten Albig einen Shitstorm und verlor die schleswig-holsteinische Landtagswahl 2017. Im März 2016 wurde Volker Beck, MdB der Grünen, in der Nähe des Nollendorfplatzes mit Crystal Meth überrascht, daraufhin titelte die *Bild*: «Grüner mit Hitler-Droge erwischt!»[31] Im Internet kursierten ebenfalls verschiedene Memes, mit einem eigens dafür programmierten Generator erstellt. Beliebt waren besonders Bezüge zur Fernsehserie *Breaking Bad*, in der es auch um die Droge Crystal geht: «Breaking Beck» lautete dort das Motto. Auch wenn solche Skandale einem Berufspolitiker wehtun, so gelingt es den Betroffenen doch meistens, damit umzugehen.

Was aber, wenn nicht der eigene Ruf, sondern der Körper zur Zielscheibe wird? Drohungen und Gewalt gegen Politikerinnen und Politiker haben leider in den letzten Jahren stark zugenommen.

Im Jahr 2016 sind 1841 politisch motivierte Straftaten gegen Amts- und Mandatsträger erfasst worden.[32] Davon waren 808 von rechts, 168 von links, und 225 Straftaten fallen in den Bereich der politisch motivierten Ausländerkriminalität. Laut einer Umfrage des Magazins *Kommunal*, die zwischen dem 30. Mai und 3. Juni 2016 durchgeführt wurde, wurden unter 1000 deutschen Bürgermeistern und -meiste-rinnen 47 Prozent von ihnen, ihre Mitarbeiterinnen und Mitarbeiter oder Gemeinderäte im Zusammenhang mit der Flüchtlingskrise beleidigt oder angepöbelt. Im Jahr 2016 wurden nach Angaben der Bundesregierung 142 Angriffe auf Büros der im Bundestag ver-tretenen Parteien verübt.[33] Damals war die AfD übrigens noch außer-parlamentarische Opposition. Im Jahr 2017 bestanden 43,9 Prozent (Stand September 2017) der politisch motivierten Straftaten aus Sach-beschädigungen. Danach folgten Beleidigungen mit 26,3 Prozent, aber auch Bedrohungen und sogar gefährliche Körperverletzungen waren dabei.[34]

Ein besonders gravierendes Beispiel für eine solch schwere Straftat war der Angriff auf Henriette Reker, die für das Amt der Oberbürgermeisterin der Stadt Köln kandidierte und einen Tag vor der Wahl im Oktober 2015 mit einem Messer schwer verletzt wurde. Etwa zwei Jahre später wurde der Bürgermeister von Altena, Andreas Hollstein, der sich ebenfalls in großem Maße für die Unterbringung von Flüchtlingen eingesetzt hatte, Opfer eines Messerangriffes. Beide haben die Attacken überstanden, Frau Reker wurde zur Oberbürgermeisterin gewählt und auch Herr Hollstein ist im Amt geblieben. Der wahrscheinlich bekannteste Fall eines Attentates auf einen deutschen Politiker ist allerdings deutlich älter. Wolfgang Schäuble wurde 1990 angeschossen.

Die gute Nachricht für Reker und Hollstein: Auch nach solchen Überfällen kann man es noch weit bringen. Welchen Job würdet ihr weitermachen, nachdem man euch dafür umbringen wollte? Politik als Berufung, nicht als Beruf.

Leider haben auch viele Politiker ihr Leben lassen müssen, weil sie Opfer von Attentaten wurden. Der wohl bekannteste Angriff auf einen Politiker ereignete sich am 22. November 1963 in Dallas im US-Bundesstaat Texas. Der amtierende US-Präsident John F. Kennedy wurde während einer Fahrt in einem offenen Cabrio am helllichten Tag erschossen.

Keine fünf Jahre später ereilte seinen jüngeren Bruder Robert Francis «Bobby» Kennedy das gleiche Schicksal. In seinem Vorwahlkampf zur US-Präsidentschaftskandidatur wurde er in der Nacht auf den 5. Juni 1968 in Los Angeles kurz nach Mitternacht angeschossen. Auch er überlebte den Angriff nicht.

Doch trotz all dieser Gefahren gibt es immer noch Menschen,

die, wie Richard von Weizsäcker schreibt, selber daran mitarbeiten wollen, dass Frieden und Gerechtigkeit bei uns und in der Welt gesichert und erhalten bleiben. Sie wissen um die Sorgen und Nöte der Menschen und müssen versuchen, sie zu verstehen. Daher müssen Politikerinnen und Politiker sehr viel arbeiten, lesen und reisen.

Danke dafür. Gut, dass es euch gibt, andere haben wir ja nicht!

WIE MAN IN DIE POLITIK KOMMT

Lieber Bijan, wie kommt man eigentlich in die Politik und was passiert auf dem Weg dahin?

Es gibt da so ein altes Bild, das klassische Schema, wie man es vermeintlich zu etwas bringen kann in einer Partei: die berühmte Ochsentour.

Sie folgt der Logik, dass man sich eine gewisse Position, sei es eine Funktion, wie zum Beispiel die Mitgliedschaft in einem Vorstand, oder ein Mandat in einem Parlament, verdienen muss. So symbolisiert die Ochsentour den langen und steinigen Weg nach oben. Ein Weg, der viel Kraft kostet und sehr lang ist, verbinde ich nicht zwingend mit etwas, das Spaß macht oder aus dem man gestärkt hervorgeht. Ein beschwerlicher Weg ist auch sicher nichts, was einen zu einem besseren Menschen oder Politikerin oder Politiker macht. Nicht ohne Grund hat der Begriff der «Ochsentour» einen eher faden Beigeschmack.

Verdeutlicht man sich darüber hinaus, was ein Ochse per definitionem ist, nämlich ein kastriertes männliches Rind, wird außerdem deutlich: Besonders stark wirkt man so nicht. Eher wie ein jämmerliches Vieh, das am Nasenring wahlweise geführt oder gezogen wird. Dieses Bild mag auf manche «Parteisoldaten», wie die Ochsen auch genannt werden, sogar zutreffen.

DER WEG DURCH DIE PARTEIHIERARCHIE

Bewegt sich ein Jemand auf dem Weg in ein politisches Amt ausschließlich oder überwiegend in der Partei, also dem Apparat, verändert und prägt das den Menschen. Gerade die Regeln, die die Hierarchie innerhalb einer Partei stärken, werden von den oberen Ebenen nach unten durchgereicht. Dies endet damit, dass selbst bei Verbänden vor Ort mit nur 50 Mitgliedern ein Neumitglied teilweise nicht als Gast an Vorstandssitzungen teilnehmen kann. Oder es werden ausgewiesene Experten oder Expertinnen auf einem Gebiet ignoriert, beispielsweise darf eine Sozialpädagogin, die zum Thema frühkindliche Bildung promoviert hat, nicht oder nicht ohne weiteres an einer Debatte zum Thema teilnehmen, weil sie keine gewählte Delegierte auf einem Parteitag ist.

Solche Regeln werden innerhalb eines Apparats am Leben erhalten. Was manchmal noch verständlich erscheint, wird bei genauerem Hinsehen absurd. Ist man sehr lange in einem solchen System, passt man sich, ob gewollt oder nicht, Schritt für Schritt an. Der Mensch ist evolutionär betrachtet ein recht anpassungsfähiges Wesen.

Wäre ich als Jugendlicher in die CDU eingetreten und länger dabei, würde ich mich sicher auch nicht darüber schwarzärgern, und bei der CSU wäre ich wahrscheinlich auch irgendwann nur noch blau, so wie der Rest der Truppe. So ist das mit der Anpassung, Apparate verändern und schleifen Menschen über die Jahre. Kann man das dem oder der Einzelnen vorwerfen? Ich glaube nicht, man versucht eben in seiner Umgebung zu überleben und sein eigenes Fortkommen zu sichern. Trotzdem sollte man sich immer wieder vor Augen führen, dass man mit einem Gestaltungsanspruch Politik macht, der weit über die eigene Partei hinausgeht. Das wird dann staatspolitische Verantwortung genannt. Ausschließlich dem eigenen Gewissen verpflichtet zu sein, wie es Abgeordnete sind, kann im Einzelfall auch dazu führen, dass man sich gegen die eigene Partei oder den Apparat als solchen stellen muss.

Wenn der Parteinachwuchs aber in Strukturen sozialisiert wird, die kritisches Verhalten schon früh negativ sanktionieren, ist die Gefahr der Auflehnung gering. Teilweise übernimmt die Jugend sogar noch die Strukturen der «Alten».

DEBATTE UM DIE GROSSE KOALITION 2017

Die NoGroKo-Debatte nach der Bundestagswahl 2017 verdeutlichte dieses Phänomen. Zwar nahm Kevin Kühnert die Rolle des Anti-helden ein und konnte so innerhalb der SPD quer durch alle Lager, Strömungen, Altersklassen, Geschlechter etc. die Gegner einer erneuten GroKo hinter sich versammeln, doch am Ende hatte die übliche Rollenverteilung Bestand: Die Jusos gegen den Rest, wie in einem Theaterstück, nur diesmal waren mehr Komparsinnen und Komparsen beteiligt.

Die Jusos, deren Bundesvorsitzender Kühnert ist, zeigen selbst wenig Drang zur Veränderung. Auch sie sind ein Apparat mit klaren Regeln und Hierarchien, und der schleift nicht weniger als der große Par-teiapparat. Vieles dort ist Folklore und Außenstehenden kaum zu vermitteln. Das Verhältnis von Parteien und ihren Jugendverbänden ähnelt in allen Parteien einem Theaterstück, in dem jeder seine Rolle hat.

Die Junge Union (JU) will die CDU wieder nach rechts rücken, die Jusos die SPD nach links. Die Grüne Jugend, ja was will die eigentlich?

Wahrscheinlich kiffen. Und die Linksjugend? Die wahrscheinlich auch. Last but not least: Die Junge Alternative. Die will sicher mit der Parteispitze gemeinsam Wehrsportübungen machen und nach getaner Arbeit noch eine kleine Gute-Nacht-Geschichte von Götz Kubitschek hören. Politisch noch weiter rechts ist ja ohnehin kaum mehr Raum, wohin der Jugendverband die Vaterpartei bewegen könnte.

WEHRET DEM TUNNELBLICK

In welcher Partei man sich auch immer engagiert, die jahrelange Mitarbeit in politischen Jugendorganisationen kann den Blick verengen. Versteht mich nicht falsch: Ich rufe ausdrücklich dazu auf, sich zu engagieren, aber genau diesem Tunnelblick muss man entgegenwirken.

Das gilt übrigens für alle Altersklassen, egal, ob für junge oder ältere politische Aktivisten und Aktivistinnen. Es ist wichtig, ein weiteres soziales Umfeld außerhalb der Partei zu haben. Sei es der Freundeskreis oder die Familie, auch hier kann man sich Anerkennung und Bestätigung holen und aus diesem Umfeld Kraft ziehen und ist dafür nicht auf die Partei angewiesen. Das erlaubt es einem, die Strukturen zu reflektieren und zu hinterfragen.

Der wesentliche Unterschied, wie jemand am Ende des Tages Politik macht, liegt allerdings nach meinem Dafürhalten in der Frage, ob Politik als Beruf oder Berufung verstanden wird. Denn Menschen wollen Menschen wählen und nicht «Funktionseinheiten» von Parteien. Besonders in Zeiten, in denen Berufspolitiker und -politikerinnen ein schlechteres Image denn je haben, werden die Rufe nach Erneuerung der Parteien von außen lauter.

Der französische Soziologe Pierre Bourdieu würde auf Basis seiner Habitus- und Feldtheorie bei der oben genannten Ochsentour sofort die «Gefahr» des Apparatschiks wittern.[35] Aber was genau ist ein Apparatschik, und wie kann so jemand Politik machen? Es ist eine Person, die dem Apparat alles verdankt und dadurch lediglich der «Mensch gewordene Apparat» ist.

Im Gegensatz zu den Apparatschiks verbindet man mit Quereinsteigerinnen und Quereinsteigern weniger Muff, man unterstellt ihnen einen fachlicheren und weniger «politischen» Blick auf Dinge. Aber auch weniger geschliffenes Parteipolitikerverhalten wie die Verwendung von Floskeln und das ausweichende Antworten auf Fragen, wodurch sich die Parteien dann eine breite Akzeptanz in der Bevölkerung erhoffen.

Sind politische Quereinsteiger und Quereinsteigerinnen ein Allheilmittel für jeden Posten oder jede Kandidatur? So einfach ist es dann auch wieder nicht. Denn ein ausschließlich kompetenter Kandidat oder eine kompetente Kandidatin von außen kann auch als Technokrat oder Technokratin verschrien werden oder ihm fehlen wesentliche menschliche Züge, die einen guten Politiker oder eine gute Politikerin ausmachen, wie zum Beispiel Empathie, Kommunikationsfähigkeit und ein Menschenfreund zu sein.

Bei dem Erneuerungsprozess der SPD nach der Bundestagswahl 2017 herrschte ein anderes Schema vor. Hier ging es nicht um extern gegen intern. Die Partei wollte zum einen die jüngeren Leute fördern, zum anderen natürlich auch die vielen Neueintritte mitnehmen.

Während es früher «Vorsicht Karrieristen!» hieß, wenn Menschen Ende zwanzig für ein Mandat kandidierten, ist das heute Erneuerung. Gut so! Die jungen Menschen und deren Karriereoptionen haben sich ohnehin gewandelt. Politik bietet sich in diesem Sinne nicht als sonderlich gutes Arbeitsumfeld an. Dies wird besonders deutlich im Vergleich zu Entwicklungen, die Unternehmen durchmachen. Ein Job in der Politik wird immer befristet sein, Work-Life-Balance scheint nahezu unmöglich. Wochenendarbeit ist ohnehin Pflicht, und ohne Handy oder Laptop in den Urlaub zu fahren ist fast undenkbar.

Da sind die Möglichkeiten, als junger Menschen außerhalb der Politik Karriere zu machen, viel besser. Karrieresprünge gelingen schneller, und man kann relativ zum Zeitaufwand mehr verdienen. So bleiben am Ende nur noch die Überzeugungstäterinnen und -täter und die weniger Talentierten übrig. In den Hierarchien und den Apparaten an sich besteht jedoch leider die Neigung, häufig die Mindertalentierten den Überzeugungstätern und -täterinnen vorzuziehen.

Wer immer auch den Bezug zu Menschen und Institutionen außerhalb der Partei pflegt, macht sich auch ein wenig verdächtig. Diejenigen, die ihre Anerkennung und Macht ausschließlich aus der Partei ziehen, suchen sich keinen anderen Job. Dabei wäre besonders der berufliche Einstieg außerhalb der Partei oder Abgeordnetenbüros so wichtig für die persönliche Entwicklung jedes und jeder Einzelnen, der oder die später einmal Politik machen möchte. Daher wollte ich auch nie für die Partei arbeiten. Trotzdem ist auch meine erste Kandidatur für ein hauptberufliches Politikamt aus der Erneuerung der SPD entstanden, so wurde ich im Frühjahr 2018 Landtagskandidat. Aber dazu später mehr.

Um wirklich Politik machen zu können, genügt es aber natürlich nicht, Kandidatin oder Kandidat zu werden. Man muss dann auch schon gewählt werden, um am Ende im Parlament zu sitzen. Dorthin führen zwei Wege: (1) Man gewinnt in seinem Wahlkreis direkt. (2) Es ist ein Listenvorschlag der jeweiligen Partei. So kommen auch die Erst- und die Zweitstimme zustande. Über die Liste ins Parlament zu kommen, ist für junge Menschen fast unmöglich. Hier gilt in der Regel das Senioritätsprinzip: Die Alten haben Vorrang. Und die Verwandtschaft mit dem Wort Senioren ist natürlich kein Zufall, sondern gibt die Realität wieder.

Objektive Leistungsmaßstäbe spielen hier eigentlich nie eine Rolle. Neben der Seniorität greifen noch weitere Regelungen, die sich meistens auf Quoten und andere Fragen beziehen wie z. B. regionale Aspekte. Also heißt es ganz oft: Wer schon drin war, steht ganz oben. Die höchsten Posten werden dann durch den jeweiligen Vorstand je nach Partei noch nach Mann / Frau mehr oder minder abwechselnd besetzt, dann wird etwas hin und her getauscht – Nord- und Südhessen, Ober- und Niederbayern, bis am Ende jeder halbwegs zufrieden ist. An die Jungen denkt dabei keiner.

Sollte sich doch auf diesem Weg mal jemand unter dreißig ins Parlament verirren, dann handelt es sich meistens um eine junge Frau aus einem unterrepräsentierten Teil des Landes. Und dann heißt es: Die ist aber jung! Aber es ginge eben nicht anders und man habe sie aufgestellt, weil klar war, dass man einen sicheren Platz nur mit einer Frau bekommt. Alles gut so weit. Das bringt mehr Frauen in die Parlamente, aber jungen Politikern hilft das nicht.

Dabei wäre eine gleichmäßige Verteilung der Altersstruktur sehr sinnvoll, um starke Fraktionen mit Expertise und Charakteren zu schaffen, die die ganze Bandbreite der Bevölkerung abbilden.

Nur ganz selten passiert es, dass amtierende Abgeordnete aussortiert werden. Dann muss aber auch schon wirklich was passiert sein. Das Schlimme ist, dass es in solchen Fällen dann oftmals nicht um die Leistung, sondern um persönliche Befindlichkeiten geht. Manchmal wird der Platz auf der Liste gerade ganz dringend in diesem Jahr für jemanden benötigt, den es zu versorgen gilt.

Versorgungsmentalität ist in der Politik leider häufig sehr ausgeprägt. Besonders ältere Ochsen müssen schließlich gepflegt werden, brauchen Wasser, Futter und einen warmen Platz zum Schlafen, Stroh reicht oftmals nicht aus.

WIE WIRD MAN KANDIDATIN ODER KANDIDAT?

In den Augen vieler hat man ein schönes Plätzchen in jungen Jahren noch nicht verdient. Schafft es ein vielleicht 28-Jähriger ins Parlament, dann geschieht dies oft über eine gewonnene Direktwahl im Wahlkreis, also durch die Erststimme. Häufig passiert das auch unter schwierigen Bedingungen und relativ unerwartet. Wären diese Wahlkreise für eine Partei vergleichsweise sicher, würde ohnehin oft gar kein junger Nachwuchspolitiker oder keine junge Nachwuchspolitikerin als Kandidat oder Kandidatin nominiert werden.

Ein Hoch auf die Direktwahl mit der Erststimme! Sie ist Chance für junge Menschen, sich auch gegen den Apparat und dessen Listenarithmetik durchzusetzen. Diese Möglichkeit gibt Raum für eine gewisse Unangepasstheit. Sie ist deswegen wichtig, weil wir die Parteien nicht vollends den Angepassten überlassen wollen. Allerdings ist das Prozedere hier auch nicht ganz ohne. Man muss ja als Direktkandidat oder Direktkandidatin aufgestellt werden. Und auch für eine solche Nominierung braucht man die Stimmen der

«Basis». Manchmal erfordert das ein bisschen Anpassung, das ist für die Person, die ins Parlament will, aber auch nicht so verkehrt. Die dafür notwendige Form hat nichts mehr mit dem Apparatschiktum zu tun. Man könnte sie als zivilisierte Umgangsformen, vielleicht auch gute Erziehung bezeichnen. Daran sollte man sich nicht stören, denn das gehört zu einem vernünftigen Miteinander dazu.

DIE NEWCOMER

Aktuell ist im Bundestag Philipp Amthor (geb. 1992) das jüngste direkt gewählte Mitglied des Parlamentes.

Mit nur 24 Jahren wurde er im Wahlkreis 16 (Mecklenburgische Seenplatte I – Vorpommern-Greifswald II) mit über einem Drittel der Stimmen direkt gewählt. Schärfster Konkurrent war übrigens ein etwa doppelt so alter Mann von der AfD, der sich für eine Lockerung des Waffenrechts zum «Selbstschutz» einsetzte.

Philipp Amthor ist drei Jahre jünger als ich und schon im Bundestag. Was habe ich nur falsch gemacht? Wahrscheinlich ist es dann doch von Vorteil, dass es kaum noch junge Leute in Vorpommern gibt. Dort ist die Konkurrenz etwas kleiner als in den Ballungsräumen und man kann früher Kandidatin oder Kandidat werden. Aber die Wahl gewinnen muss man dann erst mal. Daher Hut ab, Herr Amthor! Sein Programm passt zwar inhaltlich weniger zu meinen Ansichten, aber besser zur CDU.

Auch Patrick Dahlemann setzte sich gegen eine starke AfD in seinem Wahlkreis durch. Im Jahr 2014 wurde er ähnlich früh wie Amthor, jedoch für die SPD, mit Mitte zwanzig Abgeordneter des Landtages in Mecklenburg-Vorpommern und ist mittlerweile parlamentarischer Staatssekretär für den Landesteil Vorpommern in der

Staatskanzlei. Bundesweit bekannt wurde er, weil er bei einer Kundgebung der NPD gegen Geflüchtete ans Mikro ging und eine vielbeachtete Rede hielt.[36] So viel Courage muss man erst mal haben!

Diese beiden Beispiele zeigen eindrucksvoll, dass junge Menschen mit Mitte zwanzig in der Lage sind, ein echtes Zeichen zu setzen, ein Zeichen für eine lebendige Demokratie und gegen rechte Hetze – also so ziemlich alles, was unser politisches System aktuell so dringend braucht.

Diese Erfolgsgeschichten sind jedoch bisher die Ausnahme. Aber sie stellen den ersten Schritt einer sich neu etablierenden politischen Generation dar. Der zweite Schritt sollte allerdings eine Jugendquote auch auf den Listen der Parteien sein, um die Vertretung der Jugend im Parlament nicht dem Zufall oder dem Erfolg einzelner Ausnahmen zu überlassen.

Aber Vorsicht, auch eine Jugendquote kann für noch mehr Apparatschiks in den Parlamenten sorgen! Denn wenn die Jugendorganisationen der Parteien diese Posten besetzen dürfen, ist das nichts anderes als die Liste in der Liste, mit all den genannten Problemen der Ochsentour.

Ohnehin kritisiert beispielsweise der Jugendforscher Bernhard Heinzlmaier die Haltung junger Politiker und Politikerinnen und tadelt deren Angepasstheit. Ob das am Apparat liegt? In einem Interview im Deutschlandfunk projiziert Heinzlmaier die politische Biographie von Martin Schulz auf Kevin Kühnert.[37]

Schulz habe sich, wie so viele vor ihm, von unten links nach oben in die Mitte entwickelt. So werde es auch Kühnert ergehen. Er prophezeit, Kühnert werde in 40 Jahren Martin Schulz sein. Wir werden sehen, Ausgang offen.

Fakt ist, dass dies tatsächlich keine untypische Biographie wäre, die nach dem Juso-Vorsitz folgt. Auch Andrea Nahles und Gerhard

Schröder saßen dem Jugendverband der SPD vor und verstanden sich als linke Avantgarde. Und heute? Die Frage beantwortet ihr euch am besten selbst.

Nichtsdestotrotz hat Kevin Kühnert im Rahmen der Diskussion um die Neuauflage der Koalition aus CDU und SPD gezeigt, wie der Nachwuchs die Debatte prägen kann. Darüber sollte sich jeder Demokrat und jede Demokratin, egal ob progressiv oder konservativ, freuen.

Daher werbe ich auch dafür: Tretet in Parteien ein, stimmt für Kandidierende mit Profil oder wählt sie dort, wo ihr sie seht, auch über Parteigrenzen hinweg! Mit eurer Erststimme stärkt ihr so die direkte Demokratie!

Und wer schon dabei ist, der boxt die Jugendquote durch und vergibt dann den Platz an den Sieger oder die Siegerin einer öffentlichen Jugendvorwahl in Verbindung mit den Jugendparlamenten. Mehr Demokratie zu wagen, statt sich auf den Apparat zu verlassen, ist nie falsch. In diesem Sinne, der Kampf geht weiter!

POLITIK UND SPANNUNG

Lieber Bijan, Politik ist sooo langweilig. Kann man das nicht irgendwie spannender machen?

Im letzten Kapitel habe ich ja schon die Frage beantwortet, warum man die Politiker und Politikerinnen vor Ort gernhaben sollte, weil sie sich für das Gemeinwohl engagieren. Dabei kam ich ja schon auf die verschiedenen Arten von Politikern und Politikerinnen zu sprechen. Je nach Typ variiert auch der Interessantheitsgrad. Beispielsweise gibt es in den Reihen der SPD-Bundestagsfraktion mit Matthias Ilgen einen ehemaligen Wrestler. Daneben gibt es auch noch Beziehungen und Interessengruppen in Parteien, die für Spannung sorgen können. Das trifft ganz besonders dann zu, wenn es um Kandidaturen geht. Man kann Politik auch als Seifenoper begreifen, und Menschen lieben Seifenopern.

DEBATTEN BRAUCHEN SCHWUNG

Allerdings sollte man nicht einer Sucht nach Spannung und Action erliegen. Vielleicht ist Politik ja sogar besser, wenn sie langweilig und berechenbar ist, wenn handelnde Personen weder deutlich agieren noch Position beziehen. Viele Jahre hat Angela Merkel als Kanzlerin auf diese Art Deutschland regiert. Einen Großteil der Zeit schien es, als störe dies kaum jemanden. Experten nannten die Taktik in Bezug auf den Wahlkampf asymmetrische Demobilisierung. Spätestens bei der Wahl im Jahr 2009 hat diese zu einer sinkenden Wahlbeteiligung geführt.

Es braucht wieder Debatten in unserem Land, Debatten über die Zukunft Deutschlands und Europas. Dazu sind aber Emotionen nötig, sonst haben politische Auseinandersetzungen keinen Einfluss auf die Gesellschaft, wie es sinnvoll wäre.

Spannend ist Politik eigentlich von Natur aus, weil dort Menschen interagieren und jeden Tag etwas Neues passiert.

Ein großer Teil, aus dem Politik besteht, genauer gesagt, was die Arbeit im Parlament ausmacht, ist die Gesetzgebung. Von Haus aus ist sie eher eine trockene Materie, und Juristen und Juristinnen sind ja bekanntermaßen ein beliebtes Stereotyp für gähnende Langeweile. Daher schlage ich vor, wir konzentrieren uns auf die menschlichen Konstellationen und spannende persönliche Geschichten, auf das Seifenopernartige eben.

DIE SOAPS IN DER DEUTSCHEN POLITIK

Früher war auch da alles besser, na ja, vielleicht zumindest spannender. So wurde Willy Brandt Ende der 1960er Jahre, noch bevor er Bundeskanzler wurde – er war zu dieser Zeit immerhin schon Vizekanzler und Außenminister –, vom Bundesnachrichtendienst (BND) überwacht. Das war zwar schon seit vielen Jahren bekannt, jedoch belegten neue Dokumente über den ehemaligen Wehrmachtsgeneral und ersten BND-Chef Reinhard Gehlen – von ihm stammt auch der Name «Organisation Gehlen», die der BND vor seiner offiziellen Gründung trug –, dass diese Überwachung weiter ging als gedacht.

Die *Süddeutsche Zeitung* berichtete darüber. Doch nicht nur der BND war an unserem Willy interessiert, auch das Ministerium für Staatssicherheit der DDR. Die «Stasi» schaffte es 1972 mit Günter Guillaume, der als Referent von Brandt im Bundeskanzleramt arbeitete, einen Spion im Zentrum der Macht zu platzieren. Guillaume hatte zuvor für die SPD in Frankfurt am Main gearbeitet.

Während sich die Geheimdienste für Willy Brandt interessierten, interessierte der sich für Frauen. Zumindest wurde ihm das nachgesagt, aber auch diese Gerüchte könnten gezielt in die Welt gesetzt worden sein – wer weiß das schon. Es ging also in den 1960er Jahren um Sex und Spione, fast wie bei James Bond. Aber seit Ende des Kalten Krieges ist auch unser britischer Superspion leider nicht mehr ganz so spannend wie früher.

Doch auch die jüngere Vergangenheit hat ihre mehr oder weniger spannenden Geschichten zu bieten. So wird zum Beispiel seit 2005 der Heidemörder gesucht. Dabei geht es nicht um den real existierenden Mörder, der Ende der 1980er Jahre drei Frauen tötete, sondern um ein Mitglied des Schleswig-Holsteinischen Landtags. Es geht um die Person, die zwar zur Koalition aus SPD, Grünen und dem SSW, der nur in Schleswig-Holstein existierenden Partei der dänischen Minderheit, gehörte, aber nicht für Heide Simonis als Ministerpräsidentin stimmte. Bei einer Mehrheit von nur einer einzigen Stimme war das ein Problem und führte dazu, dass Heide Simonis nicht erneut als Ministerpräsidentin antrat. Da das Ganze ja jetzt auch schon eine Weile her ist, könnte sich Simonis überlegen, sich mit dieser Geschichte bei «Bitte melde dich» von Sat.1 zu bewerben.

Ich selbst habe gleich nach meinem Eintritt in die SPD einen ähnlichen Polit-Thriller erlebt. Auch hier ging es um eine einzige Stimme im Hessischen Landtag. Auch hier wollte jemand Ministerpräsidentin werden: Andrea Ypsilanti von der SPD.

An einem kalten Januartag 2008 stand ich mit Dagmar Metzger, einer Abgeordneten, in Roßdorf auf einem Supermarktparkplatz. Wir versteckten uns wie Pubertierende zum Rauchen hinter dem Verschlag aus Plexiglas, in dem die Einkaufswagen standen. Von dort konnten wir auf den Wahlkampfstand der SPD schauen. Wir sprachen über die Frage, die sich fast alle Wahlhelfer und Wahlhelferinnen stellten: «Wenn ihr, also die SPD, mit den Linken koalieren wollt, machen Sie da mit, Frau Metzger?» Dagmar hatte darauf immer eine für politische Verhältnisse prägnante und unmissverständliche Antwort: «Nein, das verspreche ich.»

Trotz dieser entschiedenen Haltung zur Frage nach der Regierungsbeteiligung der Linkspartei herrschte eine Atmosphäre, als sei die Zeit für eine Veränderung gekommen. Sicherlich auch, weil Andrea Ypsilanti ebenfalls nicht mit den Linken koalieren wollte. Am Ende fehlten fünf Sitze im Hessischen Landtag für eine rot-grüne Mehrheit. Die Linke war mit sechs Sitzen vertreten, also mit zwei Stimmen mehr, als nötig gewesen wären, um mit einer Koalition zu regieren. Ypsilanti hätte diese Stimmen also gebraucht, um Ministerpräsidentin zu werden.

Im März sagte Metzger, sie werde ihr Wort halten, weil sie unter anderem aufgrund ihrer Erfahrungen, die sie bis zur Wende mit der DDR gemacht hatte – sie hatte bis 1992 in West-Berlin gelebt – nicht mit den Linken kooperieren könne. Eine Wahl Ypsilantis zur Ministerpräsidentin kurz darauf wurde aufgrund der unsicheren Mehrheit daraufhin abgesagt. – Da soll noch einmal jemand sagen, es gäbe niemanden in der Politik, der sein Wort hält.

Im Juni 2008 wurde zwar zum Beispiel die Abschaffung der Studiengebühren in Hessen mit den Stimmen von SPD, Grünen und Linken beschlossen, aber vor der zweiten angesetzten Wahl von Ypsilanti zur Ministerpräsidentin meldeten sich drei weitere Abgeordnete der SPD, die diese Form der Kooperation mit der Linken nicht mittragen wollten.

Sie hatten es allerdings nicht schon frühzeitig angekündigt, und ich war bei keinem Versprechen dabei. Bei Frau Metzger schon. Aber erst nachdem drei weitere Abgeordnete abwichen, wurde die Wahl Ypsilantis zur Ministerpräsidentin im Landtag endgültig abgesagt, woraufhin im Januar 2009 Neuwahlen folgten. Diese spannende Geschichte hat Volker Zastrow in seinem Buch *Die Vier: eine Intrige* facettenreich beschrieben. Eigentlich amüsant, dass eine Frau, die durch ihr entschlossenes «Nein» bundesweite Bekanntschaft erlangte, sich nicht traute, vor ihren Wählern und Wählerinnen zu rauchen.

Was Spannung in der Politik betrifft, kommt es immer auf die handelnden Personen an. Grundsätzlich ist Politik vom Genre her aber weniger actionreich, sondern funktioniert eher als Thriller. Aber natürlich und sicher auch zum Glück ist Politik in Deutschland nicht *House of Cards,* die TV-Serie, die im Weißen Haus spielt.

Spannung bieten auf alle Fälle die Feste der Parteien, hier gibt es dann doch noch manchmal etwas Action. Als legendär gelten die Partys der «Netzwerker»[38], die undogmatisch in der Mitte der Sozialdemokraten stehen. Nach meinen Erfahrungen sind die Nächte bei den Netzwerker-Partys – nein, liebe Gaming-Nerds, eine Netzwerk-Party ist etwas anderes – tatsächlich länger, und es wird mehr getanzt. Auf Feiern der Parlamentarischen Linken der SPD-Bundestagsfraktion geht es eher ruhiger zu. Hier kann ich mich im Moment nur an eine Party erinnern, und zwar am Rande des SPD-Bundesparteitags 2009 in Dresden. Das Problem dort war, dass es schon sehr früh nur noch warmes und bald darauf gar kein Bier mehr gab. Ob pragmatisch oder links: jede und jeder hat Durst, und niemand mag warmes Bier.

VON FLÜGELN UND DOPPELSPITZEN

Nach meiner Beschreibung könnte man meinen, nur die SPD habe intern verschiedene Strömungen, die, wenn auch nicht alle Partys besonders aufregend sind, zumindest für Spannungen in der Partei sorgen können. In der CDU gibt es traditionell den etwas linkeren Arbeitnehmerflügel und den Wirtschaftsflügel, die CDU-Mittelstandsvereinigung, der für die Interessen der Wirtschaft eintritt und gesellschaftlich konservativere Positionen vertritt. Ganz vergessen sollten wir den konservativsten Flügel der CDU nicht. Er ist regional begrenzt und unterscheidet sich am deutlichsten von der CDU hinsichtlich der Einstellung zu Migrationsfragen. Sein Logo lässt sich am einfachsten am Hellblau wiedererkennen. (Nein, AfD ist nur fast richtig, CSU wäre die korrekte Antwort gewesen.) Wenn hier, wie Ende 2017, mit Horst Seehofer und Markus Söder eine Doppelspitze gebildet wird, spiegelt das ganz gut das Rollenverständnis von Männern und Frauen der Partei wider. «Doppelspitze» bedeutet bei der CSU außerdem nicht, dass sich zwei Personen eine Funktion oder ein Amt teilen. Bei der Aufteilung des Amts des Ministerpräsidenten und der Funktion des Parteivorsitzenden haben zwei Männer diese Machtpositionen inne.

Anders ist das traditionell bei den Grünen. Dort wird eine richtige Doppelspitze – also zwei Personen teilen sich den Partei- bzw. Fraktionsvorsitz – gewählt. Darüber hinaus wird nach Geschlecht und Flügel quotiert. Bei den Grünen spricht man von linkeren «Fundis», was sich von Fundamentalisten und Fundamentalistinnen ableitet, und den stärker an der Realität orientieren «Realos».

In der Partei Die Linke gibt es eine Vielzahl von Strömungen – fast mehr, als es Mitglieder gibt. Aber da viele dort ohnehin etwas anarchisch veranlagt sind, macht sowieso jeder, was er will. Die wichtigsten innerparteilichen Gruppierungen sind die Antikapitalistische Linke, die Kommunistische Plattform, die Sozialistische Linke, die Emanzipatorische Linke und das Forum Demokratischer Sozialismus sowie das Netzwerk Reformlinke.

Auch wenn die FDP bundespolitisch zwischen 2013 und 2017 pausierte, weil sie bei der Bundestagswahl an der 5-Prozent-Hürde gescheitert war, blieben die alten Strömungen bestehen. Dem Rechts- und Wirtschaftsliberalismus werden dabei der Liberale Aufbruch und der Schaumburger Kreis zugerechnet, der Freiburger Kreis und der Dahrendorf-Kreis hingegen dem Links- bzw. Sozialliberalismus.

Bei der AfD ist die Frage nach Flügeln spannender. Die erst 2013 gegründete Partei durchläuft seit Beginn einen immer gleichen Prozess: Es existiert ein rechter sowie ein noch rechterer Flügel. Dann fällt einer von beiden ab bzw. wird abgestoßen, und ein neuer kommt hinzu. Vielleicht ist es auch der alte, nur anders, wer weiß das schon ...

Konkreter: Im Jahr 2015 war Bernd Lucke, einst Gründer der AfD, dem rechteren Flügel nicht mehr rechts genug, da er nicht offen mit der PEGIDA-Bewegung sympathisierte. Er verließ den Parteivorstand und trat aus der AfD aus.

Frauke Petry, damals ebenfalls Covorsitzende, hatte mit der Nähe zu PEGIDA weniger Probleme. Aber auch sie trat nach massivem Druck nach der Bundestagswahl 2017 aus der Partei aus. Ihr Nachfolger wurde Alexander Gauland (den wir ja alle besonders wegen seines fragwürdigen Krawattengeschmacks gut im Gedächtnis haben). Die AfD betreibt also seit längerem quasi eine Politik der kleinen Flügelschläge nach rechts.

Glaubt jemand ernsthaft, hinter dieser mehr als zweijährigen Entwicklung stecke ein großer Plan oder etwa Planung? Fehlanzeige, würde ich sagen. Das zeigt, dass Politik ein Stück weit unberechenbar bleibt, was sie so interessant macht.

STILFRAGEN

Schlussendlich sorgen die handelnden Personen, manchmal auch stellvertretend für ganze Strömungen, dafür, dass es in der Politik spannend bleibt. Damit die Auseinandersetzungen nicht nur zwischen den Flügeln stattfinden, braucht es andere Typen von Politikerinnen und Politikern, nämlich solche, die nicht nur Machtkämpfe, sondern auch Themen interessant gestalten. Diese Persönlichkeiten müssen aber eben auch gewählt werden, womit wir wieder bei der Frage vom Anfang wären: Wollen die Wählerinnen und Wähler eine spannende Politik, oder soll alles beim Alten bleiben? Durch eure Stimme könnt also auch ihr den Spannungsgrad der Politik mitbestimmen. Also, wählen gehen, wenn ihr Spannung wollt!

Ich glaube auch, dass sich der Politikstil ändern muss. Er muss offener werden, direkter und kommunikativer. Aber Vorsicht, man kann nicht nach Spannung und starken Typen schreien und sich dann über «auf die Fresse» beschweren. Wer Herbert Wehner will, soll Wehner haben: Glied ab![39] Vielleicht ist das aber zu viel des Guten und es genügt ein «Hol mir mal 'ne Flasche Bier».

Bei einer Autogrammstunde auf einem Sommerfest sagte der spätere Bundeskanzler Gerhard Schröder den berühmten Satz «Hol mir mal 'ne Flasche Bier, sonst streik ich hier!». Einen letzten großen öffentlichen Auftritt unter Bier-Einfluss hatte er dann bei der Elefantenrunde im ZDF nach der für ihn verlorenen Wahl im Jahr 2005. Heute immer noch ein sehenswertes Video auf YouTube.

Damit aber nicht der Eindruck entsteht, es ginge in der Politik nur um Geklüngel, Posten und Partys, will ich auch noch etwas darüber berichten, wie spannend die inhaltliche Arbeit an Projekten oder Themen sein kann. Es gibt vielerlei Gründe dafür, warum es Spaß bringt, Politik zu machen bzw. sich für Politik zu interessieren. Beispielsweise ging es bei der Kommunalpolitik im Jahr 2010 in Darmstadt darum, einen Skatepark zu bauen. Die lokalen Skaterkids («KackiCrew») trafen sich mit dem damaligen Chef der Darmstädter Kommunalpartei Uffbasse (das ist eine lange Geschichte, die würde hier den Rahmen sprengen) Dillmann und setzten ihr Ziel durch. Für den Kandidaten für das Amt des Oberbürgermeisters Jörg Dillmann war Skaten nichts, denn er trug eine Prothese und war eigentlich Hausmeister an der Technischen Universität Darmstadt, dennoch setzte er sich leidenschaftlich für die Interessen der jungen Skater ein.

Mein erstes großes, spannendes Projekt begann in der Kommission zu erneuerbaren Energien in Roßdorf, in der es um den Bau einer Windenergieanlage ging. Nach langen Diskussionen wurde die Anzahl der Windräder von einer ganzen Windenergieanlage auf zwei reduziert. Grund dafür war der unter Naturschutz stehende Rotmilan, der im Planungsgebiet heimisch ist. In der Planungs- und Bauphase

bekam ich regelmäßig Post – analog wie digital – von Windkraftgeg-
nerinnen und -gegnern vor Ort. Unter anderem auch auf Plakaten
machten sie unsere Juso-Truppe für diese Bau-Sünde, wie sie es
nannten, verantwortlich. Aber weder der Rotmilan noch die Wind-
kraftgegner und -gegnerinnen konnten den Bau am Ende gänzlich verhindern. Als die Windkrafträder schließlich standen, über 100 Meter
hoch, war ich schon ein wenig stolz. Jedes Mal, wenn ich sie heute in
den Himmel ragen sehe, freue ich mich über mein erstes Großprojekt.
In den folgenden Kapiteln werde ich auch noch auf weitere große und
kleine Themen eingehen, es bleibt also spannend.

DIE LANDTAGSKANDIDATUR UND ICH

Lieber Bijan, was ich dich fragen wollte, wie bist du eigentlich Kandidat geworden, und wie geht das mit deinem Tourette?

Nach der Bundestagswahl 2017 war in der SPD, die die älteste noch bestehende Partei in Deutschland ist, ein Begriff in aller Munde: Erneuerung. Irgendwie hatte fast jeder in der Partei erkannt, dass es so nicht weitergehen konnte. Neben der verlorenen Bundestagswahl war ein weiteres Problem der Mangel an Machtoptionen, da keine denkbare Koalition außer der Großen Koalition (GroKo) über eine Mehrheit verfügte, um stabil zu regieren, nachdem die Sondierungsgespräche für eine Jamaika-Koalition mit Schwarz-Gelb-Grün gescheitert waren. Allerdings versuchte insbesondere die Parteispitze den Prozess der Erneuerung und der Regierungsbildung möglichst nicht zu vermischen. Sie fürchtete, dass Teile der Basis, die eine Erneuerung innerhalb der Regierung kritisch sahen, beim Mitgliedervotum gegen eine Neuauflage der GroKo stimmen würden. Am Ende entschieden sich knapp über 66 Prozent der SPD-Mitglieder für einen Wiedereintritt in die Regierung und somit für die Bildung einer GroKo. Die Stimmen, die nach Erneuerung riefen, blieben dennoch laut.

Auch an der Basis in den Ortsvereinen stellte der Wille zur Erneuerung eine grundsätzliche Haltung dar, vergleichbar mit der positiven Stimmung aufgrund des «Schulz-Effektes» ein Jahr zuvor. Auch meine Kandidatur ist teilweise durch diese Stimmung getragen worden und aus dem Ruf nach Erneuerung heraus entstanden. So wurde ich am 19. Februar 2018 als Landtagskandidat bestätigt. Erneuerung, eines meiner zentralen Themen, passte zu mir wie die Faust aufs Auge.

Nach meinen ersten politischen Schritten als Mitglied im Vorstand des Stadtschülerrats in Darmstadt begann ich damals an der Basis, wie man so schön sagt, und schnupperte erste SPD-Luft.

Bis heute habe ich verschiedene Positionen als Mitglied des Vorstands des SPD-Ortsvereins in Roßdorf bekleidet, unter anderem war ich Beisitzer und Kassierer. Diese Tätigkeiten und die im Vorstand der Jusos Darmstadt-Dieburg prägten meine politische Jugend.

Bei der Kommunalwahl 2011 war es dann so weit, mein erstes kommunalpolitisches Mandat wartete auf mich. Gestartet auf Listenplatz 22, landete ich durch Kumulation der Stimmen am Ende auf Platz 17 und wurde Mitglied der Gemeindevertretung von Roßdorf. Die SPD-Fraktion hatte dort eine absolute Mehrheit mit 49,7 Prozent errungen. Ich war Mitglied im Ausschuss Umwelt, Bau und Verkehrswesen (bis 2013), im Lenkungsausschuss zur Einführung der Doppik[40] (ab 2012) und wurde dann Mitglied im Haupt- und Finanzausschuss, dem wichtigsten aller Ausschüsse.

Damals war ich erst 21 Jahre alt, und das war unüblich, denn gerade in kleineren Orten dominieren oft die alteingesessenen Lokalpolitiker, die dem Stereotyp weiß, männlich und alt entsprechen. Dies trifft auf Roßdorf nur in geringerem Umfang zu. Christel Sprößler wurde mit Mitte dreißig ins Amt der Bürgermeisterin gewählt und stellte eine solide Führung dar, die das Staffelholz von den alten weißen Männern – die ich nichtsdestotrotz sehr schätze – übernahm.

Neben meinen Aktivitäten bei den Jusos in meinem Heimatlandkreis war ich einige Jahre im Bezirksvorstand der Jusos Hessen-Süd. Außerdem kann ich auf zwei schöne Jahre als stellvertretender Landesvorsitzender der Jusos Hessen mit immerhin 5000 Mitgliedern zurückblicken.

Bei der Kommunalwahl in Hessen im März 2016 wurde ich erneut in die Gemeindevertretung in Roßdorf und zusätzlich zum ersten Mal in den Kreistag des Landkreises Darmstadt-Dieburg gewählt. Auch hier konnte ich wieder einige Plätze auf der Liste, fünf an der Zahl, gutmachen, da im Kommunalwahlrecht in Hessen die Möglichkeit des Kumulierens besteht. Das bedeutet, dass man als Wählerin oder Wähler die Möglichkeit hat, mehrere Stimmen auf einen Kandidaten oder eine Kandidatin abgeben zu können, um so seine oder ihre Position auf der Liste zu verbessern.

WIE WIRD MAN ALS POLITIKERIN ODER POLITIKER BERÜHMT?

Um eine «gute» Politikerin oder ein «guter» Politiker zu sein, braucht man neben dem Bekanntheitsgrad ein gewisses Talent und Expertise, zumindest in einem bestimmten Themenfeld. Oder man ist eben Generalist und kann alles. Dies ist der zweite hinreichende Schritt zum Erfolg. Da hilft nur zuhören, lesen, verinnerlichen und aktiv werden. (Tourette hilft da übrigens nicht.)

Seit meinem Eintritt in die SPD waren etwa 10 Jahre vergangen, als ich in meinem Büro im Thüringer Wirtschaftsministerium in Erfurt saß. Zu dieser Zeit spürte ich, dass ich zwar sehr viel Spaß in meinem Job als Referent hatte, aber von meinem Naturell her tendenziell eher Politiker als Verwaltungsmensch war. Ich wollte mehr in den Vordergrund, im Parlament sprechen, Interviews geben und eigene Schwerpunkte setzen. Nicht zuletzt wollte ich auch raus aus der Hierarchie und dem engen Rahmen, den das Ministerium vorgab. Mich reizte es, mein eigener Chef in der Politik zu sein. Das lag weniger daran, dass ich meinen Vorgesetzten nicht mochte – ganz im Gegenteil. Ich hatte das Gefühl, dass ich noch mehr für Menschen und natürlich auch für mich erreichen könnte, wenn ich außerhalb der langsam mahlenden Mühlen des Ministeriums agieren würde.

Im Jahr 2018 stand die Landtagswahl in Hessen an. Seit der Wahl von Dagmar Metzger 2008 hatte niemand aus der SPD es mehr geschafft, meinen Wahlkreis direkt gewinnen zu können. Ich traute mir das zu. Zum Wahlkreis 50 gehört das südliche Darmstädter Stadtgebiet mit vier Stadtteilen sowie vier Landkreiskommunen.

Welche Ironie bestand darin, dass jemand, der für die erste linksgeführte Landesregierung in der Geschichte der Bundesrepublik arbeitete, Dagmar Metzger nachfolgen könnte!

Wenige Wochen vor der Wahlkreiskonferenz, die darüber entschied, ob ich Kandidat werden sollte, wurde auch über die Zukunft des Wahlkreises von Andrea Ypsilanti entschieden, die nicht erneut antreten wollte.

Auch ich hatte Gegenkandidaten, nämlich gleich zwei.

Mit Sebastian Cramer, der sich politisch innerhalb der SPD für Arbeitnehmerfragen engagierte, war ein weiterer Kandidat mit Behinderung angetreten. Der andere Kandidat, Alexander Ludwig, war wie ich Mitglied im Kreistag Darmstadt-Dieburg und dort mein stellvertretender Fraktionsvorsitzender.

Was für ein unfairer Kampf, zwei Behinderte gegen einen fast zwanzig Jahre älteren Familienvater! Üblicherweise ist die SPD bei der Auswahl ihrer Kandidaten leider oft eher strukturkonservativ. Um die

Mitglieder der SPD in meinem Wahlkreis zu überzeugen, stellte ich mich den verschiedenen Gliederungen der Partei vor.

Vor der Wahlkreiskonferenz, die letztendlich entscheidet, wer Kandidat wird, war die Situation unklar, denn Sebastian hatte kurzfristig seine Kandidatur zurückgezogen, sodass Alex und ich übrigblieben. In meinen Präsentationen hatte ich zwei Ortsvereine überzeugt, und die Jusos aus dem Landkreis sowie mein Ortsverein waren auf meiner Seite. Trotzdem fehlten mir einfach noch Stimmen, mindestens brauchte ich noch einen weiteren Ortsverein. Neben den jeweiligen Vorsitzenden musste ich insgesamt 64 Delegierte aus acht Ortsvereinen überzeugen. Es würde ganz knapp werden, da war ich mir sicher! Natürlich hatte ich mich auch mit der Möglichkeit auseinandergesetzt, dass es nicht klappen könnte. Auch das hätte ich verkraftet. Vielleicht war es diese Gewissheit, die es mir ermöglichte, an diesem Tag meine bis dahin wichtigste und zugleich beste Rede zu halten:

Liebe Genossinnen und Genossen,

ich freue mich heute hier zu stehen, bei euch.

Vielleicht sieht man es mir an, ich habe letzte Nacht nicht sonderlich gut geschlafen. Das lag zum einen an der Anspannung. Für mich ist das heute hier die wahrscheinlich wichtigste Rede in meinem bisherigen Leben. Zum anderen raubt mir derzeit unsere Partei den Schlaf. Die letzten Tage und Wochen waren die schlimmsten, die ich bisher in der SPD erlebt habe.

Am 24. September um 18:01 Uhr kündigt Martin Schulz nach 20,5 Prozent den Gang in die Opposition an und schließt ganz klar aus, unter Merkel in ein Kabinett einzutreten.

Acht Wochen später scheitern die Jamaika-Sondierungen. Dann waren wir dran mit Sondieren. Nur knapp hat der Bonner Parteitag anschließend für die Aufnahme von Koalitionsverhandlungen gestimmt. Mittlerweile liegt ein Koalitionsvertrag vor. Er beinhaltet noch kleinere Verbesserungen. Ich bin fast positiv überrascht.

Aber was bleibt den Menschen da draußen und uns wirklich im Gedächtnis? Die SPD will in die Opposition! Nein, sie will regieren! Aber nicht um jeden Preis. Oder doch? Dann noch das mit Schulz und Gabriel. Es wird wieder von Wortbruch gesprochen in der SPD.

Liebe Genossinnen und Genossen, so darf sich unsere SPD nicht verhalten. So darf Politik nicht sein.

Ich musste in den letzten Wochen an folgende Worte aus der Berliner Rede von Johannes Rau im Jahr 2004 denken, die immer der moralische Kompass meines politischen Handelns sein sollen:

«Nichts stärkt das Vertrauen der Menschen mehr als die Übereinstimmung von Wort und Tat. Das ist der einfachste Weg, um Glaubwürdigkeit zu gewinnen – und der ist schwer genug: Sagen, was man tut, und tun, was man sagt.»

Was in dieser Partei aktuell passiert, ist genau das Gegenteil, und das ist unerträglich. Ich kann jeden Einzelnen von euch verstehen, der auch diesen Frust spürt. So liefern wir die Steilvorlage für Wut über «die da oben». Auf diese Weise sind wir nicht das Bollwerk gegen rechts, nicht mal Sand im rechten Getriebe. Im schlimmsten Fall sind wir sogar noch Wasser auf deren Mühlen.

Vertrauen ist die wichtigste Währung in der Politik.

Verlieren die Menschen das Vertrauen in uns, sind wir nicht mehr glaubwürdig. Dann haben wir keine Chance, Wahlen zu gewinnen und das Land zum Besseren zu verändern. Daher brauchen wir eine inhaltliche und personelle Erneuerung.

Ich wurde auf einer Vorstellung gefragt, was denn eigentlich Erneuerung bedeute; das sei so eine Worthülse aus den Talkshows im Fernsehen. Lasst mich versuchen, euch zu erklären, was ich darunter verstehe.

Die Menschen wollen Erneuerung und einen Wechsel. Sie können Angela Merkel nicht mehr sehen. Und was machen wir? Wir machen uns selbst kaputt. Viele Menschen haben Sorgen und Ängste – und wir? Wir beschäftigen uns mit uns selbst. Dabei geht es in diesen stürmischen Zeiten um so viel. Um die Demokratie als Ganzes, um den Zusammenhalt in unserem Land!

Ich hatte, wie ihr wahrscheinlich auch, zu Beginn letzten Jahres Vertrauen und Hoffnung. Und jetzt? Ich weiß nicht, wie es euch jetzt geht. Ich bin jedenfalls sauer, wütend und enttäuscht zugleich. Ich habe mir in den letzten Wochen sogar die Frage gestellt, ob ich das hier alles eigentlich noch will. Ich habe gezweifelt und mich gefragt: Macht meine Kandidatur unter diesen Umständen überhaupt Sinn?

Liebe Genossinnen und Genossen, am Ende kam ich zu dem Schluss: Ja, das macht Sinn und ja, ich will! Und zwar jetzt! Jetzt erst recht! Und genau das ist die Antwort auf die Frage: Warum jetzt? Warum nicht erst in 5 oder in 10 Jahren? Sondern eben jetzt, heute und hier!

Jetzt werden Menschen gebraucht, die bereit sind,

auch in schwierigen Zeiten Verantwortung zu übernehmen. Menschen, die glaubhaft für einen echten
Politikwechsel stehen. Und wir brauchen diesen Wechsel
in Hessen nach fast 20 Jahren CDU-Regierung. Dazu
braucht es die SPD. Leider wirkt die Kluft zwischen denen
da oben – ja, dazu zählt auch unsere Parteiführung –
und uns hier und den Menschen, mit denen wir
tagtäglich sprechen, so groß. Nie war die Spaltung so
greifbar, in der SPD und in der Gesellschaft. Aber
das Interesse der Menschen, über Politik zu sprechen,
ist da. Ich denke, es ist sogar größer denn je. Jeden
Tag wird über Politik geredet: über Bildung, knappen
Wohnraum, über Digitalisierung, Stau, ÖPNV.
Wenn ich mit meiner Familie spreche, mit meiner Oma,
meiner Tante, meinem Onkel: Sie fragen nach
Kita-Plätzen und Ganztagsschulen.

Oma kümmert sich oft um meine kleinen Cousins.
Sonst ginge das kaum, dass die Eltern beide arbeiten.
Aber das geht auch nicht in jeder Familie und eben oft
auch nur für begrenzte Zeit.

Wenn ich auf Facebook bin, posten dort unzählige
junge Menschen Wohnungsgesuche. Die Gruppe Woh-
nungsmarkt Darmstadt hat über 20 000 Mitglieder. Wo
sollen die alle wohnen? «Bijan, kennst du vielleicht
jemanden, der ein WG-Zimmer frei hat?», werde ich oft
gefragt.

Ein älterer Genosse sagt: «Bijan, du erzählst immer
von der Digitalisierung. Aber was ist denn mit unseren
Daten, und denkt dabei auch jemand an mich?»

Eine alte Schulfreundin ruft mich an. Sie habe mich

in der Zeitung gesehen heute früh, sagt sie. Grade stehe sie im Stau zwischen Traisa und dem Böllenfalltor. Das Gespräch ist weg. Blödes Funkloch. Sie ruft wieder an, ist aber kaum vorwärts gekommen. Der Bus sei keine Alternative, der sei voll und stehe direkt hinter ihr auch im Stau. Bei der Odenwaldbahn passe abends für den Heimweg die Taktung nicht.

Im Stadion fragt mich ein anderer Fan: «Sag mal, Bijan, du bist doch in der Politik? Wir brauchen doch nur ein Dach über der Gegengerade, ist das denn so schwer?»

Liebe Genossinnen und Genossen, ja, es gibt kaum einfache Antworten in der Politik. Aber es gibt offensichtlich eine Kluft zwischen politischen Interessen der Menschen und dem, was «die da oben» tun und wie sie es kommunizieren.

Es ist jetzt an uns, diese Kluft zu überbrücken und uns den Diskussionen da draußen zu stellen, uns der Sorgen der Menschen anzunehmen und verständliche Antworten zu liefern. Die Menschen müssen wieder wissen, was wir wollen und wofür wir stehen. Ich will dabei helfen und für unsere Partei Brücken bauen.

Die Menschen spüren, dass die SPD etwas verändern kann, wenn sie glaubwürdig für einen Politikwechsel steht. Auch das ist eine Erkenntnis aus dem Umfragehoch des letzten Jahres und den 25 000 Neumitgliedern. Die SPD ist wieder die mitgliederstärkste Partei in diesem Land. Ich bin 2007 in die SPD eingetreten, weil ich gespürt habe, dass meine Geschichte dem entspricht, wofür die Sozialdemokratie kämpft.

Als ich 2011 begann, mich kommunalpolitisch zu

engagieren, war mein Ziel, die Lebensbedingungen der Menschen vor Ort in der Kommune zu verbessern. Nach über zwei Jahren wichtiger Erfahrung als Referent für Breitbandausbau im Thüringer Wirtschaftsministerium habe ich auch erlebt, welche Impulse eine Landesregierung setzen kann, um die Grundlagen für eine bessere Zukunft zu schaffen.

Ich habe in dieser Zeit aber auch bemerkt, dass ich raus will aus dem Büro. Ich will nicht nur Konzepte erarbeiten und Dinge zu Papier bringen, sondern Menschen auch persönlich davon überzeugen und sie mitnehmen. Ich will mehr als nur verwalten. Ich will gestalten!

Ich möchte mit Wählerinnen und Wählern in den Dialog treten und ihre Probleme lösen. Ich will für sie da sein, so wie meine Großeltern nach dem Tod meiner Mutter für mich da waren.

Mein Großvater war Maschinenschlosser bei der Bahn und meine Großmutter hat halbtags als Reinigungskraft bei der HEAG gearbeitet. Eines wussten sie mit Sicherheit: Wenn es ihrem Enkel einmal bessergehen soll als ihnen, ist eine gute Ausbildung die einzige Möglichkeit, dies zu erreichen.

Doch der Bildungsweg ist steinig, und auch Erwerbsbiographien haben sich verändert. Die soziale Mobilität in der Gesellschaft hat abgenommen, und ich habe am eigenen Leib erfahren, wie schwer es sein kann, als Arbeiterkind über das Abitur hinaus auch noch ein Studium zu meistern.

Ich hatte Glück, dass es meine Großeltern gab, dass mittags jemand zu Hause war, der mir bei den Hausaufgaben half, und dafür bin ich dankbar. Nicht jedes Kind hat dieses Glück. Aber ich will, dass jedes Kind trotzdem die gleichen Chancen hat. Bildungserfolg darf keine Glückssache sein! Deswegen brauchen wir kostenfreies und längeres gemeinsames Lernen. Wir brauchen ein echtes Ganztagsschulsystem. Wir brauchen besonders an Schulen in schwierigem Umfeld mehr Lehrerinnen und Lehrer sowie Schulsozialarbeit, damit nicht die Herkunft über die Zukunft eines Kindes entscheidet. Liebe Genossinnen und Genossen: so geht Erneuerung!

Was mir gelang, ist leider keinesfalls selbstverständlich, sollte es aber sein. In Zeiten, in denen sich Teile der Gesellschaft abgehängt fühlen und in denen selbst Teile der Mittelschicht Abstiegsängste entwickeln, braucht es eine starke SPD! Eine SPD, die das Aufstiegsversprechen wiederbelebt und greifbar macht. Anhand ihres Programms und durch den Kandidaten, den sie zur Wahl aufstellt! Mein sozialdemokratischer Traum lautet nicht vom Tellerwäscher zum Millionär; aber vom Sohn einer Erzieherin zum Landtagsabgeordneten, das muss wohl drin sein.

Wir müssen unser Aufstiegsversprechen erneuern. Auch das ist Erneuerung, liebe Genossinnen und Genossen. Dazu bietet sich ein Thema ganz besonders an, das wir endlich als grundsozialdemokratisches Thema begreifen und besetzen müssen: die Digitalisierung. Sie hält Einzug in jeden Lebensbereich. Sie lässt sich nicht aufhalten. Aber wir können sie gestalten. Sie fordert Menschen jeden Alters gleichermaßen. Digitalbildung von der Kita bis ins Altersheim muss ein dauerhaftes Konzept werden, das keinen Ruhestand kennt. Auch, damit die, die im Beruf stehen, von der Digitalisierung nicht überfordert werden.

Ich will alle Bürgerinnen und Bürger mitnehmen und die Digitalisierung demokratisch gestalten. Denn sie sind es, die mitentscheiden sollen, was und wie digitalisiert werden sollte. Dieses Zuwenden zu neuen Themen und die Entwicklung von Antworten auf neue Fragen, auch das ist Erneuerung! Die Erneuerung kann aber auch greifbar sein. Nämlich dann, wenn es um infrastrukturelle Voraussetzungen geht. Denn die müssen für eine umfassende Digitalisierung zunächst geschaffen werden. Hierbei dürfen vor allem die ländlichen Kommunen nicht vernachlässigt werden. Wir müssen eine digitale Spaltung zwischen der Digitalstadt und dem Landkreis vermeiden. Ich will den Wahlkreis daher als Ganzes zur Digitalregion entwickeln. Durch ein flächendeckendes Glasfasernetz kann sie so zum Vorreiter beim neuen Mobilfunkstandard 5G werden.

Liebe Genossinnen und Genossen, auch ein Verkehrskonzept darf nicht an der Stadtgrenze haltmachen. Denn wer alte Autos aussperrt, trifft vor allem Menschen, die wenig Geld haben. Auch wenn Fahrverbote wirken, gibt es bessere Mittel und Wege, um Städte lebenswert zu machen und die Luftqualität zu verbessern. Verkehrsströme digital in Echtzeit zu steuern hilft dabei, dem täglichen Stau auf den Einfallstraßen entgegenzuwirken. Aber das alleine wird nicht genügen.

Wenn wir uns fragen, was Digitalisierung noch leisten kann: Vielleicht sinkt ja in Darmstadt zukünftig der Fahrpreis des ÖPNV an Tagen mit viel Individualverkehr.

Wir müssen den ÖPNV grundsätzlich stärken und brauchen dazu ein integriertes Mobilitätskonzept. So können wir die Verkehrswende aktiv und gemeinsam gestalten.

Bedingt durch mein Tourette habe ich keinen Führerschein. Ich kenne den ÖPNV in der Region daher wie meine Westentasche. Und immer öfter, wenn ich ihn nutze, sehe ich den ÖPNV der Zukunft. Erneuerung ist auch, wenn es im Bus USB-Anschlüsse gibt, um das Handy zu laden, WLAN im Zug auf dem Weg nach Frankfurt, um Mails zu lesen, und Nachtbusse, die uns nach den vielen Festen, die im Sommer anstehen, sicher nach Hause bringen, wenn es mal später wird. Aber wir müssen auch langfristig sicherstellen, dass ältere Menschen mit dem Bus von Klein-Bieberau zum Arzt nach Ober-Ramstadt kommen. Auch hierzu brauchen wir neue Formen des ÖPNV. Auch das ist Erneuerung!

Wichtig ist aber auch, ob es ein Sozialticket gibt oder nicht! Oder der ÖPNV wird eben gleich für alle kostenlos. Die Bundesregierung erwägt das aktuell vor dem Hintergrund der Stickoxidbelastung in deutschen Innenstädten. Bravo, aber dann dürfen die Kosten nicht auf die Kommunen abgewälzt werden. Und falls der Bund es tatsächlich bezahlt, dürfen die Mittel auch nicht – wie so oft – bei Hessens Finanzminister Schäfer hängenbleiben.

Wir Hessen werden von der CDU bei den Steuern ohnehin schon systematisch belogen. Während in Bund und Land behauptet wird, es gäbe keine Steuererhöhungen, werden immer neue Aufgaben auf die Kommunen übertragen. Wird den Kommunen die Fülle an Aufgaben nicht vollständig finanziert, sind diese gezwungen, an ihren einzigen Stellschrauben – Gewerbesteuer und Grundsteuer – zu drehen. So entwickeln wir uns zu einem gebühren- und gemeindesteuerfinanzierten Staat. Das ist nicht nur ungerecht, sondern verletzt auch das Konnexitätsprinzip. Der Stand der Kassenkredite in hessischen Kommunen ist dennoch doppelt so hoch wie der Bundesdurchschnitt. Daher plant die schwarz-grüne Landesregierung noch schnell die Hessenkasse. Deren Finanzierung erfolgt aber im Wesentlichen aus originären Mitteln der Kommunen.

Wir befinden uns im Wahlkampf, und das ist die Taktik der CDU: Vor der Wahl gibt es Geld und nach der Wahl kommen dann wieder die Daumenschrauben für Kommunen. Dann schreit die CDU wieder: «Bloß keine Steuern erhöhen!» Aber sie zwingt die Kommunen dazu, und die Hebesatzspirale dreht sich weiter. Man lässt den Kommunen zum Leben zu wenig und zum Sterben zu viel. Das wird es mit einer SPD-geführten Landesregierung nicht geben. Es gilt wieder: Wer bestellt, bezahlt, und eine auskömmliche Finanzierung der Kommunen wird sichergestellt. Wenn Kommunen genügend Geld haben und handlungsfähig sind, werden sie sich auch wieder stärker im sozialen Wohnungsbau engagieren. Denn wir brauchen starke Kommunen mit einem Bestand an eigenen Immobilien, die nicht irgendwann aus der Sozialbindung fallen. Auch das ist Erneuerung!

Während die CDU die Kommunen vernachlässigt, setzen auch die Grünen kaum Akzente in dieser Landesregierung. Wo ist denn die soziale und ökologische

Wirtschaftspolitik? Grüne bauen Flughäfen statt Sozial-
standards aus, sie machen dieselbe Wirtschaftspolitik
wie zuvor die FDP. Nämlich keine. Der Markt macht das
schon in Hessen. Ja, unsere Unternehmen sind stark,
und wir haben nahezu Vollbeschäftigung. Aber dazu hat
doch die Landesregierung nichts beigetragen. Man sollte
sich eher fragen, was kommt davon bei den Arbeitnehmerinnen und Arbeitnehmern an? Lediglich ein knappes
Lohn-Plus von 15 Prozent seit 2010. Damit ist Hessen
Schlusslicht in Deutschland. Bei der Wirtschaftsförde-
rung muss es daher wieder heißen: Hessen vorne!
Mit Förderung können Anreize für Veränderungen in der
Wirtschaft geschaffen werden. Und dazu brauchen wir
für Hessen endlich eine soziale, nachhaltige und digitale
Wirtschaftspolitik.

Liebe Genossinnen und Genossen, um all das zu
erreichen, müssen sich auch die handelnden Personen
ändern. Wir brauchen neue Köpfe in der Landesregierung,
neue Abgeordnete im Landtag. Wir haben die Ideen für
das Hessen von morgen. Und ich will euer Kandidat sein
für das Hessen von morgen!

Ich möchte im Wahlkampf meine Geschichte für die
SPD erzählen. Sie ist ein wesentlicher Teil, der mich als
Mensch ausmacht und antreibt, und einer der Gründe,
warum ich Landtagskandidat für den Wahlkreis 50
werden will. Wenn ich euch sage, dass mein Tourette
dabei eine Stärke ist, nicht an sich, aber aufgrund dessen,
wie ich damit umgehe, dann glaubt mir das! Warum,
fragen sich manche vielleicht? Das kann ich euch sagen!
Viele Menschen erkennen mich auf der Straße. Sie lächeln.

Sie kennen mich aus der Zeitung, aus dem Fernsehen oder von YouTube. Oder sie kennen mich, weil ich viele Jahre in Darmstadt und Roßdorf gelebt habe, viele Jahre mit dem Bus durch Mühltal und Ober-Ramstadt zu meiner Jugendliebe ins Modautal gefahren bin. Und, liebe Genossinnen und Genossen, ich kann euch versprechen: Sie haben mich nicht vergessen!

Die Sozialdemokratie hat immer dafür geworben, dass jeder und jede in dieser Gesellschaft etwas erreichen kann. Und dass es für alle einen Platz in der Mitte unserer Gesellschaft gibt. Dafür stehe ich! Und wenn die SPD nicht den Mut hat, Kandidaten aufzustellen, die von der vermeintlichen Norm abweichen, welche Partei denn dann?

Auch das ist die Erneuerung! Die SPD braucht wieder Mut, mehr Kandidatinnen und Kandidaten mit Profil aufzustellen.

Als Landtagskandidat der SPD will ich die Bürgerinnen und Bürger aus Bessungen, Eberstadt, der Heimstättensiedlung, Modautal, Mühltal, Ober-Ramstadt und Roßdorf in Wiesbaden vertreten. Ich will für sie die Dinge zum Besseren verändern, die es ihnen ermöglichen, das Beste aus ihrem Leben zu machen.

Liebe Genossinnen und Genossen,

ich stehe heute hier vor euch als jemand, der es nicht immer leicht hatte, als ein echter Sozialdemokrat mit einer besonderen Geschichte. Aber auch als jemand, der seinen Weg gemacht hat. Meine Geschichte will ich für die SPD erzählen. Ich will deutlich machen, wo der Unterschied liegt zwischen uns und den anderen. Ich will die Menschen fragen, was ihnen wichtig ist. Und ich will gemeinsam mit ihnen Antworten entwickeln, wie wir ihr Leben besser machen können. Ich glaube daran, dass wir gemeinsam mit mir als Kandidaten genau das schaffen können. Ich bringe viel Zeit mit für den Wahlkampf und werde mich sehr früh freistellen lassen.

Ich habe keine Verpflichtungen. Ich verpflichte mich aber heute und hier für diesen, unseren Wahlkreis, für diese, unsere Partei, für diesen, unseren Wahlkampf. Für mich beginnt der Wahlkampf morgen! Bei den ersten Hausbesuchen werde ich noch mit Schal und Mütze an der Haustür klingeln! Das verspreche ich euch! Es werden noch viele weitere folgen. Ziel muss es aber sein, den Menschen nicht nur ein einziges Mal an der Türschwelle zu begegnen. Wir müssen ihnen etwas dalassen und mitgeben: eine Postkarte, Kontaktdaten und die Möglichkeit, Themen, Sorgen und Wünsche an mich zu formulieren. Und ich verspreche den Wählerinnen und Wählerinnen und euch heute hier: Ich werde mich der Themen der Menschen, ihrer Sorgen und ihrer Wünsche annehmen.

Ihr seht, ich komme nicht mit leeren Händen. Ich habe Ideen für die über 90 000 Menschen, die im Wahlkreis leben, dabei. Ein Angebot, mit mir Politik zu machen, und ein Versprechen, mich für ihre Probleme einzusetzen. Wenn auch ihr an mich glaubt und mich unterstützt, werden wir gemeinsam diesen Wahlkreis gewinnen.

Liebe Genossinnen und Genossen, heute ist nicht das Ziel. Es ist der Anfang. Vor uns liegen noch acht Monate, viele Kilometer im Wahlkampf. Mit euch von Tür zu Tür, zu den Menschen. Von Laterne zu Laterne mit Plakaten. Lasst uns diesen Weg gemeinsam gehen. In Darmstadt und im Landkreis.

Wenn auch ihr daran glaubt, dass Erneuerung mehr als eine Worthülse sein muss, wenn auch ihr daran glaubt, dass wir mit den Menschen Politik für sie machen müssen, und wenn ihr mit mir diesen Weg gemeinsam gehen wollt, dann bitte ich heute um euer Vertrauen und die nächsten 250 Tage um eure Unterstützung!

Vielen Dank, liebe Genossinnen und Genossen!

Für den nicht in der SPD aktiven Leser und die nicht in der SPD aktive Leserin muss in dieser Rede alleine schon die regelmäßige Verwendung der Worte Genossinnen und Genossen befremdlich wirken. Aber so ist das eben. Dass ich Dinge so formuliere, daran ist wohl die langjährige Arbeit in der Partei schuld. Aber solange es nur das ist, bin ich noch gut weggekommen.

Nach meiner Rede lautete das Abstimmungsergebnis von insgesamt 63 Stimmen: 42 für mich und 20 für meinen Gegenkandidaten Alexander Ludwig bei einer ungültigen Stimme. Und so wurde ich im Februar 2018 Direktkandidat für die Landtagswahl in Hessen im Wahlkreis 50. Da soll noch mal jemand sagen, es sei in der Politik nicht spannend! Für mich waren diese Wochen mit die aufregendsten meines Lebens, denn es war meine erste Kandidatur für ein hauptamtliches Mandat, für Politik als Beruf. Doch es ist nicht so, dass ich durch die hauptamtliche Tätigkeit den Spaß an Politik oder meinen Humor verloren hätte.

Noch mehr als die Frage, wie ich Kandidat geworden bin, treibt viele Menschen wohl um, wie man mit Tourette Politiker sein kann.

Grundsätzlich glaube ich, dass sich das in keinster Weise ausschließt, sondern dass die Erkrankung in meinem Fall einen Teil zum politischen Erfolg beigetragen hat. Bevor jetzt ein erster Aufschrei ertönt: «Der nutzt das aus!», sei Folgendes gesagt: Tourette ist kein kleiner, süßer Hund, den man im Wahlkampf öffentlichkeitswirksam Gassi führt, um damit auf Stimmenfang zu gehen.

Die Erkrankung ist immer da, und man lernt, mit ihr zu leben und sie anzunehmen. Auch in der Politik ist man halt der, der man ist, und man kann nur hoffen, dass man den Wählerinnen und Wählern so gefällt. Verstellen hilft nicht, denn es fällt über kurz oder lang auf. Eines wollen Wählerinnen und Wähler ganz sicher nicht: offensichtlich hinters Licht geführt zu werden. Sie wollen authentische Menschen, die offen und ehrlich die eigene Meinung sagen.

Bei mir ist das ganz einfach – gekauft wie gesehen. Um in der Politik erfolgreich zu sein, ist zuallererst Bekanntheit wichtig. Das ist eine notwendige Bedingung für Erfolg, denn wer unbekannt ist, wird bekanntlich nicht gewählt. An dieser Stelle hat mir das Tourette-Syndrom bei den Kommunalwahlen sicher genützt. Man sieht mich einmal reden, lernt mich kennen oder tauscht vielleicht Visitenkarten aus, und es bleibt hängen. Der Mensch funktioniert so, dass er unweigerlich Anomalien in der Masse wahrnimmt. Sie fallen ihm auf. Dieser Beobachtung kann sich niemand entziehen, ob er will oder nicht. Das muss nicht heißen, dass jeder erste Eindruck positiv ist. Wird man Zeuge bei einem Autounfall, muss man auch einfach hinsehen.

Nicht immer gefällt einem, was man sieht. Das gilt auch für mich, da ich eine Person bin, die polarisiert. Aber auch das muss ein Politiker oder eine Politikerin ein Stück weit. Sicher ist auf alle Fälle, dass es einen ersten Eindruck gibt, der bleibt. Aufgrund meines Namens und einer vielleicht wegen des Tourette-Syndroms lustigen Situation ist sicher, dass Menschen sich an mich erinnern. Ich musste also auch innerparteilich gar nicht so viel tun, um einen gewissen Bekanntheitsgrad zu erreichen.

Diese Bekanntheit würde ich auch in der Bevölkerung brauchen, das wusste ich. Über die Liste in den Landtag? Keine Chance! Ich musste direkt gewinnen, und da war Bekanntheit das A und O. Meine nicht aussichtsreiche Platzierung auf der Landesliste empfand ich nicht einmal als schlimm, es motivierte mich eher noch stärker, direkt gewinnen zu müssen.

In der Nacht nach der Nominierung schlief ich schlechter als in der davor. Die Last des Abstimmungsergebnisses wog schwer auf meinen Schultern. Ich hatte mit einem deutlich knapperen Ergebnis gerechnet, und die starke Mehrheit mit über zwanzig Stimmen Vorsprung für mich machten deutlich, dass ich Erwartungen geweckt hatte, die es zu erfüllen oder sogar zu übertreffen galt. Alles andere war keine Option, ich musste gewinnen. Ich wollte ins Parlament, die SPD erneuern, die Welt verbessern.

VIELE PARTEIEN –
EINE MEINUNG?

Lieber Bijan, warum haben alle großen Parteien die gleiche Meinung, und hat Angela Merkel damit etwas zu tun?

Deutschland hat in den letzten Jahren, insbesondere seit Angela Merkel unsere Bundeskanzlerin ist, einen immer stärkeren Hang zum Konsens und Kompromiss entwickelt. Aus meiner Sicht sind in der Politik auch Kompromisse nötig, aber irgendwann ist es eben auch mal gut. Wie es schon in der TV-Werbung für Bier einmal hieß: Keine Kompromisse.

Helmut Schmidt soll mal über das Verhältnis von Demokratie und Kompromiss gesagt haben: «Die Demokratie lebt vom Kompromiss. Wer keine Kompromisse machen kann, ist für die Demokratie nicht zu gebrauchen.» Damit hat er sicher nicht ganz unrecht gehabt. Doch häufig hat der Begriff Kompromiss einen faden Beigeschmack. Gerade in der Politik braucht es bei einigen Themen klare Positionen, die nicht verhandelbar sind. Sie tragen wesentlich zum Profil von Parteien bei. Und genau solch eine Haltung ist in der Wahrnehmung vieler Menschen und auch aus meiner Sicht abhandengekommen.

Doch oft wirkt die SPD zu kapitalistisch, die CDU zu bunt, die Grünen zu schwarz, die Linken und die CSU zu rechts, die FDP zu unwillig und die AfD zu AfD.

Weil wir schon beim Bier waren: Kann es einen Kompromiss zwischen einem aus dem Norden (friesisch herb) und einem bayerischen (gottgewollt) geben? Und wenn ja, wie könnte der nicht schal schmecken? Zwar kommt man mit Kompromisslosigkeit nicht grundsätzlich weiter, doch sollte man bei wesentlichen Themen wie beispielsweise Bildung und Wohnen öfter klare Kante zeigen. Doch wie man es macht, man macht es verkehrt.

Es gilt daher in der Politik immer, abzuwägen, welches Thema zum Kompromiss taugt und welches nicht. Außerdem müssen aktive Politikerinnen und Politiker klare rote Linien definieren, dies gilt etwa beim Thema Gleichstellung.

Wie kann es einen Kompromiss bei Fragen der Gleichberechtigung geben? Sei es bei Frau und Mann, hetero- und homosexuellen oder Menschen mit Behinderung?

Ein bisschen Gleichberechtigung, oder gar nur die Hälfte? Auch wenn es bei diesen Fragen nicht um die Digitalisierung geht, ist die Antwort doch binär wie das Zahlensystem, auf dem Computer basieren, eben 0 oder 1.

Angela Merkel hat es jedoch vermocht, eine 0,5 – einen Kompromiss, wo es keinen geben dürfte – in dieses binäre System zu schmuggeln. Sie hat das Unvermeidliche, wie die Öffnung der Ehe für alle, zugelassen, ohne dabei jedoch ein klares Ziel wie Gleichberechtigung zu verfolgen oder aktiv etwas dazu beizutragen. Je länger die Kanzlerin am Werk ist, desto deutlicher wird das.

Die Ironie ist, dass sie sich durch ihren Politikstil quasi selbst abschafft. Sich zugrunde regieren, dieser Prozess ist historisch betrachtet durch das Kohl'sche Gesetz auf 16 Jahre beschränkt, wir brauchen also keine Angst vor Angie21 zu haben, zumal die Kanzlerin ja bereits angekündigt hat, die laufende Legislaturperiode werde ihre letzte sein. Andrea21 hingehen scheint ein mögliches Szenario. Die *Bild* witterte schon vor Jahren eine Verschwörung, der zufolge Andrea Nahles 2021 als Kanzlerkandidatin für die SPD antreten will. Den ersten Schritt dazu hat sie getan. Seit 2018 ist sie Parteivorsitzende der SPD und hat somit das Vorschlagsrecht für die Spitzenkandidatur unserer Partei, was ihr natürlich auch erlaubt, sich selbst vorzuschlagen. Bei ihrer Wahl zur Vorsitzenden war ich verhindert – Termine im Wahlkreis. Ärgerlich. Ob Andrea Nahles das Profil der SPD schärfen wird, bleibt abzuwarten.

Auch wenn viele sie ungern im Kanzlerinnenamt sehen wollen, so gibt es mindestens genauso viele, die froh sind, wenn Angela Merkel dort endlich auszieht. Denn gerade aus dem vermeintlichen Konsens der großen Volksparteien heraus entstand die Merkel-muss-weg-Stimmung, die auch maßgeblich mit dem Aufstieg der AfD zu tun hat. Das Absurde daran ist, dass eine starke AfD eine Große Koalition bzw. andere Koalitionen ohne erkennbares Profil deutlich wahrscheinlicher macht. Da bis auf einige Verrückte aus den Unionsparteien (CDU/CSU) niemand mit der AfD koalieren möchte, verbleibt insbesondere dort, wo die rechte Partei besonders stark ist, wie in Ostdeutschland, oft kaum mehr eine andere Möglichkeit, als eine Koalition aus CDU und SPD zu bilden.

Rainer Haseloff wurde so schon im Jahr 2016 in Sachsen-Anhalt Ministerpräsident der bundesweit ersten «Kenia-Koalition» mit Rot-Schwarz-Grün auf Landesebene.

Nach der letzten Bundestagswahl gab es neben der GroKo, die auch nur knapp 53 Prozent erreichte, noch die Möglichkeit, eine Koalition zwischen den Unionsparteien, den Grünen und den Liberalen zu bilden. Alle anderen Möglichkeiten wurden teils vor der Wahl schon ausgeschlossen oder ergaben politisch keinen Sinn. Die Versuche, auf Bundesebene eine Jamaika-Koalition aus CDU, Grünen und FDP zusammenzuschließen, waren dann aber an mangelndem Konsenswillen gescheitert. Dort wäre er vielleicht angebracht gewesen. Dieses Mal lag das Scheitern der Verhandlungen allerdings nicht an den sonst so prinzipientreuen Grünen. Und an der CDU liegt es ja ohnehin nie, da sie lediglich die Aufgabe hat, in jeder möglichen Koalition Merkel und die CSU unter einen Hut zu bekommen. Das ist zwar auch nicht immer einfach, lässt sich aber im Wesentlichen intern klären.

Alle waren gleich, nur die FDP war gleicher. Christian Lindners Satz «Lieber nicht regieren als falsch regieren!»[41] wird so schnell nicht vergessen werden. Also, liebe AfD-Wählerinnen und -Wähler, liebe Jamaikaner und Jamaikanerinnen, aber allen voran auch lieber Christian, danke für die weiteren Jahre GroKo. Aber die Koalitionsparteien haben noch weitere Gemeinsamkeiten.

ZUWACHS IN DEN PARTEIEN

Bei der Koalitionsgründung hatte die CDU zusammen mit der CSU circa eine Million Mitglieder, wie etwa die SPD auch. Obwohl beide Parteien von der Wiedervereinigung profitieren konnten – auch wenn dies bei der SPD in deutlich geringerem Maße der Fall war –, so sind die Mitgliederzahlen der CDU und der CSU seit 1990 fast kontinuierlich gesunken. Grund dafür ist nicht einmal unbedingt nur die Parteienverdrossenheit, sondern in beiden Fällen hauptsächlich die demographische Entwicklung. Wie in der gesamten Gesellschaft werden auch in Parteien die Mitglieder im Schnitt immer älter und sterben unweigerlich. Durch die viel schwächeren Geburtenjahrgänge und weil die Parteien es nur langsam schaffen, Angebote zu entwickeln, die junge Menschen ansprechen, treten weniger Neumitglieder in die Partei ein, als alte wegsterben.

Eines muss man der CDU aber lassen, sie hat es verstanden, mit ihrer riesigen Jugendorganisation JU Parteinachwuchs zu akquirieren. Auch wenn diese Aktionen völlig unpolitisch waren, traten neue Mitglieder auf selbst organisierten «Partys» oder bei Fahrten zu Bierfesten massenhaft ein. Im eher konservativen Milieu ist vieles einfacher: Freibier und eine Fahrt mit dem Bus – und schon ist man Mitglied bei der JU. In meiner Zeit als Juso habe ich mir oft die Frage gestellt, ob das der richtige Weg ist. Das Problem hierbei ist nur, dass der Typ junger Mensch, der zu einem eher progressiven Jugendverband kommt, oft weniger empfänglich für subtile Bierbotschaften ist. Aber vielleicht haben wir hier einen Punkt herausgearbeitet, in dem sich zumindest die Jugend der großen Parteien unterscheidet.

In den letzten zehn Jahren treten aber bei beiden großen Parteien mehr Menschen ein, und so liefern sich SPD und CDU ein Kopf-an-Kopf-Rennen darum, wer die größte Partei ist. Betrachtet man die Mitgliederzahlen, gibt es keinen großen Unterschied zwischen beiden. Getrieben durch die ausgeprägten innerparteilichen Beteiligungsprozesse aufgrund der Debatte um die erneute Große Koalition und die #nogroko-Kampagne, aber auch mit «Tritt ein, sag Nein», der Aktion der Jusos, hat aktuell die SPD die Nase vorn. Momentan hat sie etwa 457700 Mitglieder (Stand März 2018)[42] und ist damit seit 2018 die größte Partei in Deutschland. Da kann man sich leicht vorstellen, dass es unter so vielen Menschen verschiedene Meinungen gibt.

Immerhin, der innerparteiliche Diskussionsprozess und Kompromiss müsste heute, mit nur knapp der Hälfte der Mitglieder verglichen zu vor 20 Jahren, als die SPD noch gut 775 000 Mitglieder hatte,[43] zumindest theoretisch einfacher sein.

VOLKSPARTEIEN

Es gibt also zwei mehr oder minder gleich große Volksparteien. Aber was ist eine Volkspartei? Was genau macht sie aus? Für mich bedeutet eine Volkspartei nicht, dass sie immer die aktuelle Mehrheitsmeinung des ganzen Volkes vertreten muss, sondern dass sie immer wieder Debatten anstößt und prägt, um mit der Gesellschaft Lösungen für Probleme zu erarbeiten. Damit schafft eine Volkspartei politische Mehrheiten und definiert die Mitte – des gesellschaftlichen Konsenses bzw. Kompromisses. Die Mitte des politischen Spektrums verschiebt sich stetig und muss immer wieder neu verhandelt werden.

Besonders die 1968er, die Generation, die radikal mit ihren Eltern aus der «Mitte» in der Zeit des Nationalsozialismus brach, hat es geschafft, die politische Mitte neu zu definieren. Denn die Mitte ist variabel und ihr Konsens wird von der Gesellschaft ständig in Frage gestellt. Eine Volkspartei, das lehrt die Geschichte, muss gelegentlich auch auf ihrer Position beharren, selbst wenn die Stimmung in der Gesellschaft dagegen ist.

Auch die SPD ist ein Stück weit bürgerlicher geworden. Indem sie das Aufstiegsversprechen für viele Menschen in diesem Land eingelöst hat, der Anteil von Menschen mit akademischem Abschluss bei den 30- bis 34-Jährigen ist doppelt so hoch wie noch vor einer Generation,[44] veränderte sich auch ihre Haltung und ihr Verhalten nach innen wie außen.

Erik Flügge analysiert das in seinem *Kleinen Buch zur Erneuerung der SPD* sehr treffend, zum Beispiel was die Attitüden und Sprache innerhalb der Partei angeht.[45]

Und während in der SPD viele Mitglieder und Menschen in Funktionen sozialen Aufstieg erlebten, bietet die christdemokratische Union mittlerweile eine Heimat beispielsweise für Homosexuelle. Und das, obwohl die Haltung zur Frage der Öffnung der Ehe dem vermeintlich entgegensteht beziehungsweise -stand. So haben beide Volksparteien im Laufe der Zeit einen gewissen kulturellen Wandel vollzogen.

Meine Beschreibung des Parteiapparates trifft wahrscheinlich in ähnlicher Weise auf alle Parteien, Institutionen, wenn nicht sogar auch auf autonome Gruppierungen zu.

ANNÄHERUNGEN VON SPD UND CDU

Meiner Meinung nach besteht die wichtigste Angleichung, weil von ihr die größte Wirkung auf das politische Gefüge in Deutschland ausgeht, in der zwischen CDU und SPD. Während in der SPD durch gestiegenen Wohlstand in der Parteibasis auch bürgerlichere Positionen salonfähig wurden, kam der entscheidende Impuls der Parteiführung, diese in Teilen zu übernehmen, dazu.

Mit Sicherheit kann man behaupten, dass die Agenda 2010 unter Gerhard Schröder in Deutschland, aber auch New Labour in England unter Tony Blair, die sozialdemokratischen Parteien auch in wirtschaftspolitischen Fragen deutlich weiter in die Mitte gerückt hat.

Nachdem unter anderem die Veränderungen in der SPD zu diversen Wahlniederlagen geführt haben, entstand bei der Union zunehmend aus der langen Kanzlerinnenschaft und aus dem volksparteilichen Charakter – also dem Anspruch, die Mitte der Gesellschaft zu definieren und eine breite Mehrheit der Bevölkerung anzusprechen – ein Anpassungsdruck. Diese Entwicklung zog eine gesellschaftspolitische Öffnung nach sich, die nicht allen in der CDU gefiel, es aber ermöglichte, an der Macht zu bleiben. Um diesen Status zu erhalten, opferten viele rechts-konservative Mitglieder ihre Standpunkte, und innerhalb der CDU – besonders in der Führung – wurden in Bezug auf gesellschaftspolitische Fragen zunehmend auch liberalere Positionen vertreten. Die CDU hat sich also unter Kanzlerin Merkel in ihrer strategischen Positionierung ebenfalls auf die Mitte zubewegt. Insofern ist die Wahrnehmung, dass sich SPD und CDU in den letzten zwanzig Jahren angenähert haben, aus meiner Sicht vollkommen richtig, so leid es mir auch tut.

Mit der Diskussion um Zuwanderung und Flucht, der Erstarkung der AfD, aber auch der Debatte um Leitkultur und Heimat, habe ich aber das Gefühl, dass sich diese Entwicklung aktuell wieder umkehrt.

Beim Thema Zuwanderung wiederholen sich die Geschehnisse aus den Jugoslawienkriegen. Nur mit dem Unterschied, dass die Rahmenbedingungen anders sind als noch vor 25 Jahren. Heute gibt es das Internet, eine neue rechte Partei, Fake News etc. Nicht zu vergessen, haben wir eine Dekade des Sozialabbaus und der Bankenkrisen hinter uns. Das schürte bei vielen Menschen Zukunftsängste und es fehlte ein großes einendes Ereignis wie die Wiedervereinigung, das gleichzeitig auch Stärke in das kollektive Bewusstsein rief. Das gesellschaftliche Fundament und der Zusammenhalt bekamen in den letzten Jahren auch durch die Last schwerer Kompromisse in der Großen Koalition einige Risse.

Die Debatte um Geflüchtete wirkte dann als Katalysator und verstärkte das bereits vorhandene Gefühl, vieles sei im Argen. Dazu einige Beispiele: In Pfungstadt, wo mein Lieblingsbier aus der Region herkommt, wird das Schwimmbad geschlossen, und wenn bei mir in Roßdorf das Kühlaggregat der Schlittschuhbahn irgendwann kaputtginge, wüsste niemand, wie man ein neues finanzieren sollte. Schulen, Straßen, Schwimmbäder – alles bröckelt, und zwar schon viel zu lange. Kein Schwimmbad mehr? Das ist sehr ärgerlich für viele Familien. Dank des Sozial-/Familientickets war der Eintritt erschwinglich. Besser Verdienende können es sich leisten, ins Auto zu steigen, um in ein entfernteres Schwimmbad zu fahren, oder man hat gleich einen eigenen Pool im heimischen Garten, damit die Kinder dort planschen können. Es ist die Aufgabe der Politik, die öffentliche Infrastruktur in Schuss zu halten. Denn Familien mit weniger Einkommen haben diese Ausweichmöglichkeiten oft nicht. Für sie macht es den Eindruck, als würden sich die Politik um solche vermeintlichen Kleinigkeiten nicht kümmern. Um dieser Unzufriedenheit Ausdruck zu verleihen und aus Angst vor einem sozialen Abstieg werden dann Ressentiments gehegt gegen die, denen es mutmaßlich besser geht oder die mutmaßlich mehr bekommen.

DIFFERENZ UND LEITKULTUR

Mit einem Minister wie Jens Spahn, der behauptet, Hartz IV bedeute nicht Armut, sondern sei die Antwort darauf, und dem wir uns bei der Frage nach der Krankenversicherung später noch widmen werden, gewinnt die Union wieder an konservativem Profil und schlägt den früheren Kurs ein. Vielleicht zeigt sie auch nur wieder ihr wahres Gesicht und macht wie am Beispiel von Jens Spahn ihre sozialpolitische Haltung klar. Damit wäre sie – um beim Bild des Binärsystems zu bleiben – 0 und nicht mehr 0,5.

Auch Heimatminister Horst Seehofer trägt einen großen Teil dazu bei, dass man durch Leitkultur in diesem Land wieder lernt, was es heißt, deutsch zu sein. Es ist eigentlich verrückt, dass diese Aufgabe jemand übernehmen soll, der mit seiner bayerischen Mia-san-mia-Attitüde sowie der damit verbundenen Sektierer- und Spalter-Mentalität auffällt und dabei nicht mal Hochdeutsch spricht. Deutschland hat keine homogene Leitkultur im Sinne Seehofers. Um dies zu begreifen, muss man nicht mal die gesamte Bundesrepublik anschauen. Ein Blick nach Bayern genügt: Gegen das neue Polizei-aufgabengesetz, welches der bayerischen Polizei deutlich weitrei-chendere Befugnisse und Rechte einräumt, die von vielen als massive Einschränkung der Freiheitsrechte empfunden werden, gingen in München über 30 000 Menschen auf die Straße. Wer dort demons-trierte, glaubt sicher nicht an Leitkultur. Und sollte es doch so etwas geben, dann gehört seiner oder ihrer Meinung nach sicher nicht ein autoritärer und repressiver Staat dazu. Es gibt nämlich auch im Freistaat so etwas wie demokratische Kultur. Auch die Debatte um die Kreuz-Pflicht in Bayerns öffentlichen Gebäuden zeigt Widersprüche zwischen dem christlichen Glauben und unserer «Leitkultur» auf. Minister Spahn beweist dies wie üblich durch seine Eloquenz und bestechende Logik. In der ZEIT-Beilage *Christ & Welt*[46] geht es um die Kritik der Kirchen an der offensichtlichen Instrumentalisierung des Kreuzes im Wahlkampf durch die CSU. In diesem Interview sagt er, das Kreuz in einer Amtsstube symbolisiere auch für Nicht- oder Andersgläubige, dass sie dort auf ein Selbstverständnis träfen, das allen Menschen die gleiche Würde zuspräche. Hätte man dort das Grundgesetz aufgehängt, wäre das mit der gleichen Würde tatsächlich kein Problem, wie zu Beginn dieses Buches ausgeführt.

Im gleichen Interview kritisiert Spahn dann den Umgang der katholischen Kirche mit Homosexualität am Beispiel der Nichtsegnung homosexueller Paare. Gehört jetzt die katholische Kirche oder das Schwulsein nicht zu Deutschland? Wieder wird klar, das Grundgesetz ist die Basis des Zusammenlebens in Deutschland und würde eine solche Ungleichbehandlung entsprechend den Urteilen des Bundesverfassungsgerichtes nicht zulassen. So bleibt die Würde von Jens Spahn, wie die von kleinwüchsigen Menschen, die nicht geworfen werden dürfen, unantastbar. Es gibt sie also auch hier, die Unterschiede. Die Leitkultur in der SPD heißt Grundgesetz, bei der Union weiß man es nicht so genau, sie ist sich uneins oder wartet einfach nur darauf, dass der Nachfolger oder die Nachfolgerin von Angela Merkel diesbezüglich einen neuen Kurs vorgibt, dem die Partei dann lemmingartig folgt.

Weitere deutliche Unterschiede bestehen in vielen Punkten, die die Bürgerinnen und Bürger unmittelbar betreffen:

Die Erbschaftssteuer ist so ein Beispiel. Hier wollte die SPD, nachdem aufgrund eines Urteils des Bundesverfassungsgerichtes eine Neuregelung notwendig wurde, eine stärkere Besteuerung von Erbschaften zur Finanzierung gesellschaftlicher Aufgaben und Maßnahmen.

Zu diesem Thema habe ich auch seinerzeit ein Papier für das SPD-Finanzforum geschrieben, das ich jedem, der sich für das Thema interessiert, ans Herz legen kann.[47] Da in diesem Bereich eine wirkliche Reform noch aussteht, hat mein Text kaum an Aktualität eingebüßt. Vorab zu meinem Lieblingsargument, das generell gegen die Erbschaftssteuer ins Feld geführt wird: Das Geld wurde ja schon mal versteuert. Ja, klar wurde es das. Welches Geld, mit dem man irgendetwas tut, wurde das denn nicht? Auf Grundnahrungsmittel sind 7 Prozent Mehrwertsteuer zu zahlen, und auf Luxusgüter, wie Alkohol oder Tampons, 19 Prozent. Besteuert wird dabei, anders als beim Erben, sogar die Person, die das Geld in Form von z. B. Einkommenssteuer bereits versteuert hat. In dieser Hinsicht ist die Erbschaftssteuer anders, denn der Erblasser oder die Erblasserin zahlt nie Steuern. Nicht, weil er bzw. sie tot ist, sondern weil ohnehin nur die Erben besteuert werden. Und die haben noch nichts von dem versteuert, was ihnen zu Recht zufällt.

Auch was Arbeit 4.0, also die Arbeitswelt in bzw. nach der vierten industriellen Revolution, angeht – und die zum Schutz der Arbeitnehmerinnen und Arbeitnehmer notwendigen Regelungen –, liegen Welten zwischen dem progressiven und konservativen Lager. Wie genau die Chancen der Digitalisierung zum Wohle aller genutzt werden können, will ich später noch erklären.

Auch in Bezug auf die Nachhaltigkeit, sei es in der Energiepolitik oder beim Konsumverhalten, ist es den (damals noch deutlich progressiveren) Grünen zu verdanken, dass diese Themen auf die Agenda kamen. Die SPD war es dann, die neue Positionen mehrheitsfähig machte. Doch auch dazu später mehr. Vom Gesundheitssystem will ich an dieser Stelle gar nicht erst anfangen – das ist alles viel zu krank, und wieder ist Spahn mit von der Partie.

NOCH MEHR DIFFERENZEN

Die Unterschiede zwischen SPD und CDU liegen quasi offen da, man muss sie aber auch sehen wollen, was manchmal angesichts der Fülle der Themen schwerfällt. Manchmal sieht man den Wald vor lauter Bäumen nicht, und nicht jeder ist Förster oder Försterin oder war wie ich bei den Pfadfindern. Vielleicht können aber die weiteren Kapitel zu den verschiedenen Themen ein wenig Licht ins Unterholz bringen. Zuerst braucht man Orientierung, der Rest kommt dann von selbst.

Also, informiert euch, und dann diskutiert miteinander! Gerade weil zu großer politischer Konsens die Ränder stärkt, sollte eine informierte und möglichst aufgeklärte Debatte in der Mitte der Gesellschaft darüber geführt werden, wie wir uns unser Land und Europa und die Welt in Zukunft vorstellen.

GRÜNE VERDIENSTE UND VERBOTSKULTUR

Lieber Bijan, wieso wollen die Grünen immer alles verbieten, was Spaß macht?

Die Grünen haben immer wieder mit der Forderung nach Verboten auf sich aufmerksam gemacht. Da kann man sich schon manchmal fragen, warum machen die das, und hat das vielleicht sogar Tradition? Um die Frage der Verbote zu klären, müssen wir uns zunächst der Entstehungsgeschichte der Grünen widmen.

Der korrekte und vollständige Name der Öko-Partei lautet Bündnis 90/Die Grünen und ergibt sich aus der Zusammenführung der Parteien Die Grünen und dem Bündnis 90 im Jahr 1993. Während in Westdeutschland Atomkraftgegnerinnen und -gegner, Friedensaktivistinnen und -aktivisten und Hippies bereits 1980 Die Grünen gegründet hatten, stellte sich nicht lange nach der Wiedervereinigung Deutschlands die Frage der Zusammenarbeit mit Gleichgesinnten aus dem Osten der noch jungen Bundesrepublik.

In den neuen Bundesländern hatte sich 1990 eine Gruppe mit ähnlichen Zielen gegründet, deren Mitglieder vor allem aus den verschiedenen Gruppen der Bürgerbewegungen in der DDR stammten: das Bündnis 90. Man kann sich bildlich vorstellen, wie ein basisdemokratisches Plenum aus ost- und westdeutschen Zotteln im Schneidersitz, mit literweise Tee in Thermoskannen, im Dunst von Räucherstäbchen und unter dem Klang von verstimmten Gitarren diesen Zusammenschluss vereinbarte.

In all den Jahren, die seitdem vergangen sind, gab es immer wieder wegweisende, aber auch kontroverse Forderungen dieser grünen Partei, die natürlich aus der Tradition der Gruppen, aus der sie sich entwickelte, stammten. Unter anderem forderten sie

1. den Atomausstieg,
2. ein generelles Tempolimit auf deutschen Autobahnen,
3. einen Veggie-Day.

AUSSTIEG AUS DER ATOMENERGIE

Wollen die Grünen nur Dinge verbieten, die Spaß machen? Macht Atom-Strom denn Spaß? Schon bevor es im Block 4 des Atomkraftwerkes in Tschernobyl im April 1986 zu einem Supergau kam, gab es in Deutschland Proteste gegen Atomkraft. In dieser Zeit gründeten sich aus dieser Anti-Atomkraftbewegung heraus bereits regionale erste Grüne Listen. Auch der damalige Vorsitzende der Jusos, Gerhard Schröder, hielt im Jahr 1980 in Gorleben mit einer Flasche Bier in der Hand eine Rede vor Demonstrierenden. Viele der damaligen Demonstrantinnen und Demonstranten traten später in die Partei der Grünen ein. Zwar stand die SPD damals den Grünen noch nicht wirklich nah – Egon Bahr, der zu jener Zeit SPD-Generalsekretär war, nannte die ersten regionalen Grünen Listen sogar eine «Gefahr für die Demokratie»[48]. Die Jusos jedoch konnten sich für die neue politische Kraft erwärmen. Eine Grüne Jugend gab es ja zu dieser Zeit noch nicht, sie wurde erst 1994 gegründet.

Aber bereits 1985, ein Jahr vor der Katastrophe in Tschernobyl, kam es in Hessen zur Bildung der ersten rot-grünen Landesregierung in der Bundesrepublik. Unvergessen dabei die Vereidigung Joschka Fischers in seinen weißen Nike-Sneakern (Modell Air Force One), die vielen damals als Affront gegen das Parlament galten. Damalige grüne Fundis schienen sich offensichtlich nicht so kritisch mit Kinderarbeit in Bangladesch auseinandergesetzt zu haben, wie sie es heute tun. Ihr zentrales Thema, der Atomausstieg, führte jedoch bereits 1987 zum Bruch der Koalition. Es dauerte somit noch eine Weile, bis die Grünen, Mitglied der hessischen Landesregierung von 1991 bis 1999, bereit waren, mit der SPD auf Bundesebene gemeinsam Verantwortung zu übernehmen.

Über 20 Jahre nach Egon Bahrs Äußerungen bildeten SPD und Grüne die erste rot-grüne Bundesregierung, und 2002 verabschiedete der Bundestag dann unter Bundeskanzler Gerhard Schröder – wie könnte es anders sein – ein von dem grünen Umweltminister Jürgen Trittin vorgelegtes Gesetz zum Atomausstieg.

Nach dem darauffolgenden Regierungswechsel entschied sich die neue schwarz-gelbe Regierung unter Bundeskanzlerin Angela Merkel im September 2010 für eine Verlängerung der Laufzeiten von deutschen Atomkraftwerken. Es kam also zum Ausstieg aus dem Ausstieg. Dazu wurde von CDU/CSU und FDP noch eine Brennelementesteuer beschlossen, damit auch der Staat von den verlängerten Laufzeiten profitierte, was die Grünen vor Wut kochen ließ.

Kaum ein halbes Jahr später kam es im März 2011 zu einem schweren Reaktorunglück im japanischen Fukushima, es ist der nach Tschernobyl bekannteste Supergau. Wie so oft revidierte die Bundeskanzlerin daraufhin ihre Meinung und veranlasste, insgesamt acht ältere Atomkraftwerke umgehend abzuschalten. Im Laufe des Jahres 2011 wurde dann der Ausstieg vom Ausstieg vom Ausstieg von allen Parteien im Bundestag beschlossen.

Die Geschichte zeigt uns, dass die Grünen einen großen Anteil daran hatten, den Atomausstieg in der Gesellschaft mehrheitsfähig zu machen und ihn gemeinsam mit der SPD zu beschließen.

Leider fließen noch 2018 etwa 6 Milliarden Euro vom Staat an die Betreiber der Atomkraftwerke zurück. Die schwarz-gelbe Bundesregierung hatte bei ihrem Ausstieg vom Ausstieg einen Formfehler gemacht, der im Prozess vor dem Bundesverfassungsgericht 2016 zu dem Urteil führte, dass die gezahlte Brennelementesteuer teilweise zurückgezahlt werden muss.

TEMPOLIMIT

Falls sich die Grünen bei der Einführung eines generellen Tempolimits durchsetzen, sind ähnliche Entschädigungssummen an die Autoindustrie wohl nicht zu befürchten: Die Grünen fordern eine Höchstgeschwindigkeit von 120 Kilometer pro Stunde auf der Autobahn.

Und das in Deutschland?! Unvorstellbar! Der Deutsche liebt sein Auto, und sogar die Amis schwärmen von der *German Autobahn*. Mindestens ebenso sehr, wie der normale Deutsche oder die normale Deutsche sein bzw. ihr Auto liebt, ist der deutsche Politiker und die deutsche Politikerin in die Autoindustrie vernarrt und somit auch stark mit der dazugehörigen Lobby verbunden. Diese Liebesbeziehung beruht auf Gegenseitigkeit und konnte selbst durch Dieselabgastests an Affen und Menschen nur geringfügig geschmälert werden. So weit ist es schon gekommen, dass es selbst bei den Grünen mittlerweile – zumindest unter den Realos – echte Autoliebhaber und -liebhaberinnen gibt. Auch hier scheint man erkannt zu haben: Rasen macht Spaß!

Für Winfried Kretschmann, den grünen Ministerpräsidenten von Baden-Württemberg, beispielsweise, sitzt man selbst in einer S-Klasse «wie eine Sardine in der Büchse»[49]. Früher 68er, heute 225er-Breitreifen. So schnell kann es gehen, wenn die Wirtschaft des eigenen Bundeslandes zu großen Teilen aus Automobil- und deren Zulieferbetrieben besteht.

Es gibt Theorien, dass die Zahl der Unfälle zunimmt, je niedriger das Tempo ist. Ein Grund dafür ist unter anderem, dass eintöniges Fahren dazu führt, dass sich das Großhirn «abschaltet». Ich erinnere mich gut an einen Road-Trip in den USA, den ich mit zwei Freunden im Jahr 2012 gemacht habe. Auf der Interstate dort ist man trotz lauter Musik oder interessanten Gesprächen im Auto fast eingeschlafen, weil wir auf der siebenspurigen Straße nur konstant 70 Meilen pro Stunde mit Tempomat gefahren sind. Sobald man eingeschlafen war, träumte man von der *German Autobahn*. Die Zahl der Verkehrstoten hat in Deutschland übrigens in den letzten Jahren abgenommen und befand sich im Jahr 2017 auf einem historischen Tief.[50]

TAG DES GEMÜSES

Aber warum müssen sich die Grünen immer so harte Themen aussuchen? Weder Strahlenkranke noch Verkehrstote haben irgendetwas Spaßiges. Vielleicht wurden diese traurigen Themen der Partei auch zu bedrückend, sodass sie sich darüber hinaus mit Verboten anderer Art beschäftigte. So entschlossen sich die Grünen, auch mal ein Verbot zu fordern, über das man sich lustig machen kann, auch wenn es ein ernstes Thema ist. Eine der kontroversesten und zugleich lustigsten Forderungen trat im Bundestagwahlkampf 2013 auf: der Veggie-Day.

Mit einem fleischlosen Tag pro Woche in Deutschlands Kantinen sollte die Welt gerettet werden. Diese Forderung brachte den Grünen noch stärker als bisher den Ruf als Moralapostel und Bevormunder-Partei ein.

Auch ich habe – wenn auch ohne aktives Zutun – einige Jahre meines Lebens fleischlos gelebt. Da meine Mutter sich vegetarisch ernährte, gab es zu Hause kein Fleisch zu essen, zumindest nicht offiziell. Ich erinnere mich gut an die Wochenenden bei Oma und Opa, die natürlich besorgt waren, der Enkel würde sich aufgrund des Fleischmangels nicht ordentlich entwickeln. Denn Opa wusste: Fleisch ist ein Stück Lebenskraft.[51] Zum Glück gab es Dinge wie «Leberkäse». Den mochte Opa, und als kleiner Junge wusste ich schon, wenn etwas Käse heißt, dann kann das ja kein Fleisch sein.

Nach dem Tod meiner Mutter 1996 gehörte der Leberkäse dann zum Alltag, und ich esse bis heute Fleisch. Ich kann mir auch vorstellen, dass bei meinen Großeltern die Sorge bestand, dass der Enkel neben dem Tourette-Syndrom noch weitere seltsame Verhaltensweisen wie Vegetarismus entwickelte. Außerdem wusste schon Bart Simpson: «Man findet keine Freunde mit Salat.»

Viel lieber als Salat und Fleisch esse ich aber sowieso Fisch und Meeresfrüchte. Damit gehöre ich zu der Gruppe der sogenannten Omnivoren, der Allesfresser. Aber auch mein Fleischkonsum hat sich verändert, und damit scheine ich nicht allein zu sein.

Seit 2013 geben die Heinrich-Böll-Stiftung, der BUND und *Le Monde Diplomatique* regelmäßig den *Fleischatlas* heraus. Der weist in seiner Ausgabe 2018 darauf hin, dass in Deutschland zu viel Fleisch konsumiert werde. Aus meiner persönlichen Erfahrung mit der deutschen Nachkriegsgeneration, aufgrund meiner Kindheit bei meinen Großeltern in Roßdorf bei Darmstadt kann ich sagen, dass die Mangelernährung und die Armut im Krieg und unmittelbar danach Spuren hinterlassen hat. Nach dem Zweiten Weltkrieg galt: Fleisch ist Kraft. Nach all dem Hunger und den Entbehrungen wurde Fleisch zum Heilsbringer und Zeichen besserer Zeiten stilisiert. Eine Mahlzeit ohne Fleisch war spätestens mit dem Wirtschaftswunder für die breite Masse der Bevölkerung undenkbar geworden.

Im Jahr 2016 konsumierten die Deutschen im Schnitt 59 Kilogramm Fleisch pro Kopf. Im Jahr 2011 waren es noch fast 63 Kilogramm.[52] Der Trend geht also zu geringerem Fleischkonsum. Die Deutschen lieben offensichtlich ihr Schnitzel weniger als ihr Auto. Doch im *Fleischatlas* wird der Ruf nach stärkerem Liebesentzug laut. Dort wird vorgeschlagen, den Fleischkonsum in allen Industrieländern um die Hälfte zu reduzieren.

Wie so oft reagiert die Lobby der Omnivoren auf die Forderung nach Konsumverzicht in Sachen Fleisch postwendend mit Beißreflex. Dabei sollte man sich auch bei diesem höchst persönlichen Thema – immerhin geht es um das im Kapitalismus heilige individuelle Konsumverhalten – die Fakten genau anschauen.

Oft wird an Vegetarier und Vegetarierinnen der Vorwurf adressiert: «Du isst meinem Essen das Essen weg.» Tatsächlich werden beispielsweise Schweine mittlerweile fast hauptsächlich mit Soja(-schrot) gefüttert, weil dessen hoher Proteingehalt zusammen mit Weizen für ein besonders schnelles Wachstum sorgt. Noch dazu werden oft Antibiotika beigemischt, um die zahlreichen Tiere in den oft engen Ställen vor Krankheiten zu schützen. Rückstände der Medikamente im Fleisch können Einfluss auf den menschlichen Körper haben. Vielleicht ist das ein Grund mehr, auf Fleisch aus Massentierhaltung zu verzichten.

Aus meiner persönlichen Erfahrung im Zusammenleben mit einer Veganerin kann ich sagen, dass der Vorwurf, sie nehme dem

Essen anderer das Essen weg, zumindest theoretisch nicht ganz von der Hand zu weisen ist. Natürlich essen auch alle, die Fleisch essen, auch Obst und Gemüse oder sollten es zumindest tun. Damit bleibt den Tieren weniger übrig. Aber jetzt geht's ja um Soja. Der Vorteil, Sojaprodukte zu konsumieren, besteht darin, dass es den Körper mit mehr Nährstoffen versorgt, als wenn es schon einmal vom Schwein verdaut wurde und quasi erst auf den Rippen des Tieres landet, bevor es verspeist wird. Allerdings wird nur ein ganz kleiner Teil der Sojaproduktion für den direkten Verzehr durch den Menschen verwendet. Vor allem die Produzentinnen und Produzenten von biologisch angebauten Sojaprodukten achten inzwischen vermehrt darauf, dass die Bohnen aus europäischem Anbau stammen.[53]

Abgesehen von den Anbaubedingungen – allen voran die Monokultur, in der Soja häufig angebaut wird – kann man jedoch grundsätzlich die Frage stellen, ob Menschen und Schweine es in großen Mengen essen sollten, da es auch oft gentechnisch verändert ist, und die Auswirkungen des Konsums von gentechnisch veränderten Nahrungsmitteln noch nicht vollständig bekannt sind.[54] Der Großteil, nämlich laut einer Studie der Universität Illinois 98 Prozent,[55] wird aber ohnehin nicht zum «direkten», sondern nur zum indirekten menschlichen Verzehr angebaut, also zur Mast von Tieren.

Das Problematische am Sojaanbau ist, dass ihm in Südamerika ganze Landstriche zum Opfer fallen. Der Flächenverbrauch ist immens, vor allem Regenwald wird dafür gerodet, wodurch große Mengen des dort gespeicherten CO_2 in die Atmosphäre freigesetzt werden. Wer Soja isst, muss also das Bier mit Umweltengagement aus Krombach trinken, um sein Moralkonto in der Waage zu halten – Spaß beiseite!

Obwohl Fleisch und Milch nur ca. 17 Prozent des Kalorienbedarfs der Menschheit decken, werden für die Herstellung dieser Produkte etwa 77 Prozent aller Agrarflächen weltweit benötigt.[56] Durch den Anbau einer einzigen Pflanzenart wird außerdem der Einsatz von Pestiziden nötig. Dies belastet das Grundwasser und die Böden. Häufig verwendet wird dabei das durch die Debatte bekannte Pflanzenschutzmittel Glyphosat.

Zu Erinnerung: Der CSU-Landwirtschaftsminister Christian Schmidt hatte bei einer Abstimmung auf europäischer Ebene die Geschäftsordnung der Bundesregierung ignoriert und für eine Verlängerung der Nutzungserlaubnis gestimmt, obwohl das von dem SPD-geführten Umweltministerium abgelehnt wurde. Auch wenn die Nutzung in Europa mittelfristig eingeschränkt wird und ein Verbot näher rückt, wird Glyphosat wohl in beispielsweise Brasilien noch lange eingesetzt werden, denn die Nachfrage nach Soja als Futtermittel für die Fleischproduktion steigt.

Auch wenn der Industrienation Deutschland nach Zahlen der Bundesanstalt für Landwirtschaft und Ernährung die Deutschen etwa 8 Kilogramm weniger Fleisch pro Jahr essen als noch vor 20 Jahren, steigt der Fleischkonsum insbesondere in Schwellenländern an. Grund dafür ist der dort steigende Wohlstand, in China beispielsweise wurden im Jahr 1982 im Durchschnitt nur 13 Kilogramm Fleisch pro Kopf konsumiert, mittlerweile haben die Chinesen die Deutschen bezüglich der verzehrten Fleischmenge eingeholt. Und wie jeder weiß, gibt es dort ein paar mehr Mäuler zu stopfen als bei uns. Aber wen juckt es schon, wenn in China ein Schwein umfällt.

Fleischkonsum als Zeichen von wirtschaftlichem Aufschwung und Wohlstand kommt in vielen Schwellenländern erst allmählich zum Tragen. Dass es in Deutschland zu einer Trendwende der Ernährungsgewohnheiten kommt, ist eher ein Zeichen des lang anhaltenden Wohlstandes, der bei immer mehr Menschen zu einem Umdenken vor allem mit Blick auf gesunde Ernährung und nachhaltigem Konsum führt. Hierzulande ist die Zahl der Vegetarier und Vegetarierinnen zehnmal höher als in China.[57]

Diese Umorientierung in Richtung einer gesunden und nachhaltigen Lebensweise folgt den Regeln der Maslow'schen Bedürfnispyramide: Nachdem die körperlichen Grundbedürfnisse, wie Trinken, Schlaf und Essen gestillt sind (an der Basis der Pyramide) und alle darüber liegenden Bedürfnisebenen, wie soziale Bedürfnisse und das Bedürfnis nach Sicherheit, erfüllt sind, folgt die Selbstverwirklichung. Beim Menschen kann dieses Bedürfnis auch darin bestehen, den eigenen Konsum einzuschränken – interessant eigentlich.

Und gegen den Prototyp des Fleischkonsum ablehnenden Spießbürgers bzw. der Fleischkonsum ablehnenden Spießbürgerin aus dem Prenzlauer Berg will die CSU jetzt die konservative Revolution führen? Wenn nicht das Erreichen dieser Selbstverwirklichungsebene schon das Bürgerlichste überhaupt ist, was ist es dann? Betrachtet man die Bedürfnispyramide der CSU, verharrt die Partei noch auf der Ebene der Sicherheit und ist in ihrer Entwicklung bisher nicht bis zur Selbstverwirklichung fortgeschritten. Sicherheit kommt übrigens gleich nach den körperlichen Grundbedürfnissen. Das Bedürfnis nach Gemeinschaft, Anerkennung und Wertschätzung folgen nach der Sicherheit. Man sollte vielleicht zukünftig von der Christsozialen Bedürfnispyramide sprechen: Saufen, Sicherheit und dann «Schau ma moi».

Bereits an der Spitze der Pyramide (Selbstverwirklichung) angekommen, sollte man sich der hypothetischen Frage widmen, ob die Ernährung aller Menschen weltweit ohne Fleisch überhaupt möglich ist?

Alle haben gesagt, das geht nicht, dann kam einer, der wusste das nicht und hat's gemacht – diese Redewendung unbekannten Ursprungs lässt sich auch mit den Worten von Nelson Mandela ausdrücken: It always seems impossible until it's done.

Aber auch vegan lebende Menschen haben noch verschiedene Stufen vor sich, in denen sie die Welt retten können. Und am Ende landen wir wieder bei den Simpsons, als Lisa einen Veganer kennenlernt, der sagt: «Ich bin Veganer Stufe 5, ich esse nichts, was einen Schatten wirft.»

Man muss es ja nicht übertreiben, aber zumindest anerkennen, dass die Ernährung der Weltbevölkerung große Probleme aufwirft. Und: Wie man's macht, is(s)t es verkehrt. Aber mit einer Faustregel sollte es gehen: Soja also am besten nur regional, Fleisch am besten nur bio und aus artgerechter Haltung und so weiter. Wobei bei den tausend Bio-Siegeln ja aber auch kein Mensch mehr durchblickt. Aber das führt jetzt zu weit.

Grade für die großstädtische Bevölkerung in den Ballungsräumen ist eine solche regional orientierte Ernährung, unabhängig davon, ob es um Gemüse oder Fleisch geht, jedoch schwierig. Besonders hier kann auf der einen Seite die gestiegene Nachfrage nach gesunden und nachhaltig produzierten Nahrungsmitteln durch die örtlichen Betriebe kaum mehr gedeckt werden. Auf der anderen Seite suchen Landwirte und Landwirtinnen zunehmend nach Erwerbsquellen, die ihnen eine größere Unabhängigkeit und Flexibilität in ihrer betrieblichen Ausrichtung ermöglichen. Daher sollte es doch möglich sein, Angebot und Nachfrage an dieser Stelle zusammenzubringen. Noch mehr interessierte Landwirte und Landwirtinnen sollten als Direktvermarkter zusätzliche Angebote für Verbraucher und Verbraucherinnen schaffen, so wie das vielerorts schon bei den regelmäßigen Wochenmärkten der Fall ist. Und noch mehr Menschen sollten dort einkaufen können. Das wäre doch mal was! Think global, buy local.

Auch wenn ein Verbot, wie es die Grünen in der Betriebskantine mit dem Fleisch vorhatten, grundsätzlich ein charmantes Mittel scheint, etwas, das man selbst ablehnt, möglichst aus dem Leben aller zu verbannen, halte ich wenig von der generellen Verbotskultur. Dass die und der Einzelne ihren bzw. seinen Nahrungsmittelkonsum kritisch hinterfragt, sollte man jedoch erwarten. Damit es dann aber auch möglich ist, sich regional und nachhaltig zu einem erschwinglichen Preis mit Lebensmitteln zu versorgen, muss der Staat unterstützend eingreifen. Nicht mit einem temporären Verkaufsverbot für fleischhaltige Gerichte, sondern mit der Förderung lokaler Initiativen und der Stärkung der Landwirtschaft, die dies ermöglicht.

Ob mit veganer Freundin oder Fleisch essender Oma, ich habe es immer einfach gehalten: Es wird gegessen, was auf den Tisch kommt. Es ist den Grünen zu verdanken, dass ich trotz dieses Mottos differenzierter über das Thema nachdenke. Und so werden die Grünen in Zukunft den moralischen Kompass auch vieler Menschen beeinflussen, die nicht «grün» sind. Vielleicht sollten die Grünen mit Verboten aber lieber im Großen wirken, statt im Kleinen auf dem Teller des Einzelnen.

Und solange es so viel Schlechtes auf der Welt gibt, der Hähnchenmann mit seinem Bratmobil mit 160 km/h über die Autobahn heizt, braucht es möglicherweise auch ab und an Verbote. Meine Oma hat mir auch viel verboten, aber so wirklich böse bin ich ihr dafür im

Nachhinein nicht. Ähnlich geht es den meisten Menschen sicher auch mit den Grünen und der Atomkraft. Denn eigentlich hat man sie ja auch ein wenig gern. Also, die Oma jedenfalls ...

FACEBOOK, DATEN UND DIE POLITIK

Lieber Bijan, was macht Facebook denn so mit meinen Daten, und was hat das mit der Politik zu tun?

Die Frage danach, was mit unseren Daten besonders auf sozialen Netzwerken alles möglich ist, und welchen Einfluss das auf die Spitze der politischen Willensbildung, nämlich die Wahlen hat, ist für mich die Suche nach dem digitalen Chlorhühnchen.

Was meine ich mit Chlorhühnchen? In der Debatte um TTIP war es das Symbol für die diffuse Angst vieler Verbraucherinnen und Verbraucher, in den USA hergestellte und dort üblicherweise im Produktionsprozess mit Chlor desinfizierte Hühnchen auf dem deutschen Markt zu finden. Die Eingangsfrage könnte also auch lauten, wer hat Angst vorm Chlorhühnchen? Ob vom Chlorhuhn tatsächlich eine Gefahr ausging, war schlussendlich egal, aber die Menschen waren wach und auf der Straße.

OHNE DATEN GEHT NICHTS

Das war damals ein Weckruf, wie er vielen Menschen offensichtlich noch fehlt, wenn es um die Frage geht, wie einige Konzerne im Internet mit unseren Daten umgehen.

Die Digitalisierung überrollt Deutschland. Obwohl die Begriffe Digitalisierung und disruptiv in den letzten Jahren inflationär genutzt wurden, fehlt es nach wie vor an konkreten Projekten, wie die Digitalisierung umgesetzt werden kann. Auch mangelt es an einem Verständnis, wie die digitale Industrie unsere Gesellschaft als Ganzes prägen wird. Klar ist aber eines: Ohne unsere Daten findet im Internet gar nichts statt, denn sie sind der Treibstoff des Systems Digitalisierung. Dabei geht es nicht nur um die Daten der und des Einzelnen, sondern um die möglichst vieler, es geht um die ganz großen Datenmengen.

Betrachtet man den Bereich Big Data, wird schnell deutlich: Die Global Player sind keine deutschen Unternehmen. Die Betreiber globaler Plattformen, deren Datenbestände immer schneller wachsen und die ihre marktbeherrschende Stellung weiter festigen, stammen bis auf wenige Ausnahmen alle aus den USA. Allerdings entsteht in China durch eigene soziale Netzwerke und Netzsperren ein Intra-(china)net für seine Bevölkerung und schafft es auf diese Weise, das Land mehr oder weniger erfolgreich zu isolieren. Doch was im realen Leben als selbstverständlich erachtet wird, nämlich Freiheit als das höchste Gut, sollte auch im Netz gelten. Deshalb: Dear Mr. Xi Jinping, tear down that firewall! Solange das Netz abgeschottet und kontrolliert bleibt, dienen die in China erhobenen Daten eher zur Kontrolle der Bevölkerung, da sie ja nur einer Partei bzw. «dem Staat» zur Verfügung stehen. Das Sozialpunktekonto, das bis 2020 aufgebaut und mit Daten verschiedener Behörden aus dem Internet gespeist werden soll, dient dazu, das Verhalten aller Menschen im Land zu bewerten, und ist damit ein Kontrollinstrument. Es soll umfassend sein und Daten sowohl über Einkaufsgewohnheiten als auch über Zahlungsmoral und Sozialverhalten erheben, es wirkt wie ein Strafregister. Was Wahlen in China angeht, werden Daten für die Machterhaltung der Kommunistischen Partei eingesetzt.

DEUTSCHES PROBLEMBEWUSSTSEIN

Umfragen nach dem Wert, den Verbraucher und Verbraucherinnen ihren eigenen Daten beimessen, weichen in den USA, in China, Indien, Großbritannien und Deutschland je nach Art bzw. Kategorie, wie zum Beispiel Alter, Geschlecht, Wohnort, deutlich ab. Auch zeigte sich, dass in Deutschland Nutzerinnen und Nutzer ihren Daten im Mittel einen höheren Wert beimessen als anderswo.[58]

Auch der Anteil der Personen, die wegen Sicherheitsbedenken keine persönlichen Daten in Online-Netzwerke einstellen, ist in Deutschland vergleichsweise hoch. Einer Umfrage des IT-Branchenverbands BITKOM vom November 2017 zufolge hält nur jeder bzw. jede fünfte Deutsche seine bzw. ihre Daten im Internet für sicher. Im Jahr 2011 waren es noch doppelt so viele, das Vertrauen schwindet also.[59]

Eigentlich ist es also höchst verwunderlich, dass bisher die gesellschaftlichen Akteure und Akteurinnen den Stein noch nicht vollends ins Rollen gebracht haben und den Bürgerinnen und Bürgern in diesem Land den Wert ihrer Daten nicht in ganzem Umfang begreiflich machen, damit sie diesbezüglich den Umgang entsprechend anpassen. Denn das sollten sie. Auch in der Politik sind Daten mittlerweile wichtiger als je zuvor.

PSYCHOMETRISCHE DATEN AUS DEM INTERNET

Der Psychologe Michal Kosinski hat bereits Ende 2016 in seinem viel beachteten Artikel «Ich habe nur gezeigt, dass es die Bombe gibt» in der Schweizer Zeitschrift *Das Magazin* über eine von ihm an der University of Cambridge entwickelte Methode zur Auswertung von Nutzerdaten aus Facebook berichtet.[60] Seit 2012 existiert das von Kosinski entwickelte Modell, dass z.B. durchschnittlich nur 68 Facebook-Likes benötigt, um mit einer hohen Wahrscheinlichkeit von circa 85 Prozent sagen zu können, ob eine Person Demokrat*in oder Republikaner*in ist.

Diese Psychometrik erlaube es, noch gezielter bei einzelnen Gruppen Wahlwerbung zu schalten, um sie damit zu beeinflussen.

Im Kampf zwischen Donald Trump und Hillary Clinton um das Weiße Haus, in dem das Internet allgemein und Facebook im Speziellen zu einem der wichtigsten Schauplätze für den Wahlkampf wurde, hatte das Team um Trump bekanntlich Unterstützung der britischen Firma Cambridge Analytica.

Diese wertete unter anderem Nutzerdaten des sozialen Netzwerks basierend auf Kosinskis Methode aus. Jedoch kam es, wie anderthalb Jahre nach der Wahl Trumps erst bekannt wurde, bei der Auswertung dazu, dass nicht nur Menschen in die Analyse von Cambridge Analytica einbezogen wurden, die dazu ihre Einwilligung gegeben hatten, sondern auch von Nutzerinnen und Nutzern, die nichts von der Verwendung ihrer Daten wussten. Deren Daten wurden beispielsweise anhand von Informationen eines IQ-Tests oder einer Persönlichkeitstest-App ausgewertet. Obwohl dies gegen den US-amerikanischen Datenschutz und die AGB von Facebook verstößt, wurden darüber hinaus auch Informationen der Facebook-Freunde und -Freundinnen der Betroffenen mit ausgewertet. Es stellte sich heraus, dass die entsprechenden Apps bis 2014 nicht nur auf die Profile der Nutzer und Nutzerinnen, die sie installiert hatten, sondern sogar auf die von ihren Freundinnen und Freunden zugreifen konnten. Eine Zustimmung dafür wurde nicht eingeholt.

Die Daten-Affäre um Facebook und Cambridge Analytica war für einige vielleicht dieser Weckruf, unser Chlorhühnchen. Viele fühlten sich aber nur in ihren Vermutungen bestätigt, dass auch trotz AGB und Datenschutzgesetzen Nutzerdaten massenhaft und unerlaubt ausgewertet werden. Insgesamt geht es um über 50 Millionen Facebook-Nutzer und -Nutzerinnen. Durch solche Vorfälle wird bei vielen Menschen der Eindruck gefestigt, dass die eigenen Daten auf fremden Servern nicht sicher sind und die Nutzung der Daten der Willkür anderer unterliegen, damit ist man im Netz gewissermaßen nackt.

Dass der gläserne Mensch Wirklichkeit werden kann, ist aber auch auf einen gewissen Hang zum Daten-FKK zurückzuführen. Denn zumindest ein Teil der Daten, die von Apps wie IQ- und Persönlichkeitstests stammten, sind rechtmäßig zu Cambridge Analytica gelangt. Dies mag dem Umstand geschuldet sein, dass hinter den kleinen, oft einfachen und spielerischen Apps kein großer Konzern, sondern 17-jährige Nerds vermutet werden, die sich mit ihrem kleinen Programm via Facebook ein Taschengeld verdienen.

Facebook hatte sich nicht sorgfältig genug darum gekümmert, wie die App-Entwickler, die Zugriff auf diese Daten hatten, sie nutzten. Ja, ich habe die AGB gelesen ... Das war's, mehr mussten die gar nicht so kleinen Nerds nicht tun, um die Daten verwenden zu dürfen. Kontrolle, ob die AGB eingehalten wurden – Fehlanzeige!

Wie ein Insider dazu im *Handelsblatt* zitiert wurde: «Unter Entwicklern war bekannt, dass man auf umfangreiche Informationen zugreifen kann.»[61]

Lang galten Spiele-Apps höchstens als Zeitverschwendung. Aber mittlerweile könnte man sagen: Falsch gedacht! Also Vorsicht!

Gleich direkt nach der Wahl von Donald Trump sind in den USA die Unsicherheit und das Misstrauen bezüglich einer staatlichen Kontrolle gewachsen. Bedingt durch den Wahlausgang und die anschließende Debatte über «alternative Fakten», die an den Neu-

sprech aus George Orwells Dystopie *1984* über einen totalitären Über-
wachungsstaat erinnert, schnellte der 1949 erschienene Roman für
einige Wochen in die Buch-Verkaufscharts von Amazon.

KÖNNEN WIR DEM STAAT VERTRAUEN?

Doch am Ende war es nicht der Staat, sondern ein privates Unternehmen, das mit Daten einen wesentlichen Teil zu Trumps Wahlsieg
beitrug. Auch wenn dies nur durch illegale Machenschaften zustande
kam, ist die Debatte über die Verwendung von Daten aus dem Internet
notwendig.

Das Wissen um die Möglichkeit, dass dies offensichtlich mit allen
Daten geschieht, egal ob ich dazu eingewilligt habe oder nicht, macht
es so schlimm.

Können wir uns trauen, dem Staat zu vertrauen? Auch ich tue das
nicht uneingeschränkt. Als die SPD sich in der Großen Koalition im
Jahr 2015 entscheiden musste, ob sie die Vorratsdatenspeicherung
einführen will, stimmte ich als einer von 88 Delegierten dagegen.
Mein Motiv war aber nicht das Misstrauen gegen den Staat, sondern
weil ich gegen das anlasslose Speichern von Daten bin, zum Beispiel
wenn es um die Daten einer Spiele-App geht. Aber solange wir es
selbst in der Hand haben, uns gegen die Speicherung unserer Daten
zu entscheiden, bzw. solche Spiele nicht zu spielen oder der Daten-
speicherung zu widersprechen, hilft uns Misstrauen gegen den Staat
auch nicht weiter.

Der Staat, im konkreten Fall unsere Regierung in Berlin, aber
auch die Politik auf europäischer Ebene braucht unser Vertrauen
und unseren Auftrag. Die Regierung ist es, die die Konsequenzen aus
den Wahlmanipulationen in den USA ziehen und dafür sorgen muss,

dass Datenschutzbestimmungen eingehalten werden. Um sich gegen Facebook und Co. durchzusetzen, braucht es zudem einen starken Staat, der ausreichende Verhandlungsmacht besitzt und handlungsfähig ist. Es wird sich zeigen, wie stark wir Europäer und Europäerinnen sind. Den Deutschlandchef von Facebook einmal ins Justizministerium einbestellen und ausschimpfen wird da nicht genügen. Genauso wenig, wie es mit einer Entschuldigung von Facebook-Gründer Mark Zuckerberg getan ist.

Viel zu lange wurde über Marktmacht bei Plattformen gesprochen. Das Problem bei den Monopolisten im digitalen Geschäft ist aber oft, dass gerade soziale Netzwerke nur dann sinnvoll sind, wenn sie von möglichst vielen Menschen genutzt werden. Ein echter Wettbewerb wird hier kaum zu erzeugen sein. Daher braucht es andere Instrumente der Regulierung, die bei der wahren Ursache ansetzen. Denn nicht der fehlende Wettbewerb bei sozialen Netzwerken ist problematisch, sondern die aus der Datenanalyse und dem Datenhandel erwachsenden Möglichkeiten der Einflussnahme auf die «echte» Welt außerhalb des Netzes.

SERVER TEILEN UND VERKNÜPFEN VERBIETEN!

Die Wahlbeeinflussung durch Cambridge Analytica ist mit Sicherheit kein Einzelfall, sondern nur die Spitze des Eisberges. Die Menge an weitergegebenen Daten von über 20 Prozent der Wahlberechtigten in den USA ist groß und das damit in Zusammenhang stehende Ereignis noch größer. Das vielleicht größte politische Ereignis auf der Welt, die Wahl des Präsidenten der USA, wurde beeinflusst. Daher müssen jetzt auch große Konsequenzen, auch bei uns, folgen.

INTRANSPARENZ UND DESINFORMATION
VIA SOCIAL MEDIA

Wie der britische *Observer* durch einen Informanten aufdeckte, haben bei der Brexit-Kampagne die Befürworter und Befürworterinnen des Ausstiegs aus Europa mit Cambridge Analytica zusammengearbeitet. Dabei wurde sogar vermutlich mehr Geld für die Kampagne ausgegeben, als nach britischen Wahlkampfgesetzen erlaubt ist. Sollte sich herausstellen, dass auch ein zweites historisches Ereignis wie der Brexit womöglich durch unsaubere Methoden zustande gekommen ist, müssen wir dieses Thema in der Politik vorrangig angehen. Diese Form von Beeinflussung gefährdet unsere Demokratie grundsätzlich. Die Methoden der Manipulation sind intransparent, ihr Ziel ist nicht Wahlwerbung, sondern Desinformation. Statt zu informieren, wird in sozialen Medien manipuliert.

Auffällig ist, wer diese Strategien und Instrumente hauptsächlich nutzt: Rechtspopulisten und -populistinnen. Und das macht es noch viel schlimmer. Negative politische Führung ist das eine, bekommt sie aber mächtige Waffen wie Online-Propaganda in die Hände, wird sich unsere Welt zum Schlechteren verändern. Daher sollten wir diese Bedrohung für die Demokratie und unser politisches System ernstnehmen. Die Farce des Wahlsiegs von Donald Trump fiel mir gleich am Tag nach der Wahl auf. Wie Marx schon sagte: «Die geschichtlichen Tragödien wiederholen sich nicht oder höchstens als Farce.»[62]

Also ist eine Debatte nötig; nehmen wir den Cambridge-Analytica-Skandal als unser Chlorhühnchen der Digitalisierung, dann ist es höchste Zeit, eine Ethik der Digitalisierung zu entwickeln. Die Ursache für so viele unserer Probleme liegt darin, dass es keine Debatte mehr über das Wie und das Ob gibt. Es regiert die normative

Kraft des Faktischen, wie der Jurist Georg Jellinek es im letzten Jahrhundert bezeichnete.[63]

Daher: Auf geht's! Wir müssen jetzt über morgen sprechen, bevor es gestern wird! Cambridge Analytica selbst wird dies wohl nicht mehr betreffen, denn das Unternehmen ging einige Wochen nach dem Daten-Skandal pleite. Aber sicherer werden unsere Daten dadurch nicht.

SCHNELLES INTERNET FÜR ALLE

Lieber Bijan, ich bin zum YouTube-Star geboren, aber warum ist das Internet in meinem Dorf so langsam?

Jaja, «das Internet ist für uns alle Neuland», ließ Bundeskanzlerin Angela Merkel im Juni 2013 auf einer Pressekonferenz mit dem damaligen US-Präsidenten Barack Obama verlauten. (Diese Rede findet man übrigens auch auf YouTube – wenn das Video denn lädt.) Aber so wirklich unrecht hat die Kanzlerin nicht, wenn sie das World Wide Web als Neuland bezeichnet, denn im europäischen Vergleich liegt Deutschland laut einer Untersuchung der Europäischen Kommission bei der Breitbandversorgung (>30 Mbit/s) auf einem schlechten Platz 18 der aktuell 28 EU-Mitgliedstaaten.[64] Noch dazu weiß jeder Mensch, der sich in den unendlichen Weiten des Neulands ein bisschen auskennt, dass man mit 30 Mbit/s kaum das tun kann, was in einem durchschnittlichen Haushalt gleichzeitig im Netz passiert: Etwa zocken, während das (in Deutschland statistische halbe) Geschwisterlein Serien streamt und die Eltern online den nächsten Urlaub buchen. Der Urlaub fällt dann flach und der Stream hakt. Wenigstens bleiben ein paar virtuelle Leben erhalten, da man unter diesen Voraussetzungen im Online-Modus des neuesten Ego-Shooters ohnehin nichts trifft. Denn die Verbindung ist nicht nur langsam im Download, sondern hinkt auch in Bezug auf andere

Qualitätsparameter wie Uploadgeschwindigkeit und Latenz hinterher. Ergo ist das Internet für viele Neuland. Aber nicht aus dem Grund, weil sie es nicht verstehen wollen oder können, sondern weil nach wie vor aufgrund mangelnder Verfügbarkeit nicht alle Anwendungen zur Verfügung stehen.

Dem Rest, der das Neuland erkunden könnte und es nicht tut, ist nicht zu helfen. Wer nicht kann, will es ja häufig auch gar nicht versuchen. Meine eigene Oma ist zum Beispiel so jemand. Oma Hiltrud ist eine sehr nette Frau, aber mit Ende siebzig zeigt sie keinerlei Interesse am Internet. Immerhin hat sie einen kleinen technischen Quantensprung hinter sich, als sie vergangenes Jahr von einem VHS-Videorecorder (für die Jüngeren: ja, das waren die mit den riesigen Kassetten) auf einen Festplatten-Recorder umgestiegen ist. Aber darüber hinaus will sie keine weitere Hilfe zum Einstieg in das digitale Zeitalter und schon gar nicht in ein Neuland.

Denen, die wollen, sollte geholfen werden. Daher beschloss die Bundesregierung bereits im Jahr 2014, dass Ende 2018 allen Haushalten in Deutschland mindestens 50 Mbit/s im Download zur Verfügung stehen sollen, um die Karrieren als Youtube-Star zu fördern. Auch hier gibt es allerdings digitalere Omas als meine. Beim Webvideo-Preis 2017 gewann beispielsweise eine 85-Jährige, die sich selbst Marmeladenoma nennt.[65] Sie betreibt gemeinsam mit ihrem Enkel einen YouTube-Kanal und erfreut jeden Samstag mit ihren Märchen mehrere hunderttausend Menschen. Dieses Beispiel zeigt, dass bei allen Altersgruppen der Bedarf an höheren Bandbreiten wächst und von der Kita bis zum Altersheim Breitbandanschlüsse nötig sind.

Das Ziel ist also klar. Aber wieso tut man sich damit in einem Land wie unserem so schwer? Um zu verstehen, wo das Problem herkommt, müssen wir eine kleine Zeitreise machen, und zwar in das Jahr 1994. Als ich noch im Kindergarten war, hatte jeder und jede Deutsche einen gesetzlichen Anspruch auf einen Telefonanschluss von der Deutschen Bundespost, dem staatseigenen Unternehmen. Schlaue Politiker kamen dann, weil das gerade dem Zeitgeist entsprach und sie sich davon einen Mehrwert erhofften, auf die Idee, den Telekommunikationsmarkt zu liberalisieren.

Die Frage, ob ein natürliches Monopol wie ein Telefonnetz aus Kupfer im Besitz eines privaten Unternehmens sehr viel effizienter am Markt funktioniert als in staatlicher Hand, lassen wir an dieser Stelle zunächst offen.

Mit der Privatisierung der Bundespost entstand unter anderem die Deutsche Telekom AG. Was jedoch übrigblieb von der guten alten Post, waren viele Mitarbeiter und Mitarbeiterinnen. Sie stammten oftmals noch aus der Zeit als Bundesbehörde und waren auf Lebenszeit verbeamtet. Es ist also kein Wunder, dass nach der Privatisierung der Bundespost keine große Innovationswelle aus Bonn, dem Hauptsitz der Telekom, über ganz Deutschland schwappte. Weil der Telekom immer noch das Telefonnetz aus Kupfer gehörte und sie somit nun ein privater Monopolist war, wurden Gesetze erlassen, um die Spielregeln in dem neuen Telekommunikationsmarkt festzulegen. Um diese Regeln zu überwachen, wurde eine Regulierungsbehörde für Telekommunikation und Post, die Bundesnetzagentur, gegründet.

Die Anteile an der Telekom wurden in Form von Aktien verkauft, wobei etwa 30 Prozent der Anteile allerdings in Staatsbesitz blieben.

Die sogenannte T-Aktie wurde bei ihrem Börsengang 1996 zur Volksaktie stilisiert und ging weg wie Katzenvideos auf YouTube. Nach kurzem Höhenflug folgten hohe Verluste. Viele deutsche Investoren und Investorinnen hatten weder ein schnelles Internet noch große Gewinne aus ihren T-Aktien.

Zwanzig Jahre später hat sich allerdings durch Marktentwicklungen einiges getan. Wettbewerber der Telekom haben eigene Netze aufgebaut und nutzen vielerorts nur noch die «letzte Meile» vom grauen Kasten an der Straße, von dem die alten Kupferkabel in die Häuser führen. Diese Nutzung kostet den Wettbewerber der Telekom aktuell etwa 10 Euro pro Leitung und Monat. Der Fortschritt schwingt schon im Namen dieses gemieteten Objektes mit, die Teilnehmeranschlussleitung (TAL): Klingt rückständig, ist es auch. Mittlerweile bringen die Kabelnetzbetreiber zusätzlich zu ihren miesen Fernsehprogrammen auch Internet über die eigenen alten Kabel zum Verbraucher und zur Verbraucherin. Zumindest in den Städten gibt es also eine Konkurrenz auf der letzten Meile. Denkt man aber an die Netze der Zukunft, gleicht dieser Wettkampf den Paralympischen Spielen. Es gibt zwar ein Wettrennen, aber woanders geht es schneller zu. Die leistungsfähigeren und schnelleren Netze bestehen aus Glasfasern. Man kann sich die Daten wie kleine Pakete vorstellen, die das Kupferkabel wie eine Art Widerstand überwinden müssen und dadurch gebremst werden, während dieser Vorgang durch Glasfaserkabel, einen sogenannten Lichtwellenleiter, zumindest theoretisch in Lichtgeschwindigkeit geschehen kann.

Diese Netze existieren bereits und fungieren als das Rückgrat – oft mit dem englischen Begriff Backbone bezeichnet – für das Internet weltweit. Von Amerika durch den Atlantik nach Europa führt dieses Netz zu einem internationalen Internet-Knotenpunkt, dem DE-CIX in Frankfurt, und verteilt sich dann weiter über ganz Deutschland. In den meisten Regionen endet es im grauen Kasten an der Straßenecke. Vom Bordstein bis in die Häuser und Wohnungen jedoch bleibt den alten Kupfer- und Fernsehkabeln meist diese letzte Meile vorbehalten. Nur in einigen Großstädten gibt es bereits flächendeckende Glasfasernetze, die bis ins Haus führen.

Im ländlichen Raum hingegen existiert fast kein Wettbewerb zwischen diesen Technologien. Oftmals bietet das alte Kupfernetz auch über die letzte Meile hinaus die einzige Möglichkeit, ins Internet zu gelangen.

Um aus diesem Kupfernetz noch etwas mehr rauszuholen, existiert seit einer Weile eine besondere Technik. Mit dem «Vectoring» lässt sich die zu übertragende Bandbreite steigern. Damit dies funktioniert, ist es notwendig, dass ein Anbieter alleine alle in einem Kupferleitungsbündel enthaltenen Adern betreibt. Es handelt sich um eine Art Monopol im Kabelverzweiger. Statt eine TAL zu mieten, bleibt der Konkurrenz nur noch die Möglichkeit, ein teureres, nicht physisch entbündeltes Ersatzprodukt zu mieten, das eine schlechtere, weil nur eingeschränkter nutzbare Leitung bereitstellt.

Aus betriebswirtschaftlichen Gesichtspunkten ist das sicher verständlich, gesamtgesellschaftlich ist das möglichst lange Auspressen der letzten Pfennige aus den bereits abgeschriebenen Kupferadern der Telekom nicht erstrebenswert. Natürlich musste der Einsatz dieser Technik von der Bundesnetzagentur genehmigt werden, vor allem, weil damit ein Vorleistungsprodukt für Konkurrenten der Telekom wegfällt, der Wettbewerb also eingeschränkt wird. Es besteht also offensichtlich ein Dilemma: Aufgrund der Eigentumsanteile des Staates an der Telekom und der damit verbundenen Dividendenzahlungen muss der Bund zwischen kurzfristigen Gewinnen und dem langfristigen Ziel des flächendeckenden Glasfaserausbaus abwägen. Diese Situation führt dazu, dass der Ausbau von Infrastruktur in einigen Gebieten noch langsamer voranschreitet – als das ohnehin schon der Fall ist. Auf Nachfrage bei den Telekommunikationsunternehmen, ob in ländlichen Gegenden ein weiterer Ausbau innerhalb der nächsten Jahre erfolge, ist die Antwort ein klares Nein. Was tun wir also, wenn der Markt derart versagt? Da es sich beim Internet mittlerweile zweifelsohne um etwas Lebensnotwendiges wie Wasser und Strom handelt, springt der Staat zur Vorsorge für seine Bürgerinnen und Bürger mit Steuergeldern ein. Dörfer im digitalen Niemandsland, aber auch der ein oder andere Außenbezirk einer größeren Stadt konnten in diesem Fall in den letzten Jahren Fördergeld beantragen, das vom Bundesministerium für Verkehr und Infrastruktur (BMVI) bereitgestellt wurde. Auch fast jedes Bundesland hat weitere Mittel bereitgestellt, um den Breitbandausbau in strukturschwachen Regionen voranzubringen. Geld war und ist also genug da.

Das Antragsverfahren für Förderung dauert sehr lange, ist komplex, und gerade kleinere Kommunen sind damit überfordert. Breitbandausbau, ist das wirklich deren Aufgabe? Eines ist aber klar, das nächste Förderprogramm kommt so sicher wie das Amen in der Kirche. Denn es ist deutlich geworden, dass der Bedarf nach immer schnelleren Anschlüssen auch im ländlichen Raum stetig zunimmt. Sobald die Bundesregierung also ihr Ziel erreicht hat, das Breitband zu etablieren, wird es an diesem Tag X bereits die Bedürfnisse vieler Menschen nicht decken.

Ich bin auch einer davon. Im Haus meiner Oma, die zwar, wie bereits erwähnt, das Internet nicht nutzt, leben ja auch noch andere Menschen. Ein Teil meiner Familie zum Beispiel: Onkel, Tante, zwei Cousins, und am Wochenende komme ich noch oft als Besuch dazu. In Oma Hiltruds Haus existieren vier Smartphones, drei Fernseher und zwei Tablets. Seit kurzem gibt es auch einen 50 Mbit/s-Anschluss, der gerade so ausreicht, damit mein Onkel auf seinen neuen 4K-Fernseher streamen kann. Dass das überhaupt möglich ist, hat meine liebe Sippe auch mir zu verdanken.

Als Gemeindevertreter in Roßdorf haben wir 2013 im Kommunalparlament beschlossen, Mitglied des Zweckverbandes *NGA-Netz* des Landkreises Darmstadt-Dieburg zu werden. Laut seiner Entscheidung von 2014 sollte der Breitbandausbau in 19 der Kreiskommunen mit rund 2 Millionen Euro gefördert werden. Es war vor allem den jungen Menschen in den Kommunalparlamenten zu verdanken, die sich für diesen Zweck starkgemacht hatten, und dafür dass diese nicht eben kleine Summe zur Verfügung gestellt wurde.

Eine einfache Möglichkeit, selbst bei diesem Thema etwas zu erreichen, ist es, euren Bürgermeister oder eure Bürgermeisterin vor Ort zu fragen, ob Fördergelder im letzten Bundesprogramm beantragt wurden, und falls das nicht der Fall sein sollte, die Gründe zu erfragen.

An einer Förderung des Ausbaus auch in wirtschaftlich unrentablen, zumeist ländlichen Gebieten wird keine Bundesregierung herumkommen. Die Verhandlungen sollten allerdings Personen übernehmen, die sich mit der Materie auskennen, sowie auf einer Ebene erfolgen, die planungstechnisch Sinn macht und deren Verwaltung stark genug ist, auch mit den großen Telekommunikationsunternehmen zu verhandeln – zum Beispiel die Landesebene. Generell sollten Steuergelder zur Förderung von Zukunftstechnologien wie Glasfaser stärker eingesetzt werden, um Nachhaltigkeit zu sichern.

KRIEG IM NETZ

Lieber Bijan, können Hacker wirklich Wahlen manipulieren, und bedeuten regelmäßige Angriffe, dass im Netz Krieg herrscht?

Erst kürzlich hat die Bundeswehr ein Cyber-Abwehr-Zentrum eingerichtet. Das ist wohl die weitestgehende Neuerung in diesem Laden seit der Abschaffung der Gesangbücher mit Wehrmachtsliedern darin. Vor allem aber sagt es viel über die Herausforderungen aus, die durch Cyber-Terrorismus und neue Formen der digitalen Kriegsführung aufgekommen sind.

ANGRIFFE AUF DIE FREIHEIT DURCHS INTERNET

Das Internet ist jetzt knapp 30 Jahre alt und aus dem täglichen Leben nicht mehr wegzudenken. Viele aus meinem Bekanntenkreis sind sogenannte Digital Natives und nicht wesentlich älter als das Medium, das heute unseren Alltag so wesentlich prägt. Die Digitalisierung vernetzt Menschen untereinander, sie vernetzt Maschinen und sorgt damit quasi für eine Symbiose beider Seiten. Ich bin vernetzt, also bin ich. Neben der Nutzung zu Unterhaltungszwecken barg das Internet auch immer das Versprechen, allen Zugang zu Informationen zu erlauben und freie Meinungsäußerung zu ermöglichen sowie die

Gesellschaft im Brandt'schen Sinne friedlicher und freier zu machen. Das Netz: Frei von Unterdrückung bietet es gleichberechtigten Zugang zu Wissen, Informationen und aktuellen Nachrichten.

Doch bei genauerem Hinsehen ist dieser Bereich unseres Lebens genauso wenig friedlich, wie es unser reales Offline-Leben ist. Terrorismus, Krieg und Unterdrückung sind längst im Netz angekommen. Das Internet gleicht einem Schlachtfeld, wenn online Staaten, Unternehmen, Terroristen und Hacker um Kontrolle ringen. Hier sind weder Tote noch Geflüchtete zu beklagen – zum Glück.

> Wo es Krieg gibt, muss es auch Frieden geben können. Doch was ist Frieden? Was brauchen wir, um in Frieden leben zu können? Und leben wir überhaupt in Frieden?
>
> Willy Brandt hat einmal gesagt: «Friede ist nicht nur Abwesenheit von Krieg und Gewalt.»[66] Eine Bedingung für Frieden war für ihn immer das «Freisein von Unterdrückung, von Hunger, von Unwissenheit».[67]
>
> Zum Begriff des Krieges möchte ich eine ältere Definition bemühen. Carl von Clausewitz hat in seinem 1832 erschienenen *Vom Kriege* Krieg definiert: Ihm zufolge ist der Krieg «ein Akt der Gewalt, um den Gegner zur Erfüllung unseres Willens zu zwingen».[68]

Doch wie lassen sich diese Begriffe auf die heutige Zeit übertragen? Was bedeuten Krieg und Frieden im digitalen Zeitalter, und welchen Einfluss hat ihre Bedeutung auf die Demokratie, insbesondere auf die politische Sternstunde der Demokratie: Wahlen?

Sowohl Hillary Clinton als auch Emmanuel Macron sind im Verlauf ihres Wahlkampfes Opfer von Leaks, von nicht autorisierten

Veröffentlichungen von Informationen, geworden. Es waren also Hacker am Werk, die beiden schaden wollten. Darüber hinaus wurden in beiden Wahlkämpfen Social Bots, automatische Antwortgeneratoren und menschliche Trolle, Provokateure im Internet, eingesetzt, um in sozialen Netzwerken die Stimmung zu manipulieren.

Nach wie vor kann man zwar nicht mit Sicherheit sagen, dass diese Bots tatsächlich einen Einfluss auf den Wahlausgang hatten, aber sicher ist, dass sie eingesetzt wurden.

Bots können darüber hinaus zum Social Engineering eingesetzt werden, um beispielsweise an vertrauliche Informationen zu kommen oder Meinungen zu beeinflussen. Darin besteht die zweite große Sicherheitslücke neben der Soft- bzw. Hardware, nämlich den Menschen. Hacker nutzen Programme dazu, um sich Zugriff auf fremde Systeme zu verschaffen.

Manchmal klingt es komisch, wenn ältere Politiker und Politikerinnen von Hackern sprechen – es klingt dann, als würden sie eine bayerische Biermarke auf dem Oktoberfest meinen. Allerdings ist es wichtig, dass selbst diese Kreise schon auf das Thema aufmerksam geworden sind. Angriffe auf Staaten und deren (politische) Stabilität häufen sich, und oft sind die Täter oder Täterinnen nicht klar identifizierbar. In Bezug auf die letzten Wahlen in Frankreich und den USA deutet vieles auf russische Hackergruppen hin, die Hintermänner und Motive bleiben jedoch unklar und bieten daher Raum für Spekulationen.

Allerdings gibt es bisher nur eine begrenzte Anzahl Beispiele von Einflussnahmen durch Social Bots, auf die sowohl in der Presse als auch in wissenschaftlichen Artikeln immer wieder Bezug genommen wird. In erster Linie werden Bots auf Twitter und seltener auf Facebook eingesetzt. Das Ausmaß der tatsächlichen Einflussnahme lässt sich allerdings nicht eindeutig belegen. Social Bots können wahrscheinlich aber nur unter bestimmten Voraussetzungen die Ergebnisse politischer Entscheidungsprozesse beeinflussen. Das könnte beispielsweise ein Kopf-an-Kopf-Rennen bei einer Wahl sein, doch solche Ereignisse können Bots selbst nicht verursachen, sondern lediglich verstärken. In einer Gesellschaft, die ohnehin immer weiter auseinanderzuklaffen scheint, in der sich Fronten verhärten und der Ton rauer wird, erweisen sie sich aber als passende Waffe.

Bei der Wahl von Emmanuel Macron könnte man vermuten, dass gezielt versucht worden ist, Monsieur le Président zu schaden und Marine Le Pen vom rechtsextremen Front National zu stärken.

Besonders aber bei der Wahl von Donald Trump waren die Umstände günstig. Aufgrund der amerikanischen Sanktionen gegen Russland, die im März 2018 – also über ein Jahr nach der Wahl – erlassen wurden, konnte man jedenfalls den Eindruck bekommen, dass die US-Regierung eine Einmischung russischer Kräfte bei der Präsidentenwahl für belegt hält. Wenn dem so wäre, lässt sich jedenfalls nicht mit Sicherheit ausschließen, dass dies Stimmen in eine Richtung verschoben hat.

Cambridge Analytica + russische Unterstützung = Wahlsieg? Das könnte ein Grund für den Giftangriff auf den russischen Ex-Agenten Sergej Skripal sein. War er die Verbindung zwischen Trumps Beratern, der britischen Firma und den Russen?

Nein, natürlich nicht, das ist frei erfunden und völliger Blödsinn, aber für eine kleine Sekunde könnte man es fast glauben. Jetzt braucht man nur noch eine Homepage mit halbseriöser URL anlegen, und fertig sind die Fake News.

Auch wenn der Einfluss von Hackern und Bots nicht abschließend geklärt werden konnte und in Europa das Trump-Erlebnis – also die Wahl eines Rechtspopulisten zum Staatsoberhaupt entgegen allen Erwartungen – ausblieb, können sie zu einer Veränderung der politischen Debattenkultur im Internet beitragen. Auf diese Weise und durch die Verbreitung von Fake News kommt es zu gezielter Desinformation und damit zu einer Vergiftung des Klimas im öffentlichen Diskurs. Bots und Fake News bergen zumindest das Potenzial, das Vertrauen in die Demokratie und die Medien zu unterlaufen. Noch dazu verbreiten sich falsche Nachrichten laut ersten Studien etwa um 80 Prozent schneller als normale Nachrichten.[69] Stellen sie also eine Gefahr für den Frieden im Netz dar?

Die technischen Möglichkeiten, um solche Social Bots zu enttarnen, stehen bisher ganz am Anfang, und ihre Entwicklung hinkt der rasanten Evolution von Bots hinterher.

GEFAHR AUS DEM NETZ

Über den Versuch der Beeinflussung von Wahlen oder der politischen Stimmung durch Fake News und Bots in sozialen Netzwerken hinaus, können Staaten und ihre Bevölkerung auch über das Internet direkt angegriffen werden. So können andere Staaten oder Terroristen und Terroristinnen z. B. kritische Infrastrukturen wie die Strom- oder Wasserversorgung zur Zielscheibe machen. Häufig richten sich die Angriffe auf die Gewinnung von vertraulichen Daten. Auch der Deutsche Bundestag wurde im Jahr 2015 zum Ziel von Hackern. Zwar kam dabei niemand zu Schaden, jedoch ist nicht sicher, welche Daten dabei entwendet worden sind, und es dauerte eine Zeit, bis die eingeschleuste Schadsoftware entdeckt wurde. Bis zu einem Jahr soll die vermutlich russische Gruppe APT28 in den Netzwerken des Bundestages ihr Unwesen getrieben haben. Und erst kürzlich wurde ich auch in meinem Job durch das zuständige Referat vor Phishing-Mails aus China gewarnt, die versuchten, Zugang auf die Server der Landesregierung zu bekommen.

Eine große Gefahr droht aber auch durch erfolgreiche Angriffe, von denen bisher noch niemand etwas ahnt, weil sie noch gar nicht bemerkt worden sind. Die Wasserversorgung in einer Großstadt könnte bereits mit einem Virus infiziert sein und bei Bedarf aus der Ferne lahmgelegt werden.

Das wohl bekannteste Beispiel für einen Hackerangriff dürfte der erfolgreiche Stuxnet-Angriff der USA und Israels auf den Iran im Jahre 2009 gewesen sein. Hierbei wurde gezielt die Rotationsgeschwindigkeit von Zentrifugen zur Uranreicherung so verändert, dass diese beschädigt und somit unbrauchbar wurden. Ich hätte gerne die Gesichter der Verantwortlichen gesehen, als ihnen ihre Ingenieure mitteilten, dass ihre Zentrifugen durchdrehen und keiner genau weiß warum.

Wenig später nutzte der israelische Geheimdienst Mossad auch konventionelle Methoden, um das iranische Atomprogramm zu sabotieren. Agenten und Agentinnen loszuschicken, um Wissenschaftlerinnen und Wissenschaftler zu liquidieren, ist und bleibt einfach der Klassiker.

Woher die Angriffe – ob digital oder konventionell – kommen, kann oft nicht mit absoluter Sicherheit gesagt werden. Eins ist aber klar: Digitale Kriegführung unterstützt mittlerweile massiv die konventionellen Methoden – Ausgang ungewiss.

Aber auch im zivilen Bereich richten Hacks und Viren immensen Schaden an, allein im Jahr 2017 betrug der Verlust schätzungsweise 500 Milliarden Dollar weltweit.[70] Gemessen am BIP lag der Schaden in Deutschland bei circa knapp 60 Milliarden Euro (1,5 Prozent des BIP) und war im Vergleich zu den Vorjahren besonders hoch.[71]

Doch was ist nun zu tun gegen den Krieg im Netz, Bots, Fake News, Hacks und Viren? Solange die mögliche Beeinflussung durch Social Bots nicht klar erforscht ist, erscheint deren Regulierung vorschnell und reiner Aktionismus, ganz zu schweigen davon, dass Einschränkungen in der Praxis kaum umsetzbar wären. Darüber hinaus wäre eine Kennzeichnungspflicht für Social Bots nicht zielführend. Es ist auf Facebook eigentlich Pflicht, sich mit Klarnamen anzumelden, doch auch in meiner Freundesliste befindet sich der eine oder die andere, der sich bewusst und wahrscheinlich auch zu Recht hinter einem Alias verbirgt. Gibt es eine Überprüfung oder hat dieses Vorgehen sogar Folgen? Meistens Fehlanzeige. Nur wer einmal seinen echten Namen angegeben hat, ist gekniffen: Bei einer Namensänderung erwartet Facebook nämlich die Vorlage eines Personalausweises. Dieses Vorgehen verstößt gegen deutsches Recht, bleibt aber ungeahndet.

DIGITALE BILDUNG

Davon abgesehen muss die digitale Bildung aller gesellschaftlichen Altersgruppen verbessert werden. Schon in der Schule müssen Kompetenzen für die Nutzung digitaler Medien vermittelt werden, da heutzutage schon die Grundschülerinnen und -schüler mit Smartphones und eigenem YouTube-Kanal ausgestattet sind und ihre Informationen zum Großteil aus dem Netz beziehen. Dies kann jedoch nicht durch das wahllose Verteilen von Tablets geschehen, sondern durch die Vermittlung eines Verständnisses für grundlegende technische Zusammenhänge. Dies betrifft sowohl Hard- als auch Software.

Zudem müssen Schülerinnen und Schüler sowie die Öffentlichkeit im Allgemeinen lernen, wie man Fake News erkennt. In den Schulen sollte das Fach Medienkunde existieren, in dem Strategien gelehrt werden, wie man sich im Internet kompetent und kritisch informiert und echte von falschen Nachrichten unterscheidet.

Was die direkten Cyber-Angriffe angeht, bleibt abzuwarten, was das kürzlich eingerichtete Cyber-Abwehr-Zentrum der Bundeswehr zu leisten imstande sein wird. Zuletzt war von Problemen bei der Rekrutierung von qualifiziertem Personal die Rede. Neben den Differenzen bezüglich der «Corporate Culture» zwischen Programmierern und der Bundeswehr dürfte zudem die in Deutschland im Vergleich zu den USA eher staatskritische und bürgerrechtlich engagierte Hackerszene ein Grund dafür sein. Aber auch das für den zivilen Bereich zuständige Bundesamt für Sicherheit in der Informationstechnik (BSI) klingt vom Namen her schon so, wie ich den Beamtenapparat oben beschrieben habe.

Gleichgültig, ob es die zivile oder militärische Sicherheit angeht, müssen Kräfte zur Entdeckung und Abwehr von Hackerangriffen aufgebaut werden. Es stellt sich jedoch die weit spannendere Frage, ob wir darüber hinaus das Arsenal der Bundeswehr auch um die Fähigkeit erweitern wollen, einen Cyber-Angriff auszuführen. Ich bin gespannt auf die mögliche Debatte über Cyber-Angriffskriege von deutschem Boden.

DIGITALISIERUNG ALS CHANCE

Lieber Bijan, viele Menschen haben Angst vor der Digitalisierung, aber wie können wir sie zu einer Chance für die Gesellschaft machen?

Digital first, Bedenken second», lautete ein Slogan der FDP im vergangenen Bundestagswahlkampf. Im ersten Moment könnte man meinen, dies sei ein gelungenes Statement. Auch läge es nahe zu vermuten, dass jemand wie ich, der seinem Beitrag zur Digitalisierung eher den Titel «Die Angst verliert – Digitalisierung zur Chance für die Gesellschaft machen» geben würde, diese Aussage so unterschreiben würde. Doch weit gefehlt, denn so einfach ist es eben nicht. Wie auch bei der Debatte über den Brexit, kann die Digitalisierung, wenn sie nämlich nicht politisch gestaltet wird, zum Bumerang werden, der zurückkommt und die Gesellschaft spaltet. Die Digitalisierung ist ein komplexer gesamtgesellschaftlicher Vorgang, der zwar auch ohne unser Zutun vonstattengeht, aber von der Politik aktiv gesteuert werden muss, damit er erfolgreich ist und zu einer Chance für die Gesellschaft werden kann.

Zunächst werden für die Digitalisierung infrastrukturelle Grundlagen benötigt. Wir brauchen also schnelles Internet überall. Aber wir brauchen auch neue persönliche und gesellschaftliche Kompetenzen in vielen Lebensbereichen, auch im Umgang mit dem Internet. Vieles, was die Digitalisierung berührt, reicht bis in die Privatsphäre. Ein Fitnessarmband oder eine Verhütungs-App haben wahrscheinlich mehr Informationen über uns als die meisten Kolleginnen und Kollegen, die wir täglich am Arbeitsplatz sehen. Und auch der Arbeitsalltag wandelt sich. Abends wird um 21 Uhr noch eine Mail mit dem Blackberry verschickt – ja, die gibt es noch –, und durch Videokonferenzen kommen Meetings ins heimische Office-Wohnzimmer. Vorteil dabei ist, dass man die Jogginghose anlassen kann und nur ein Hemd anziehen muss, wenn die Kamera richtig eingestellt ist. Fitness-Tracker, Verhütungs-App und Videokonferenzen – diese Hilfsmittel erlauben uns, nicht mehr mühsam den täglichen Kalorienbedarf schätzen zu müssen, und schenken der Damenwelt eine neue Form der relativ sicheren hormonfreien Verhütung – viele Vorteile also.

Diese Möglichkeiten der Digitalisierung betreffen sowohl den einzelnen Menschen als auch die ganze Gesellschaft. Denn die Digitalisierung verändert nicht nur das Leben jedes und jeder Einzelnen, sondern auch die Art und Weise, wie wir zusammenleben, kommunizieren und welche Informationen wir wahrnehmen.

Doch weder die Analyse noch daraus abgeleitete Ideen für die digitalisierte Zukunft dieses Landes würden bisher von den politischen Parteien eingehend thematisiert. Es wird allerdings höchste Zeit! Mal sehen, welche politischen Handlungen der hessische SPD-Chef Thorsten Schäfer-Gümbel, kurz TSG genannt, aus seinem 2018 erschienenen Buch *Die sozialdigitale Revolution: Wie die SPD Deutschlands Zukunft gestalten kann* ableiten wird.

Denn um die Chancen der Digitalisierung in allen Lebensbereichen nutzen zu können, braucht es mehr als ein unbedachtes «Hauptsache digital». Es ist ein Fahrplan nötig, der beschreibt, wie wir die infrastrukturellen Grundlagen schaffen, das Bildungssystem anpassen und Arbeitswelt und Wirtschaft modernisieren. Gleichzeitig erwarten die Nutzerinnen und Nutzer, dass ihre Daten und Systeme sicher sind.

Wenn jeder schnell im Netz unterwegs ist und überall seine Daten preisgibt, muss in der Schule oder spätestens im Beruf vermittelt werden, dass die Verhütungs-App vielleicht mit dem Fitnessarmband kommuniziert und deswegen sogar der Partner und zukünftige Vater auf seinem Tablet Werbung für Babykleidung angezeigt bekommt. Erste Beispiele dafür gibt es schon in den USA durch ein auf Datenanalyse basierendes automatisch versandtes Babypaket einer US-Supermarktkette, das die Schwangerschaft einer Minderjährigen aus Minnesota ihrem Vater offenbarte.[72]

DIGITALISIERUNG IM BILDUNGSBEREICH

Natürlich bleiben auch die Schulen von der Digitalisierung nicht unberührt. In vielen Schulen werden bereits «smarte Tafeln» verwendet, und die Kreide kann folglich in der Schublade bleiben. Aber damit der Einsatz von digitaler Technik und neuen Medien im Unterricht gelingen kann, müssen mehr als nur technische Voraussetzungen geschaffen werden. Um die digitale Schule der Zukunft zu verwirklichen, müssen Lehrkräfte schnellstmöglich dahingehend geschult werden, die Möglichkeiten der Digitalisierung auch zu nutzen sowie die Gefahren zu begreifen. Aber dazu müssen sie die Vorgänge verstehen.

In meiner Schulzeit – dazu muss man wissen, dass ich auf eine katholische Schule gegangen bin – war das noch nicht so. Man kann sicher der Meinung sein, dass die katholische Kirche in vielerlei Hinsicht rückständig sei, als Schulträger haben ihre Bistümer jedoch oft einen Vorteil: Zusammen mit der Spendenbereitschaft der Eltern verfügen sie über enorm viel Kohle! Daher war zumindest die IT-Aus-stattung in unserer neu errichteten Bibliothek nahezu ungeschlagen. Auch die staatlichen Schulen, deren Kommunen als Schulträger oft etwas knapper bei Kasse sind, haben nachgerüstet. Es bleibt zu hoffen, dass die neue Bundesministerin für Bildung Anja Karliczek ihr Ver-sprechen im Vergleich zu ihrer Vorgängerin Johanna Wanka hält und mit dem Digitalpakt die deutschen Schulen den wichtigen nächsten Schritt gehen können, was die Ausstattung betrifft.

Richtig viel an den Lehrplänen und der Ausbildung der Lehrkräfte hat sich aber seit meinem Abitur im Jahre 2008 nicht getan – weder bei den konfessionell gebundenen noch bei den unabhängigen. Das betrifft vor allem die digitale Didaktik. Auch digitalisiertes Lehren will gelernt sein. Dazu müssen wir Lehrerinnen und Lehrer zunächst befähigen, den wachsenden technischen Anforderungen im Schul-alltag gerecht zu werden. Einfach nur zum Fremdschämen ist die Vorstellung, dass eine Schülerin oder ein Schüler ihrer bzw. seiner Lehrkraft die Funktionen des elektronischen Whiteboards erklären muss, was wohl häufig vielerorts Realität ist. Das ist echtes Reverse Mentoring, bei dem die Älteren von den Jüngeren lernen. Digital Natives verfügen häufig über das dazu nötige Wissen und gehen intuitiv mit digitalen Medien um. Selbstverständlich gibt es an jeder Schule Hausmeister oder -meisterinnen, wenn mal eine Tür klemmt, aber wie sieht es mit dem Support für die IT aus? Zukünftig wird es auch mehr Personal oder externe Unterstützung für den Support der steigenden Anzahl von Geräten an den Schulen geben müssen. Dies kann kein Hobby einer Informatiklehrkraft bleiben, sondern muss in einer volldigitalisierten Schule professionell durch eine Art IT-Haus-meister oder -Hausmeisterin erledigt werden. Den oder die sollte das Bildungsministerium am besten gleich gemeinsam mit dem ganzen Geld für Technik schicken, das es in den nächsten Jahren ausgeben will. Fraglich bleibt dann nur noch, wie diese Berufsgruppe es schafft, eine so besondere Stellung wie der «normale» Hausmeister oder die «normale» Hausmeisterin zu erreichen. Wer erinnert sich nicht mehr an den Hausmeister oder die Hausmeisterin seiner Schule?!

Die Digitalisierung verlangt aber nicht nur von Lehrkräften und Facility Managern und Managerinnen neue Kompetenzen. Alle Menschen, ungeachtet ihres Alters, müssen neue Fertigkeiten erlernen – Stichwort lebenslanges Lernen. Nicht umsonst gibt es viele Gruppen, die im hohen Alter unter Anleitung das Internet entdecken. Sogar einen Begriff gibt es für diese Gruppe von Usern: Wegen der grauen Haare nennt man sie Silver-Surfer. Allerdings sollte mit diesem Lernprozess so früh wie möglich begonnen werden. Daher muss der Aufbau digitaler Kompetenzen noch stärker Einzug in den Schulalltag halten. Dabei geht es neben technischen Kenntnissen bezogen auf die Hardware natürlich auch um ein Verständnis für Software, also Programmierung. Hier sollten sich die Länder und der Bund besser und verbindlich abstimmen, damit die gesamte Bundesrepublik diesem Megathema auf die gleiche Weise begegnet. Nicht auszudenken, was sonst passieren würde, wenn der Heimat wegen eine Programmiersprache ins Bayerische übersetzt würde! Obwohl man neidlos anerkennen muss, dass im Digitalbereich in vielerlei Hinsicht «Bayern first» gilt.

Wir müssen junge Menschen zu einem verantwortungsvollen Verhalten im Netz erziehen, denn für die meisten von uns ist #Neuland, wie es die Kanzlerin nannte, die Heimat. Nicht bedenkenlos mit den eigenen Daten umzugehen, gehört mittlerweile dazu. Dieses wichtige Thema darf nicht als zweitrangig eingestuft werden. Es geht einerseits darum, hinsichtlich der Weitergabe eigener Daten zu sensibilisieren und andererseits missbräuchliche Nutzung streng zu ahnden. Die

Befragung von Mark Zuckerberg durch den US-Kongress hat mir deutlich vor Augen geführt, wie überfordert die Politik angesichts der Tätigkeiten der Internetriesen ist.[73]

Auch der Aspekt der IT-Sicherheit wird selbst auf höchster Ebene vernachlässigt. Das beginnt oft schon bei der Wahl eines sicheren Passwortes, aber auch, was die Technik angeht. Der 45. Präsident der Vereinigten Staaten, der Facebook und Co. die Stirn bieten soll, nutzte auch nach seinem Amtsantritt sein uraltes Handy weiter, um zu twittern und andere wichtige Dinge zu tun.

Mit geeigneten Strategien muss Medienkompetenz in der Schule vermittelt und beispielsweise Manipulation durch Fake News und Social Bots entlarvt werden. Am besten macht das eine Lehrkraft, die sich nicht mehr auf dem Stand eines Samsung S3-Mobiltelefons befindet.

Vermittlung von Digitalisierung wird aber nicht nur in der Schule wichtiger, Weiterbildung muss auch in den Alltag von Berufstätigen aller Bereiche integriert werden. Ob im Ministerium oder im Handwerk, sollte zukünftig neben den bestehenden Möglichkeiten, wie Bildungsurlaub bzw. Bildungsfreistellung, ein Tag pro Monat dazu genutzt werden, Angestellten digitale Kompetenzen zu vermitteln. Ich sehe nämlich auch für eine Schreinerei, die in zehn Jahren ihre Produkte nicht online bewirbt und eine einfache Möglichkeit zur Individualisierung von Möbelstücken anbietet, keine Zukunft.

Hierbei muss das bereits erwähnte Reverse Mentoring, bei dem erfahrene Angestellte von dem Wissen der jüngeren profitieren, institutionalisiert werden.

> Ich war beispielsweise kein halbes Jahr in meinem ersten Job, und einiges war mir auch noch nicht ganz klar. Aber ich habe zehn älteren Kolleginnen und Kollegen gezeigt, wie man an unserem Multifunktionsgerät – früher hießen sie Kopierer – via Texterkennung einen Scan direkt an die eigene Mailadresse versendet. Nur so viel: Das ist kein Hexenwerk. Und ja, man kann das Dokument danach sogar auf Stichworte hin durchsuchen! Sonst würde eine elektronische Akte ja keinen Sinn ergeben und lediglich Papier sparen.

Digitalisierung hat viele Facetten. Da viele Menschen, egal ob jung oder alt, mit einigen grundlegenden Vorgängen noch fremdeln, brauchen wir einen grundsätzlichen Wandel hin zu einer digitaleren Kultur in der (Weiter-)Bildung.

Abgesehen von nötiger Weiterbildung im Beruf, wandelt sich die Ausbildungs- und Arbeitswelt als Ganzes. Damit die fortschreitende Digitalisierung auch hier für die Arbeitnehmerinnen und Arbeitnehmer zur Chance wird und deren Interessen nicht auf der Strecke bleiben, muss dieser Wandel durch progressive Ansätze wie klare Arbeitszeitregeln im Zeitalter der ständigen Erreichbarkeit gestaltet werden.

Immer dann, wenn Automatisierung Arbeit und Leben verändert, muss die soziale Frage gestellt werden, sodass nicht nur Unternehmen, sondern die gesamte Gesellschaft von Entwicklungen profitiert. Arbeitnehmerinnen und Arbeitnehmer können durch die Digitalisierung eine spürbare Erleichterung des Arbeitsalltags erfahren. Das Durchsuchen von gescannten Dokumenten ist dabei natürlich nur der Anfang. Die digitale Zukunft könnte aber in vielen weiteren Bereichen zu einer Effizienzsteigerung führen. Statt nach einem bedingungslosen Grundeinkommen zu rufen, sollten wir als ersten Schritt eine Arbeitszeitreduzierung in der Breite erwirken. Die Idee eines Grundeinkommens will ich an anderer Stelle kurz diskutieren. Es wird auch Fälle geben, in denen Arbeitsplätze in Gänze bedroht sind, weil die Notwendigkeit, bestimmte Tätigkeiten von Menschen ausführen zu lassen, vollständig entfällt. Hier müssen bereits frühzeitig Weiterbildungs- und Qualifizierungsmaßnahmen und ein öffentlicher Beschäftigungssektor, der sogenannte und bereits in den 1990er Jahren diskutierte zweite bzw. dritte Arbeitsmarkt, zur sozialen Absicherung dieser Risiken dienen. Aber auch dazu später mehr.

DIGITALISIERUNG AUF UNTERNEHMENSEBENE

Genau wie Angestellte können aber auch Unternehmer die Digitalisierung verschlafen. Auch sie tragen eine Verantwortung für die Qualifizierung ihrer Mitarbeiter. Man lernt ja auch neue Dinge, um sie für das Unternehmen einzusetzen.

Mehr als bisher müssen aber besonders kleine- und mittelständische Firmen sich fit für die Digitalisierung machen. Ob der Job durch diese Erneuerung wegfällt oder nicht, spielt kaum eine Rolle, wenn die Geschäftsleitung auf dem digitalen Auge blind ist und die Firma vorher pleitegeht. Aber was kann die Politik da tun? Der Markt macht das schon. Ja, sicher tut er das, aber eben nicht zum Wohle aller. Die Digitalisierung ist ein Strukturwandel, wie es bereits der Ausstieg aus der Kohle für viele Regionen in Deutschland war. Auch da wurde einiges verpennt. Die Folgen sind bekannt: Bochum, tief im Westen, ist heute arm wie Bitterfeld, tief im Osten. Um eine wichtige Entwicklung nicht zu versäumen, helfen neben Bildung auch staatliche Anreize. Investitionen in die Digitalisierung und die damit verbundene Weiterbildung müssen noch stärker als bisher gefördert werden und zeitlich befristet voll steuerlich absetzbar sein, um einen Anreiz dafür zu schaffen, den notwendigen Wissenserwerb besser gestern als heute anzugehen.

Außerdem müssen von staatlicher Seite Branchen identifiziert werden, in denen disruptive Technologien und Prozesse Arbeitsplätze bedrohen. Dort muss die Politik gemeinsam mit den entsprechenden Branchen und Gewerkschaften Zukunftspläne entwickeln und so eine aktivere digitale Industriepolitik verfolgen. Und dabei sollte nicht vergessen werden: Deutschland produziert mehr als nur Autos. Wenn wir es von der Automobilbranche bis zur Abfallentsorgung schaffen, den digitalen Strukturwandel zu vollziehen, können mit sozialen Konzepten für den Arbeitsmarkt die Chancen dieser vierten industriellen Revolution genutzt werden, ohne dabei die Bedenken der Menschen zu vernachlässigen.

ARBEIT 4.0

Arbeit 4.0 und Wirtschaft 4.0 sind dynamische und wichtige Themen. Meine Generation ist es, die ihr gesamtes und wahrscheinlich vor allem auch längeres Erwerbsleben in einem digitalisierten Wirtschaftssystem arbeiten wird. Daher ist es auch an uns, die Rahmenbedingungen dafür zu bestimmen und von der Politik einzufordern, diese endlich entsprechend auszugestalten. Jeder und jede kann seinen Standpunkt dazu vertreten und sich bei Gewerkschaften einbringen. Auch die können etwas Nachhilfe bei diesem Thema gebrauchen. Und viele von euch wissen, dass Nachhilfe nichts Schlimmes ist, wenn man ehrlich zu sich selbst ist und sie annimmt.

Vielleicht lässt sich damit einmal Sitzenbleiben vermeiden – wenn man früh genug damit anfängt und sich darauf einlässt. Ein geeigneter arbeitsrechtlicher Rahmen ist sicher nicht alles, aber ohne geht es nicht. Man sollte ihn als Burn-out-Sicherheitsnetz begreifen. Und mit Burn-out meine ich nicht, dass die Platine durchbrennt vom vielen Arbeiten am PC. Dauerhafte Erreichbarkeit und gläserne Angestellte dürfen nicht Teil der Arbeitswelt der Zukunft sein.

Damit das Vertrauen der Menschen in die Digitalisierung aller Lebensbereiche wachsen kann, braucht es allerdings noch mehr als Verständnis für Prozesse und einen arbeitsrechtlichen Rahmen. Weil der Mensch keine Maschine ist, hat er überall, auch im Netz, das Bedürfnis nach Sicherheit und Schutz. Sogar meine Oma spricht mich, wenn ich Onlinebanking mache, immer auf die Hacker an. Ich antworte ihr dann, dass es Verschlüsselungsmethoden gibt, die auch nicht unsicherer sind, als beim Überweisen am Automaten die Hand davor zu halten, wenn man den PIN eingibt. Auch der Datenschutz stellt daher neben dem notwendigen Erwerb der relevanten Kompetenzen ein hinreichendes Kriterium dar, um die Digitalisierung zur Erfolgsgeschichte zu machen und Menschen Berührungsängste zu nehmen. Daher müssen Daten besser geschützt werden. Dies kann abgesehen von vertrauensbildenden Maßnahmen auch ein Wettbewerbsvorteil für bestimmte Bereiche in der Digitalwirtschaft sein. Denn was gibt es Schlimmeres, als wenn die Daten des Fitnessarmbands und der Verhütungs-App über die Krankenkasse an den Arbeitgeber kämen? Würde sich dann ein Antrag auf Mutterschutz oder Elternzeit von selbst ausfüllen, sobald er nötig wird? Oder bemerkt der bzw. die Vorgesetzte aufgrund des niedrigen Pulses dann den Mittagschlaf, trotz geschlossener Bürotür?

Es bedarf daher einer umfassenden sozialen Digitalpolitik, die den Menschen in den Mittelpunkt der Digitalisierung stellt. Denn auch wenn zukünftig immer mehr Maschinen direkt miteinander kommunizieren, ist davon am Ende der Mensch betroffen und nicht die Maschinen selbst. Und der Mensch heißt Mensch, weil er sich vertippt und weil er denkt.

BEDINGUNGSLOSES GRUNDEINKOMMEN

Lieber Bijan, alle reden von bedingungslosem Grundeinkommen, warum machen wir das nicht einfach?

Ein Gespenst geht um in Deutschland – das Gespenst des bedingungslosen Grundeinkommens (BGE). Ähnlich revolutionär wie das Manifest der Kommunistischen Partei von 1848, auf dessen ersten Satz ich mich hier beziehe, kommt das Konzept des BGE daher. Es schallt aus allen Ecken: BGE, BGE, BGE! Der Messias unter den Sozialreformen, die Jacobs Krönung der sozialen Sicherung. Der Gründer der Drogeriemarktkette dm Götz Werner fordert es, Siemens-Chef Joe Kaeser ist dafür, Die Linke hat eine Bundesarbeitsgruppe und die Grünen ein entsprechendes Netzwerk.

Auch in meinem Bekanntenkreis gibt es Aktivistinnen, die sich bei der in Berlin ansässigen Initiative «Mein Grundeinkommen» engagieren, die 1000 Euro monatlich für ein Jahr verlost. Mit dieser Aktion will sie zeigen, dass sich das Leben der Menschen durch das BGE zum Positiven verändert und viele Argumente, die dagegen vorgebracht werden, in der Praxis nicht auftreten.

Zweifellos wäre die Einführung des BGE die größte Sozialreform seit der Einführung der Sozialversicherung unter Bismarck.

DIE KOSTEN DES BEDINGUNGSLOSEN GRUNDEINKOMMENS

Aber was wären die Folgen, wenn plötzlich alle Menschen in Deutschland 1000 Euro BGE bekämen? Diese Frage ist nicht so ohne Weiteres zu beantworten. Was sich jedoch beantworten lässt, ist die Frage nach den Kosten.

Eine einfache Rechnung: knapp 83 Millionen Menschen leben in Deutschland. Angenommen, sie alle bekämen 1000 Euro jeden Monat, machte das knapp 1000 Milliarden Euro an Ausgaben für ein BGE pro Jahr. Oder sollte, wenn wir schon über Utopien nachdenken, vielleicht noch ein 13. Monatsgehalt vor Weihnachten drin sein? Ob zwölf oder dreizehn BGE-Zahlungen pro Jahr, stehen dem gegenüber etwa 1352 Milliarden an Einnahmen im öffentlichen Gesamthaushalt aller Ebenen, also Bund, Länder und Kommunen im Jahr 2016. Eine Finanzierung wäre also theoretisch möglich, wenn der Staat alle Mittel für das BGE aufwendete.

Da in dieser Summe die Einnahmen aller staatlichen Ebenen auch die Sozialversicherungen berücksichtigt sind, würde das jedoch zeitgleich die weitgehende Abschaffung der bestehenden Systeme bedeuten. Arbeitslos? Grundeinkommen! Rentner? Grundeinkommen! Pflegefall? Grundeinkommen! Alles andere? Grundeinkommen!

Auch wäre von den verbleibenden etwa 350 Milliarden kein funktionierender Staat mehr zu finanzieren. Die Kitagebühren müssten steigen, und auch Schulen und Universitäten würden wohl Gebühren erheben müssen. Auch Polizei wäre kaum noch auf der Straße zu sehen.

Würde man lediglich die Einnahmen aus den verschiedenen Sozialversicherungen an alle verteilen, das sind etwa 600 Milliarden pro

Jahr, käme man auf ein BGE von etwa 600 Euro. Das ist zwar deutlich mehr als der aktuelle Hartz-4-Regelsatz von 416 Euro, zu dem allerdings ja noch eine bezahlte Wohnung hinzukommt. Circa 350 bis 500 Euro Kaltmiete für zwei Personen wird vom Amt bezahlt. Diese Summe richtet sich nach der Kategorie der Stadt, in der man lebt.

Aber welche Effekte wären zu erwarten, wenn dieser Entwurf umgesetzt würde? Kritikerinnen und Kritiker sagen natürlich, dass entsprechend der neoklassischen ökonomischen Theorie die Menschen weniger arbeiten würden als bisher. Klingt erst einmal logisch. Die Befürworterinnen und Befürworter entgegnen jedoch, dass dies nur dort passiere, wo Menschen durch das BGE so frei geworden sind, dass sie den Druck nicht mehr haben, dauernd arbeiten zu müssen, und sich so entfalten können, um Tätigkeiten auszuüben, die sie wirklich interessieren.

Das klingt so ziemlich nach dem kompletten Gegenteil der Hartz-IV-Reform der Agenda 2010. Deren Grundsatz lautete Fördern und Fordern. Es ging darum, Anreize zu setzen, damit Menschen sich Arbeit suchen. Mittlerweile zeigt sich, dass der Anreiz zwar da ist, aber zum einen der Förderaspekt deutlich zu kurz kommt und zum anderen der Arbeitsmarkt nicht so offen für Langzeitarbeitslose ist, wie die Experten erwartet hatten.

Das BGE scheint da eine einfachere Antwort, die auf einen Schlag alle Probleme löst. Dies ist ein klassischer Fall von einfach – zu einfach, wie ich glaube. Denn wahrscheinlich sind in Bezug auf das BGE Experimente mindestens so weit von der Praxis entfernt, wie es die ökonomische Theorie ist.

EXPERIMENT GRUNDEINKOMMEN

Was konkret das Experiment der Initiative «Mein Grundeinkommen» betrifft, so scheitert es nach wissenschaftlichen Maßstäben aus zweierlei Gründen:

Das erste Problem folgt aus der fehlenden externen Validität. Externe Validität ist gegeben, wenn ein Experiment, ohne dass sich das Ergebnis verändert, auf eine andere Versuchsgruppe oder eine größere Anzahl von Personen – im besten Fall die Grundgesamtheit, also alle Menschen in Deutschland zum Beispiel – übertragen werden kann. Dann wäre es generalisierbar und repräsentativ. Die Frage nach der externen Validität ist dabei von enormer Wichtigkeit, da nur, wenn sie geklärt ist, die Ergebnisse des Versuchs überhaupt Aussagekraft besitzen.

Zwar werden bereits Experimente zum BGE in anderen Ländern durchgeführt, jedoch ist dabei fraglich, ob die Ergebnisse auf andere Länder übertragen werden können. Wahrscheinlich gibt es dort gesetzliche Regelungen, die möglicherweise nicht mit den hiesigen vergleichbar sind, sich also die Rahmenbedingungen unterscheiden.

Außerdem stellt sich die Frage, ob bei der Ausweitung des Experimentes, gar bei der Einführung für ein ganzes Land, Effekte auftreten, die im Experiment nicht zu erkennen sind bzw. berücksichtigt werden können.

So könnten beispielsweise allgemeine Gleichgewichtseffekte auftreten. Das sind Probleme, die in einem breiteren Kontext des Programms auftreten, wenn das BGE einer oder mehrerer Personen auch andere beeinflusst, die nicht am Programm teilnehmen. Dies wäre der Fall, wenn z.B. die Preise steigen, weil eine ausreichend große Zahl an Menschen BGE bekommt, sodass eine Inflation entsteht.

Diese Argumente zeigen, dass die Auswirkungen der Einführung des BGE auf makroökonomischer Ebene alles andere als eindeutig zu bestimmen sind. Aber selbst, wenn man den einzelnen Menschen betrachtet, also die Mikroebene, werden bei den mir bekannten Experimenten zum BGE einfachste ökonomische Theorien völlig missachtet. Das Ergebnis dieser «Untersuchungen» verwundert mich daher nicht. Keiner der Gewinner und Gewinnerinnen des zwölfmonatigen Grundeinkommens in Höhe von 1000 Euro hat der Initiative *Mein Grundeinkommen* zufolge sein bzw. ihr Leben signifikant verändert. Niemand hat also gekündigt oder sich auf eine abgelegene Insel abgesetzt.

Und warum? Die Antwort ist so simpel wie tragisch. Warum sollten sie?

Die Hypothese permanenter Einkommen besagt, dass Menschen ihren Konsum von ihrem permanenten Einkommen (also dem durchschnittlichen Einkommen im Laufe ihres Lebens) abhängig machen und nicht von ihrem verfügbaren Einkommen (also dem, was sie gerade in diesem Monat verdienen). Ein Obdachloser, der 50 Euro auf der Straße findet, rennt ja auch nicht in den nächsten Supermarkt und kauft eine Flasche Champagner. Durch ein befristetes BGE im Rahmen eines Experimentes erhöht sich aber nur kurzfristig das verfügbare Einkommen, das permanente Einkommen hingegen jedoch kaum.

Dennoch habe ich mich auf der Webseite von *Mein Grundeinkommen* angemeldet. Vielleicht gewinne ich ja sogar ein Jahr das BGE. Aber selbst wenn, wieso sollte ich meinen unbefristeten Job im Ministerium kündigen oder meine politischen Ambitionen vernachlässigen, weil ich für ein Jahr 1000 Euro pro Monat mehr bekomme? Die Antwort darauf ist einfach. Niemand würde das tun, da es völlig irrational wäre. Angenommen man ist 28 und hat noch ca. 40 Jahre zu arbeiten und verdient aktuell etwa 2000 Euro netto im Monat. Rechnet man das auf die restliche Lebenszeit hoch, wird deutlich, wie gering der Effekt auf das Gesamteinkommen ist, wenn man zu diesen zukünftigen 960 000 Euro weitere 12 000 Euro addiert. Das macht den Bock nicht fett. Man kann damit, sofern man rational handelt, im restlichen Arbeitsleben einmal pro Monat mehr essen gehen oder man kauft in dem jeweiligen Jahr dann doch das neue Auto, über das man schon eine Weile nachgedacht hat. Beides ist für viele Menschen jedenfalls nichts Weltbewegendes.

Anders würde die Entscheidung sicherlich aussehen, wenn man das BGE nicht im Experiment, sondern real einführte. Dann müsste es aber zeitlich unbeschränkt laufen.

Um das Beispiel zu vereinfachen, gehen wir davon aus, dass das BGE nur im Erwerbsleben gezahlt wird. Das Lebenseinkommen steigt dann um 480 000 auf 1 440 000 Euro. Ich bin mir sicher, dass dieser Sprung möglicherweise den ein oder anderen zum Grübeln bringen würde, was die restlichen vierzig Arbeitsjahre angeht. Daher taugt das Experiment lediglich als Werbekampagne für das BGE und keineswegs für eine Bewertung der möglichen Auswirkungen auf die deutsche oder gar die europäische Volkswirtschaft.

Wir brauchen aber einen Weg, um die bestehenden Verhältnisse unter Hartz IV wesentlich zu verbessern. Der muss aber aufgrund der vielen Unwägbarkeiten, die das BGE mit sich bringt, anders gestaltet werden.

SOLIDARISCHES GRUNDEINKOMMEN (SGE)

Berlins Regierender Bürgermeister Michael Müller hat dazu ein soli-darisches Grundeinkommen vorgeschlagen und stieß die Debatte zum Thema in der SPD mit an. Allerdings kann sein Vorschlag lediglich ein Anfang sein, da er nur eine Verbesserung für einen Teil der Menschen, die Hartz IV beziehen, bietet. Müller zufolge soll für maximal 150000 der Hartz-IV-Empfänger und -Empfängerinnen ein öffentlicher Beschäftigungssektor geschaffen werden. Eine Anstellung in diesem neu zu schaffenden Arbeitsmarkt führe dann zu einem solidarischen Grundeinkommen (SGE) auf Mindestlohn-niveau. Zurzeit beziehen etwas über 4 Millionen Menschen Hartz IV, die theoretisch arbeiten könnten, in dieser Situation wäre das SGE jedoch lediglich ein Tropfen auf den heißen Stein.

Gäbe es ein SGE für alle Erwerbsfähigen, die bisher Hartz IV beziehen, entsprächen die zusätzlichen Kosten in etwa denen, die für das BGE bei den reichsten 10 Prozent der Erwerbstätigen in Deutschland anfallen würden, das bedeutet monatlich 1000 Euro BGE für diese vier Millionen Menschen. Oder man setzt diese Summe anders ein, beim Regelsatz von 416 Euro wird aus der Summe in etwa die Bezahlung wie bei einem Vollzeit-Job zu Mindestlohn-konditionen. Statt 1000 Euro BGE hätten theoretisch alle, die jetzt Hartz VI beziehen und erwerbsfähig sind, mehr Geld zur Verfügung, nämlich etwa 1400 Euro. Der Staat würde dann natürlich keine Miet-kosten mehr übernehmen, und neben der finanziellen Besserstellung gäbe ein Job ihnen vor allem das Gefühl, gebraucht zu werden und Teil der Gesellschaft zu sein. Im besten Fall führt die SGE-Arbeit einen Teil dieser Personen auch wieder an den ersten Arbeitsmarkt heran. Alternativ wird durch ein allgemeines BGE der Reitsport von Arzttöchtern oder die Leasingraten für den neuen Sportwagen von

Bankern finanziert. Auch wenn ich nicht zu den 10 Prozent der Top-verdiener und -verdienerinnen in Deutschland gehöre, würde mir spontan nur wenig einfallen, was ich Sinnvolles mit weiteren 1000 Euro im Monat tun könnte. So richtig konnte mir auch noch niemand die Frage beantworten, warum der Staat einen studierten Mann Ende zwanzig ohne Familie, der in Vollzeit arbeitet und etwa 50000 Euro brutto im Jahr verdient, unterstützen sollte.

Statt dies mit einem BGE zu tun, sollte es eher das Ziel sein, ein einfacheres und umfassendes soziales Sicherungssystem zu eta-blieren, dass denen, die es wirklich brauchen, hilft. Dieses Siche-rungssystem hat aus meiner Sicht zwei Funktionen: eine sichernde und eine ermöglichende. So könnte beispielsweise durch eine Art bedingtes Grundeinkommen ein Sicherungsnetz aufgebaut werden, das alle Menschen in verschiedenen Lebensphasen auch tatsächlich auffängt, wenn der Bedarf dafür besteht, etwa in der Aus- oder Wei-terbildungsphase oder bei umfassender ehrenamtlicher Tätigkeit.

Die Bedingung für dieses Grundeinkommen ist, dass tatsächlich ein Bedarf besteht. Es stellt sich also die Frage, wie ein einfaches Modell dafür aussehen könnte, das eindeutige, relevante Kriterien aufstellt und stichprobenhaft Empfänger und Empfängerinnen auf einfache Weise überprüft. Das macht es unkompliziert für die Ver-waltung und Antragstellerinnen und Antragsteller. Meiner Meinung nach sollten die oft komplexen Antragsprozesse so verschlankt werden, dass ein einziger Nachweis genügt.

Die Bedingungen für meine Vorstellung eines Grundeinkommens sind klar definiert: Wenn schon nicht bedingungslos, dann wenigstens mit wenigen Bedingungen, also niederschwellig. Beispielsweise sollte eine der folgenden Voraussetzungen erfüllt sein: Man befindet sich in beruflicher, schulischer oder universitärer Aus- oder Weiterbildung;

man erzieht ein Kind unter drei Jahren; man pflegt einen Angehörigen; man engagiert sich ehrenamtlich in einem gemeinnützigen Verein für mindestens zwanzig Stunden pro Woche.

Darüber hinaus muss natürlich auch gelten, dass Beziehende in dieser Zeit nicht oder nur geringfügig arbeiten. Wegfallen würden natürlich neben Hartz IV dann auch das BAföG oder Elterngeld.

Ein vereinfachtes Antragsmodell löst besonders das Problem der komplexen Antragsverfahren im Bereich der Sozialleistungen. Häufig gibt es noch zu viele Instrumente, zu viele verschiedene Anträge, Formulare und Regelungen und beteiligte Stellen. Ich habe beispielsweise nach dem Abitur versucht, Hartz IV bzw. Wohngeld zu beantragen. Dann habe ich aber davon Abstand genommen, nachdem ich mir die Formulare angesehen hatte. Gott sei Dank war ich nicht zwingend auf staatliche finanzielle Unterstützung angewiesen. Heute geht es in meinem Freundeskreis eher ums Elterngeld. Angesichts der Anträge gehen selbst Paare, die BWL studiert haben, vorher zum Steuerberater oder zur Steuerberaterin. Im Regelfall sind aber die Kenntnisse über Tricks und Kniffe im Steuerrecht nicht vorhanden.

Sicher sind meine Denkanstöße zu einem bedingten Grundeinkommen nicht der Weisheit letzter Schluss, aber sie könnten ein weiterer, einleuchtender Beitrag zur Debatte über eine notwendige große Sozialreform sein. Denn das wesentliche Ziel der Reform sollte sein: Keep it simple – für die Verwaltung ebenso wie für die Antragstellerinnen und Antragsteller. Aber nimm nicht die Gießkanne, und gieße nicht alle Blumen, unabhängig davon, ob sie Wasser brauchen oder nicht.

DIE RENTE

Lieber Bijan, wieso reden eigentlich alle über die Rente, und sollte ich da jetzt auch schon dran denken?

Ein Anzeichen dafür, dass ich älter werde – ich gehe stark auf die dreißig zu – ist, dass in meinem Freundeskreis neben Schwangerschaften und Hochzeiten auch begonnen wird, über das Alter nachzudenken. Die Zeit nach dem Berufsleben ist untrennbar mit dem Begriff der Rente verknüpft, in die auch ich wie ein Großteil der Menschen in diesem Land einzahle. Zwar muss ich höchstwahrscheinlich noch mindestens 37 Jahre arbeiten, dennoch ist es jetzt schon sinnvoll, an später zu denken.

Im Wesentlichen kann man sich die Rente wie Payback oder so vorstellen. Man sammelt Punkte. Die Marketingexpertinnen und -experten der Deutschen Rentenversicherung sollten das vielleicht besser vermarkten, dann würden sich auch mehr junge Menschen für das Thema Rente interessieren.

Die Geschichte des deutschen Rentensystems reicht etwa 130 Jahre zurück. Selbst die Ur-Enkel der Ur-Rentenbezieher sind schon tot oder zumindest uralt. Aber wie kam es zur Einführung der gesetzlichen Rentenversicherung, die bis heute die wichtigste Säule der Altersvorsorge in Deutschland ist? Was für uns selbstverständlich ist, wurde hart erkämpft.

Durch die Industrialisierung im Laufe des 19. Jahrhunderts kam es zu technischem und wirtschaftlichem Fortschritt, der gleichzeitig zu hoher Arbeitslosigkeit und schlechteren Arbeitsbedingungen führte. Das wiederum führte zu einer wachsenden Unzufriedenheit unter den Arbeitern und Arbeiterinnen und warf die «soziale Frage» auf. Wir können uns eine solche industrielle Revolution kaum mehr vorstellen. Die Maschinen, die damals Einzug in die Fabriken hielten, waren oft laut oder heizten die Räume auf, die Arbeit an ihnen war gefährlich und sie machten den Menschen Angst.

Zwar hat jeder in der Schule – im Gegensatz zu den Kindern damals durftet ihr die Schule besuchen, anstatt in die Fabrik zum Arbeiten gehen zu müssen – schon etwas über diese Zeit gehört, aber lasst mir die Freude, ein wenig Geschichtslehrer zu spielen.

ANFÄNGE DER SOZIALVERSICHERUNGEN

Der Reichskanzler Otto von Bismarck war zu Beginn der 1880er Jahre mit einer sich aufgrund der unerträglichen Verhältnisse organisierenden Arbeiterschaft konfrontiert, die sich stark politisierte. Wenige Jahre zuvor hatten sich bereits der Allgemeine Deutsche Arbeiterverein und die Sozialdemokratische Arbeiterpartei, die direkte Vorgängerin der SPD, gegründet.

Um die für den konservativen Bismarck gefährlichen linken Kräfte nicht noch stärker werden zu lassen, beugte sich der Reichskanzler der zentralen Forderung der Arbeiterschaft mit der Einführung der gesetzlichen Sozialversicherung. Die gesetzliche Invaliditäts- und Altersversicherung von 1889 war ein Teil dieser Sozialversicherung und ist der Grundstein der gesetzlichen Rente, wie es sie bis heute in Deutschland gibt.

Ende des 19. Jahrhunderts gab es bereits etwa 13 Millionen Versicherte. Das waren ca. zwei Drittel aller Erwerbstätigen und etwa ein Viertel der Bevölkerung. Damals wurden die Renten zum Teil über ein kapitalgedecktes System aus den eigenen Beiträgen finanziert. Oben drauf kam ein Zuschuss aus Steuergeldern.

Viele Jahre später, 1957, wurde die Struktur des deutschen Rentensystems von der Kapitaldeckung in eine Umlagefinanzierung geändert. Bei dieser Form der Finanzierung werden die Renten nicht aus den Rücklagen der jeweiligen Rentner, sondern aus den laufenden Einnahmen aus den Rentenbeiträgen bezahlt. Viele junge Menschen wissen nicht einmal, dass sie quasi von Geburt an schon einen Vertrag mit einer ganzen Generation vor ihnen geschlossen haben. Das ist er, der «Generationenvertrag», der aus dieser Umlagefinanzierung der Rente resultiert.

RENTE NACH DER WIEDERVEREINIGUNG

Nun gehöre ich – 1989 geboren – zur ersten Generation, die in einem wiedervereinten Deutschland aufgewachsen ist. Was die Rente betrifft, war die Wiedervereinigung eine der größten Herausforderungen und konnte nur mit einer großen Reform bewältigt werden.

Worin lag das Problem? Die erschütternde und lange verschwiegene Wahrheit wurde im Bericht der Deutschen Rentenversicherung anlässlich ihres 125-jährigen Jubiläums der breiten Öffentlichkeit bekannt.

Der Bericht zeigte zum ersten Mal die Flut an Wirtschaftsflüchtlingen auf, die die Rentenkasse seit 25 Jahren ausnehmen. Grund für die Misere war also die Migration in das deutsche Sozialsystem. Für die etwa 3,8 Millionen ostdeutschen Bürger und Bürgerinnen, die in der DDR bereits Rente bekamen, wurde der Auszahlungsbetrag umgehend auf die bundesdeutsche Rentenformel angepasst. Zur Tarnung des Ganzen hat die Lügenpresse anschließend den Wiedervereinigungshype kreiert, um gemeinsam mit den korrupten Kohlköpfen von Politikern den westdeutschen Rentner zu schröpfen (Vorsicht, Ironie!).

Weiter müssen die Leserin und der Leser auf Seite 66 des Berichtes entsetzt feststellen, dass ernsthaft «Am 1. Juli 1990 [...] die ostdeutschen Renten [...] im Verhältnis von 1 zu 1 von der DDR-Mark auf die Deutsche Mark umgestellt»[74] wurden. 1 zu 1? Noch ganz sauber? Jedes Kind weiß, dass man von einer West-Mark im Osten etwa drei Wochen leben konnte und mit einer DDR-Mark niemals eine Banane oder in zwanzig Jahren ein Fünftausendstel Trabbi zu bekommen war. Die Zahlen belegen, dass durch die Migration in das westdeutsche Sozialsystem für die normalerweise auf dem Äquivalenzprinzip beruhende Rentenversicherung eine Reform notwendig wurde.

Das Ziel der Rente besteht nach wie vor darin, Menschen – egal ob aus den neuen oder alten Bundesländern – nicht nur vor Armut im Alter zu schützen, sondern auch im Rentenalter einen gewissen Lebensstandard zu sichern. Die Beiträge für die Rente werden zwischen Arbeitnehmern und Arbeitnehmerinnen und Arbeitgebern und Arbeitgeberinnen aufgeteilt und belaufen sich auf 18,6 Prozent des Bruttolohns. Wenn jemand also 24 000 Euro brutto im Jahr verdient, gehen davon 4464 Euro an die Rentenversicherung. 2232 Euro davon werden der oder dem Arbeitenden vom Lohn abgezogen.

Ab einer sogenannten Beitragsbemessungsgrenze von zurzeit 78 000 Euro Jahreseinkommen in West- und 69 600 Euro in Ostdeutschland werden die Beiträge gedeckelt. Wenn das eigene Einkommen darüber liegt, muss man also von jedem Euro, den man mehr verdient, nichts mehr in die Rentenkasse einbezahlen.

Weil trotzdem das Äquivalenzprinzip gilt – das bedeutet, dass sich die Höhe der späteren Rente von der Höhe der früheren Beiträge ableitet –, bekommt man natürlich aber auch nur eine Rente, die sich an dem Einkommen bis zur Beitragsbemessungsgrenze orientiert.

BERECHNUNG DER RENTENHÖHE

Die Berechnung der später ausbezahlten Rente basiert aber noch auf mehr Faktoren als nur den geleisteten Beiträgen. Berücksichtigt werden auch Perioden der Arbeitslosigkeit, und seit 1978 ersetzt das Arbeitsamt, die heutige Bundesagentur für Arbeit, teilweise die Beitragszahlungen für Menschen ohne Job. Das ist alles sehr komplex. Deswegen sollte man es auch nicht glauben, wenn eine Partei ganz einfache Lösungen für die Rentenfrage bietet, denn höchstwahrscheinlich ist die Lösung nicht einfach, sondern einfach falsch.

Allerdings kommen wir da wieder zum Thema Komplexität. Statt wie beim Payback-System, wo es für jeden ausgegebenen Euro einen Punkt gibt, ist die Berechnung der Rente fast höhere Mathematik. Also versuchen wir es mal auf die harte Tour:

Die monatliche Rentenhöhe berechnet sich wie folgt auf Basis der Rentenformel für die Altersrente:

Monatliche Rentenhöhe = Entgeltpunkte × Zugangsfaktor × aktueller Rentenwert × Rentenartfaktor

Da haben wir doch gleich als Erstes die guten Punkte, die es zu sammeln gilt. Einen Entgeltpunkt erhält man, wenn man in einem Jahr exakt das Bruttodurchschnittseinkommen verdient hat. Für das Jahr 2018 beträgt das etwa 38 000 Euro. Verdient man ca. 19 000 Euro brutto im Jahr 2018, gibt es folglich nur einen halben Punkt. Sind es aber 76 000 Euro, hat man für das Jahr 2018 rund zwei Punkte gesammelt. Viel mehr geht auch gar nicht, da man ja ansonsten mit dem Einkommen über der Beitragsbemessungsgrenze liegt und ein höheres Einkommen nicht mehr für die Rente berücksichtigt wird.

Geht man in Rente, besteht das Punktekonto dann aus der Summe der über die Jahre gesammelten Punkte. Zu beachten ist dabei, dass der individuelle Punkt natürlich jedes Jahr neu berechnet werden muss, da sich sowohl das eigene Gehalt als auch das Durchschnittsgehalt deutschlandweit ändert.

Einen durchschnittlichen Menschen, der jedes Jahr in seinem 45-jährigen Arbeitsleben genau das jährliche Durchschnittsgehalt verdient hat, nennt man *Eckrentner*. (Der heißt aber nicht so, weil er in der Eck-Kneipe sitzt.)

Dieser *Eckrentner* hat genau 45 Entgeltpunkte gesammelt und ist eine im deutschen Rentenrecht verwendete Rechengröße, die unter anderem dazu verwendet wird, das Standardrentenniveau zu berechnen, welches 2017 bei 1418 Euro brutto lag.

Da nicht jeder ein Eckrentner bzw. eine Eckrentnerin ist, geht es weiter mit den restlichen Faktoren zur Berechnung der individuellen Rente. Der Zugangsfaktor regelt Zu- bzw. Abschläge der Rente. Geht jemand im jeweils gesetzlich vorgeschriebenen Alter in Rente, entspricht der Zugangsfaktor eins. Das Renteneintrittsalter ist jedoch abhängig vom Geburtsjahrgang, also muss auch hier wieder individuell gerechnet werden. Für den Jahrgang 1958 gilt: Mit 66 Jahren da fängt die Rente (abschlagsfrei) an. Für mich zum Beispiel wird es nach dem Stand heute mit 67 Jahren so weit sein. Allerdings stehen diese Altersgrenzen nicht mit Sicherheit fest. Wahrscheinlich wird es noch im Laufe meines Lebens zu Änderungen des Renteneintrittsalters kommen, worüber der Bundestag entscheidet.

Der aktuelle Rentenwert ist der Wert, den ein Entgeltpunkt hat. Für jeden Entgeltpunkt gibt es also später einmal diesen Betrag an monatlicher Rente. Der Rentenwert wird jedes Jahr zum 1. Juli, also zum selben Zeitpunkt wie die Diäten, angepasst. Daher sollte der 1. Juli der Rentner- und Politiker-Feiertag werden. Seit der Wiedervereinigung ist der Rentenwert und damit die Höhe aller Renten nur vier Mal nicht erhöht worden, was man dann eine Nullrunde nennt.

Je nach Art der Rente bekommt der Rentenartfaktor in der Formel einen anderen Wert. Wir betrachten aber ausschließlich die Altersrente. Für sie gilt praktischerweise: Der Rentenartfaktor ist eins.

Aktuell gibt es in Deutschland etwa 50 Millionen Punktesammler, also Rentenversicherte. (Weitaus mehr Punktesammler als etwa bei Payback, möchte man meinen. Aber so weit liegt Payback nicht zurück, etwa 30 Millionen Nutzer gibt es laut Angaben des Unternehmens.)

Im Gegensatz zu Payback sind fast alle Menschen in Deutschland dazu verpflichtet, in die Rentenkassen einzuzahlen, ausgenommen sind Beamte oder Beamtinnen und die meisten Selbständigen bzw. Freiberufler und Freiberuflerinnen.

Die 50 Millionen, die sammeln, leisten ihre Beiträge, die aktuell etwa 20 Millionen Rentnerinnen und Rentner finanzieren. Wir sammeln also für die Alten, die Nachkriegsgeneration und die Wiedervereinigten.

Aber was wird noch da sein, wenn ich mal alt bin? Sammelt dann noch jemand für mich? Ein Generationenvertrag muss auch gerecht sein – Stichwort Generationengerechtigkeit.

Sorgen müssen sich die Jungen aber nicht machen, denn einer von den Alten hat mal gesagt: «Die Rente ist sicher.»[75] Und das war nicht irgendein alter Mann, sondern Norbert Blüm von der CDU, damals Bundesminister für Arbeit und Sozialordnung. Noch dazu hat er es nicht nur einmal gesagt, sondern gleich zweimal, zunächst 1986 und dann erneut elf Jahre später im Jahr 1997. Laut Blüm kann das System die Nachkriegsgeneration und die Wiedervereinigten in Bezug auf die Rente versorgen. Hoffen wir es mal. Ich sage: Die Rente ist sicher nicht einfach zu berechnen.

Genauso komplex wie die Berechnung ist auch die politische Debatte um die Rente. Meistens geht es dabei um die Frage, wie die Renten weiterhin in einem Umlageverfahren finanziert werden können. Mittlerweile arbeiten die Berufstätigen länger, als es die Generation unserer Eltern und Großeltern getan hat. Mit steigender Lebenserwartung beziehen immer mehr Menschen auch länger Rente. Zu Bismarcks Zeiten erreichte kaum ein Arbeiter das Renteneintrittsalter. Laut Statistischem Bundesamt lag die durchschnittliche Lebenserwartung in Deutschland nämlich Ende des 19. Jahrhunderts, als die Rente eingeführt wurde, für Männer bei circa 46 und für Frauen bei etwas über 52 Jahren, während 125 Jahre später im Durchschnitt Jungen etwa 78 Jahre alt werden und Mädchen sogar über 83 Jahre.

Doch leider ist das Verhältnis von Renteneintrittsalter und Lebenserwartung nicht immer gerecht. Das Renteneintrittsalter ist nämlich nicht nur eine Frage von jüngeren und älteren Generationen, sondern vor allem auch von Armen und Reichen.

RENTENGERECHTIGKEIT

Eine Studie vom Berlin-Institut für Bevölkerung und Entwicklung zeigt, dass in den meisten Industrieländern, wie auch in Deutschland, die meisten Menschen, die überdurchschnittlich alt werden und dabei gesund bleiben, einen höheren Sozialstatus und Bildungsgrad haben. Weniger Privilegierte hingegen sterben früher.[76]

Der demographische Wandel ist das größte Problem für die Rentenversicherung. Die niedrige Geburtenrate und die immer älter werdende Gesellschaft führen dazu, dass immer weniger Beitragszahlende immer mehr Menschen in Rente finanzieren müssen. Das Bild, das mich mit vier Rentnern auf meinen Schultern zeigt, für deren Rente ich einzahlen muss, empfinde ich als belastend, aber Angst bekomme ich deswegen nicht.

Denn Zuwanderung kann eine Lösung sein. Dann allerdings muss man aber die Zugewanderten umfassend integrieren und für Arbeitsplätze für sie sorgen, und zwar möglichst schnell. Sonst droht dasselbe wie nach der Maueröffnung.

Aber die Politikerinnen und Politiker müssen auch über längere Lebensarbeitszeiten nachdenken. Dabei sollte natürlich berücksichtigt werden, dass in vielen Berufen, gerade in denen nicht so gut verdient wird, die Menschen häufig nicht bis zum 67 Lebensjahr arbeiten können. Oft handelt es sich dabei noch um diejenigen, welche ohnehin früher sterben, da sie weniger privilegiert sind. Daher brauchen wir ein individuelles und berufsgruppenbezogenes Renteneintrittsalter.

Darüber hinaus müssen aber auch flexible Lebensarbeitszeitregelungen geschaffen werden, damit jeder, der will, auch länger arbeiten kann, wenn er sich noch fit fühlt. Ebenso muss es möglich sein, kürzer zu arbeiten, ohne in die Altersarmut abzurutschen.

Aufgrund der Rentenformel ergibt sich, dass unstete Erwerbs-biographien, die mittlerweile noch dazu häufiger werden, zu einem geringeren Rentenanspruch führen. Arbeitslosigkeit bedeutet auch weniger Punkte und wirkt sich damit doppelt negativ aus. Neben dem Negativaspekt der geringeren Rentenpunkte ist das Gehalt nach der Arbeitslosigkeit oft zunächst geringer als zuvor.[77]

Das war schon reichlich komplexer Input. Wenn ihr aber jetzt denkt, ihr wisst alles über die Altersversorgung – weit gefehlt! Beamte bekommen nämlich keine Rente, sondern Pensionen, die wiederum ganz anders berechnet werden. Außerdem gibt es weitere Säulen der Altersvorsorge, nämlich die Betriebsrenten, man kann riestern und rüruppen und, und, und ... Aber das würde den Rahmen dieses Buches sprengen, und dann bräuchte man wahrscheinlich bis zur Rente, um es zu lesen.

DER BREXIT

Lieber Bijan, die Briten und Britinnen haben immer schlechtes Wetter und faule Zähne, können wir uns also über den Brexit freuen?

Die Entscheidung zum Brexit ist ein historischer Moment gewesen, ohne Frage. Grund zur Freude haben wir allerdings nicht. Zwar können Schadenfreude und das Amüsement über die vielen Vorurteile, die es hierzulande bezüglich der Insel gibt, über den Verlust hinweghelfen, aber mehr eben auch nicht.

Wie auch über dem Wahlsieg von Donald Trump liegt über dem Brexit-Votum ein dichter Schleier der Spekulation. Mit nur 52 Prozent haben die Briten für einen Austritt aus der EU gestimmt. Was hat am Ende den Ausschlag für diese Entscheidung gegeben? War es die Zuwanderung, die soziale Ungerechtigkeit oder war es womöglich das, was die Big-Data-Spezialisten von Cambridge Analytica daraus gemacht haben, wie schon beim Wahlkampf in den USA 2016? Oder war das Votum Ausdruck der Spaltung der Gesellschaft in «anywheres» und «somewheres», in die Kosmopoliten und Kosmopolitinnen und die Kommunitaristinnen und Kommunitaristen, in Globalisierungsgewinner und -verlierer?

Der britische Autor David Goodhart hat die Begriffe Anywheres (Überall-Menschen) und Somewheres (Irgendwo-Menschen) eingeführt, um die beiden, in ihren Werten sehr unterschiedlichen, Gruppen in Westeuropa zu benennen. Dabei sind die Somewheres die, die in einer Region verwurzelt sind, die, die Zuwanderung als befremdlich und verstörend empfinden, die, die Veränderung als negativ betrachten und die, die in der Regel weniger gut gebildet sind. Anywheres hingegen sind die, die urban leben, die, die sich über Bildung und beruflichen Erfolg identifizieren und die, die Zuwanderung und Wandel als neue Chancen begreifen.[78]

Auch die Begriffe *Kosmopoliten* bzw. *Kosmopolitinnen* und *Kommunitaristen* bzw. *Kommunitaristinnen* bezeichnen zwei verschiedene Gruppen innerhalb einer Gesellschaft. Sie entstehen durch die kulturelle Spaltung, die neben der ökonomischen und sozialen Spaltung Deutschland in zwei Gruppen teilt. Die Kosmopolitinnen und Kosmopoliten werden dabei als Globalisierungsgewinnerinnen und -gewinner gesehen. Diese Gruppe ist vergleichsweise besser gebildet und steht offenen Grenzen, sowohl für Flüchtlinge als auch für Waren, Dienstleistungen und Kapital, positiv gegenüber. Dabei hat sie kein Problem damit, dass der Nationalstaat politische Kompetenz abgibt. Ihnen gegenüber stehen die Kommunitaristen bzw. Kommunitaristinnen, die Globalisierungsverliererinnen und -verlierer. Ihnen sind die Grenzen ihres Staates wichtig, sie sind finanziell nicht so gut aufgestellt und tendenziell weniger gebildet. Sie identifizieren sich stark mit den Traditionen und ihrer regionalen Gemeinschaft und sind eher skeptisch dem Fremden gegenüber.

Auch wenn diese Definitionen sich leicht unterscheiden, zeigen sie doch alle gleichermaßen, dass sich die Gesellschaft in sich untereinander stark unterscheidende Gruppen aufteilen kann.

GRÜNDE FÜR DEN BREXIT-ENTSCHEID

Die jüngere Vergangenheit in Großbritannien ist geprägt von dem Zusammentreffen des durch die Thatcher-, aber auch die Blair-Ära nachhaltig beschnittenen Sozialstaats und der Bankenkrise vor kaum mehr als zehn Jahren, die noch im kollektiven Bewusstsein präsent ist. Dann noch ein Europa der offenen Grenzen und das Gefühl, dass man die Welt nicht mehr versteht, weil die einen in London Wirtschaft studieren und Auslandssemester in Australien machen, während die anderen in heruntergekommenen Baracken in Manchesters Southside hausen.

Im Vereinigten Königreich lassen sich die Unterschiede mit bloßem Auge oder besser mit offenen Ohren hören. Schon immer konnte man an der Aussprache hören, aus welcher sozialen Schicht jemand kommt. Auch heute noch ist die englische Gesellschaft, unter anderem durch die Monarchie, gefühlt stärker in «Oben» und «Unten» geteilt als dies in Deutschland der Fall ist.

Genügt diese Ausgangslage, um einen so tiefgreifenden Umschwung wie den Brexit einzuleiten? Die Voraussetzungen waren jedenfalls da. Die UK Independence Party (UKIP) hat das wohl bemerkt und darauf ihre Kampagne aufgebaut. Das Interessante dabei ist, dass, egal wo man hinblickt, gerade die konservativsten von allen, die Rechtspopulisten und -populistinnen, diejenigen sind, die sich der modernen Techniken des Campaignings am häufigsten bedienen. Wenn es um das Verbreiten von rückständigem Gedankengut und oft falschen «Tatsachen» geht, agieren die Ewiggestrigen äußerst fortschrittlich. Sie bespielen pausenlos und zielgerichtet die kommunitaristischen Somewheres.

Am deutlichsten zeigt sich die Bruchlinie zwischen den kosmopolitischen und den kommunitaristischen Anhängerinnen und

Anhängern der Labour Party. Nur wenige Wochen vor dem Referendum über den Brexit am 23. Juni 2016 war vielen Wählerinnen und Wählern nicht klar, ob die Labour Party nun für einen Austritt oder einen Verbleib in der EU wirbt. Eine Umfrage von YouGov ermittelte, dass mehr als ein Drittel der Briten und Britinnen Wochen vor der Abstimmung die Haltung der Labour Party in dieser Frage nicht kannten.[79] Diese unklare Haltung basierte auf mangelnder Profilierung.

Nach dem knappen Ergebnis kann man sich also fragen, ob eine deutlichere Profilierung am Ende den Ausschlag in die andere Richtung hätte bedingen können. So wirksam die auf Big Data basierenden Methoden im Online-Wahlkampf auch sind, macht es eine klare Haltung bei Sachfragen schwieriger, den politischen Gegner zu diskreditieren oder Ansatzpunkte für Fake News zu finden.

Doch die britische Labour Party steht mit dem Problem einer nebulösen Haltung nicht alleine da. Wie alle sozialdemokratischen Parteien in Europa vereint sie seit jeher sozial orientierte und weltoffene Menschen.

Diese beiden Gruppen vertraten in der Debatte um den Brexit unterschiedliche Meinungen. Während die einen die oft Beschriebenen mit den schlechten Zähnen sind, schützen die anderen ihre teuren Frisuren mit noch teureren Regenschirmen vor dem regnerischen Inselwetter. Doch ist die EU an den schlechten Zähnen schuld, weil sie eben mehr Binnenmarkt als Sozialunion ist? Fürs Wetter jedenfalls kann die EU nichts.

Sicher haben es die Sparprogramme in den südlichen Mitgliedstaaten, die als Folge der Banken- und Finanzkrise etabliert wurden, den Linken schwer gemacht, inbrünstig für dieses Europa zu kämpfen. Aber das hätte man in der Labour-Partei thematisieren müssen, statt im Werben für den Verbleib nur Kritik zu platzieren.

Erst bleiben, dann verändern, hätte das Motto lauten müssen. Im Kampagnen-Englisch wäre daraus wohl «Remain and Reform» geworden.

BREXIT UND DAS BRITISCHE GESUNDHEITSSYSTEM

Denn am Ende wird die Gesundheitsversorgung (Thema schlechte Zähne) durch den Brexit nicht besser, wahrscheinlich wird sie sogar eher schlechter. Im Januar 2018 wandten sich über 60 Ärztinnen und Ärzte, die Notaufnahmen überall im Land leiten, in einem Brief an die Premierministerin Theresa May. Darin legten sie die unhaltbaren Zustände in der Gesundheitsversorgung dar, die aus fehlenden Mitteln und mangelndem Personal resultieren. Das sind die Folgen eines 2010 begonnenen Sparprogramms der Regierung. Beispielsweise mussten nicht überlebensnotwendige Operationen von etwa 50 000 Menschen aufgrund der Überlastung der Krankenhäuser verschoben werden.[80]

Im Gegensatz zum deutschen System wird das britische Gesundheitssystem nicht aus Krankenkassenbeiträgen, sondern aus Steuermitteln finanziert und wurde daher zum Wahlkampfthema. Die Vote-Leave-Kampagne propagierte unter anderem mit Aufschriften auf Nahverkehrsmitteln, sie wolle 350 Millionen Pfund, die aktuell noch jede Woche an die EU gingen, lieber in das Gesundheitssystem stecken. Weder stimmt die Summe, die angeblich jede Woche nach Brüssel geht, noch ist bisher ein Gesetzesänderung zum NHS angegangen worden.

Nicht anders als in Deutschland, fehlen auch in Großbritannien Tausende Fachkräfte in der Pflege. Auf vielen der noch besetzten

Stellen sitzen EU-Ausländerinnen und -Ausländer. Auch beim medizinischen Fachpersonal war die Insel ein beliebtes Ziel, wenn es darum ging, die Arbeitsfreizügigkeit des europäischen Binnenmarktes zu nutzen. Einen Job in einem englischen Krankenhaus zu bekommen, wird zukünftig schwieriger werden. Statt als Teil der Lösung wurden die EU-Ausländer und -Ausländerinnen als Teil des Problems gesehen, die das englische Gesundheitssystem belasten. Dieses Beispiel zeigt, wie die EU zum Sündenbock für vieles gemacht wird, was in der nationalen Politik an Fehlern gemacht wurde.

Wahrscheinlich wird es dann im März 2019 so weit sein. Theresa May und der britische Brexit-Minister David Davis werden den Tag des Austrittes gemeinsam begehen. Mir bleiben die schönen Erinnerungen an die Insel mit den Besuchen bei Freunden, die dort studiert haben, dem heruntergekommenen Bahnhofsvorplatz von Coventry oder Shakespeares Geburtshaus in dem kleinen verträumten Städtchen Stratford-upon-Avon.

Vor vielen Jahren habe ich mir in England eine Jacke aus Wachstuch gekauft, die ich immer wieder habe ausbessern lassen, damit sie mich noch viele weitere Jahre begleitet. Die kann mir keiner nehmen. Als ich sie in dem kleinen Anglerladen mit Pfund bezahlte, hielt sie mir schon damals vor Augen, dass der Euro wohl nie die Insel erreichen würde. Aber an einen Austritt Englands aus der EU hätte ich nie geglaubt.

Aber wenn ich ganz ehrlich bin, stellte sich bei den nettesten Gästen im Pub früher oder später immer heraus, dass es Iren waren. Und zumindest die bleiben uns ja wenigstens zur Hälfte erhalten.

Doch wie bringt man die gesellschaftlichen Gruppen der Kosmopoliten und Kosmopolitinnen und die Kommunitaristen und Kommunitaristinnen wieder zusammen?

Es braucht eine Reform der EU, die auch unter sozialen Gesichtspunkten erlaubt, uneingeschränkt für eine Europäische Union zu werben.

Aber auch die nationale Politik aller Mitgliedsstaaten muss sich ändern. Sie darf nicht alles, was schlecht läuft, auf Brüssel schieben und alles Positive für sich reklamieren. Außerdem braucht die EU eine offene Debatte und einen Austausch zwischen allen Gruppen der Gesellschaft, vor allem aber zwischen den beiden genannten.

Ich persönlich würde mich als sowohl als auch, sowohl kosmopolitisch als auch kommunitaristisch einordnen. Vielleicht liegt es daran, dass ich bei meinen deutschen Großeltern aufgewachsen bin, deren Umfeld ich eher als kommunitaristisches SPD-Milieu beschreiben würde. Ich selbst bin jedoch spätestens durch mein Frankfurter Umfeld im Studium zu einem kosmopolitischen SPD-Mitglied geworden. Durch meine regelmäßigen Besuche zu Hause und mein Engagement für die Kommunalpolitik habe ich aber nie das Verständnis und den Kontakt zu anderen Sichtweisen verloren.

Anders als in dem Buch von Didier Eribon *Rückkehr nach Reims* waren meine Positionen nicht so extrem, der Draht nie weg und ich vielleicht nie weit von Roßdorf, meinem Zuhause, entrückt, und es hatte sich politisch nicht massiv verändert, sodass dieses Buch nicht *Rückkehr nach Roßdorf* heißen muss.

Kurz, die sozialdemokratischen Parteien in Europa müssen sich erneuern, wenn sie proeuropäische Volksparteien sein wollen. Sie müssen Plattform sein für ehrliche, offene Debatten und für Verständnis sowie Dialog werben.

FLUCHT UND VORURTEIL

Lieber Bijan, hört das mit den Flüchtlingen wieder auf, und soll es eine Obergrenze für Flüchtlinge geben?

Mal angenommen, wir würden es so machen wie in der Kultsendung *Familien-Duell* und 100 Leute fragen: Nennen Sie einen Umstand, der Sie dazu veranlassen würde, Ihre Heimat zu verlassen. Würde man diese Frage so oder so ähnlich ohne jeglichen Zusammenhang in einer Fußgängerzone an Passantinnen und Passanten richten, bekäme man höchstwahrscheinlich folgende Antworten:

1. Krieg,
2. Hungersnot,
3. Arbeitslosigkeit / Perspektivlosigkeit.

Darüber hinaus würden viele ältere Herrschaften aus Schlesien oder Pommern vielleicht noch antworten: «Wenn die Russen kommen.» Der Spruch war vor zehn Jahren noch ein schlechter Scherz, jetzt ist die Begründung in der Freien Republik Donezk hochaktuell.

Um die Frage zu klären, ob «das mit den Flüchtlingen» wieder aufhört, sollten wir zunächst klären, wo das mit den Geflüchteten seinen Anfang genommen hat. Was sind denn eigentlich die Ursachen dafür, dass Menschen aus ihren Heimatländern nach Europa fliehen? In erster Linie sind es die oben genannten und guten Gründe, einen Ort zu verlassen. Aber um auch den deutschen Stammtisch argumentativ zu erreichen, braucht es wohl ein anschaulicheres Beispiel. Nehmen wir mal an, es gibt in einer Kneipe kein Bier mehr oder es beginnt gerade eine Schlägerei. Was tun? Am besten, man geht eben nach Hause. Was aber, wenn der Ort, an dem es statt einem frisch gezapften Pils lediglich Gewalt gibt, das eigene Zuhause ist? Man flieht und sucht sich eine neue Heimat – mit Getränken, ohne Gewalt.

GESCHICHTE DER KONFLIKTE – GESCHICHTE DER FLUCHT

Seit 1992 veröffentlicht das Heidelberger Institut für Internationale Konfliktforschung e.V. eine jährliche Analyse des globalen Konfliktgeschehens, das Konfliktbarometer. Dieses Instrument dient dazu, «Gewalt» zu quantifizieren. Laut Angaben der Heidelberger Forscher wurden im Jahr 2017 weltweit 222 gewaltsam ausgetragene Konflikte gezählt.[81] Vor allem aber hat sich seit dem Zweiten Weltkrieg die Art der Auseinandersetzungen stark gewandelt, sodass immer mehr die Zivilbevölkerung zum Opfer militärischer Auseinandersetzungen wird.

Hinzu kommt, dass die weltweiten Konflikte bis heute sehr ungleich verteilt waren. Über 90 Prozent aller Kriege fanden in der «Dritten Welt» statt. Um in der Metapher von oben zu bleiben: Die meisten schäbigen Bars, in denen es regelmäßig auf die Fresse gibt und nix zu saufen, findet man in Entwicklungsländern. Solange sich daran nichts ändert, werden sich weiter Geflüchtete auf den Weg machen.

Hält man sich vor Augen, dass es nur etwa 25 Jahre her ist, dass sich die erst frisch wiedervereinte Bundesrepublik in einer ähnlichen Situation wie heute sah, als viele Flüchtlinge aufgrund der Jugoslawienkriege nach Deutschland kamen, wird klar: Gestorben wird immer, geflüchtet aber eben auch. Das Ausmaß der Geflüchteten sowie die Debatten ähneln sich auf eine unglaubliche Art. So schrieb der *Spiegel* in seiner 15. Ausgabe des Jahres 1992 am 6. April: «Sie kommen, ob wir wollen oder nicht – Eine Rekordzahl von Bewerbern bat im März um Asyl». Auch die knapp 444 000 Asylanträge, die schlussendlich im gesamten Jahr 1992 gestellt wurden, liegen nur knapp hinter den gut 476 000 aus dem Jahr 2015.[82] Damals kamen aus dem zerfallenden Jugoslawien Hunderttausende zu uns. Der Grund zu fliehen ist auch heute derselbe: Aus zerfallenden Staaten, wie Syrien, dem Irak, Afghanistan, dem Sudan oder Eritrea, kommen die Menschen zu uns. Auch jetzt hoffen sie, Schutz vor Krieg, Verfolgung und der Zerstörung ihrer Existenz zu finden. Auch Anfang der 1990er Jahre warf man der Regierung Versagen und den Kommunen Planlosigkeit vor. Aber bewältigt wurde diese Herausforderung dennoch. «Wir schafften das!» Nur zogen die Politiker und Politikerinnen danach nicht die richtigen Konsequenzen.

ÄNDERUNGEN IM ASYLRECHT

Als daraufhin 1993 unter Zustimmung aller im Bundestag vertretenen Parteien – zu dieser Zeit waren das CDU/CSU, SPD und FDP – das Grundgesetz geändert wurde, um das Recht auf Asyl einzuschränken und unter anderem das Konzept der sicheren Herkunftsstaaten einzuführen, gingen zwar die Zahlen zurück, allerdings wurde auch die Grundlage für das Schleppertum gelegt.

Doch anders als in der öffentlichen Debatte oft dargestellt, sind die Menschen auf der Flucht die Betrogenen und nicht die Betrüger oder Betrügerinnen.

Auch in den vergangenen Jahren wurde, wie in Zeiten hoher Migrationszahlen üblich, reflexartig nach weiteren Veränderungen im Asylrecht gerufen, beziehungsweise die Benennung weiterer sicherer Herkunftsstaaten zur vermeintlichen Verbesserung der Situation ins Feld geführt. Aktuell stehen auf dieser Liste die Mitgliedstaaten der Europäischen Union, Senegal, Ghana, Albanien, Bosnien und Herzegowina, Kosovo, Mazedonien, Serbien und Montenegro.[83]

Geht es um eine Ergänzung dieser Liste, stehen die Maghreb-Staaten immer ganz oben auf dem Wunschzettel konservativer Kräfte. Auch das Land, aus dem mein Vater stammt, Marokko, gehört neben Algerien und Tunesien dazu.

Die Nationalität eines Menschen hat Auswirkungen auf das Asylverfahren. Geflüchtete können zwar, auch wenn sie aus einem sicheren Herkunftsland stammen, Asyl beantragen, jedoch muss dazu die sogenannte Regelvermutung – am Heimattresen ist ausreichend Bier vorhanden und niemand prügelt sich – mit Beweisen widerlegt werden. Ohne eine Widerlegung wird der Asylantrag als unbegründet abgelehnt. Um solche Verfahren möglichst schnell zu beenden, gelten in einem solchen Fall verkürzte Fristen. Außerdem erlaubt diese Bestimmung den Behörden, abgelehnte Asylbewerber in ihre Heimat abzuschieben.

Hier müssen wir uns mit einer Frage auseinandersetzen: Können wir Menschen guten Gewissens in ihr Heimatland zurückschicken? Länder, in denen Krieg herrscht, können wir nicht als sicher deklarieren. Vor dem Hintergrund der historischen Verantwortung Deutschlands und der Erfahrungen, die die ältere Generation mit Krieg gemacht hat (die teilweise selbst vor den Nazis ins Ausland geflohen ist), kann das Recht auf Asyl für durch Krieg Vertriebene nicht in Frage gestellt werden.

In Afghanistan, einem Land, aus dem uns an guten Tagen Nachrichten über junge Mädchen erreichen, die nach dem Ende der Talibanherrschaft jetzt Skateboard fahren, trifft am Tag darauf ein Terroranschlag das Zentrum der Hauptstadt Kabul. In manchen Provinzen des Landes herrscht längst wieder Chaos und sie versinken in der Gewalt durch die Taliban. Die Islamisten und Islamistinnen sind eben zäh, was man allein schon daran erkennt, dass sie in einem zehnjährigen Krieg die Russen kleingekriegt haben.

Dieses Land soll also, ginge es nach konservativen Kräften, zum sicheren Herkunftsland erklärt werden. Knapp 500 zivile Todesopfer durch Anschläge durch die Taliban und den IS hat es allein in Kabul im Jahr 2017 gegeben.[84] Das Auswärtige Amt warnt dringend vor einem Aufenthalt in Afghanistan. Lediglich einige draufgängerische Backpackerinnen und Backpacker und Studenten und Studentinnen der Geisteswissenschaften mit diagnostiziertem Helfersyndrom wagen sich in das Land. Die einen, um Opium zu rauchen, die anderen, um Waisenkindern gebrochenes Englisch beizubringen. Eine weitaus größere Gruppe, die durch das Land reist, ist die der zahllosen Binnengeflüchteten und Abgeschobenen aus den Nachbarländern, mit denen Afghanistan überfordert ist. In dieser Lage befindet sich das Land nun schon einige Jahre.

Hält der geneigte Leser und die geneigte Leserin es immer noch für sinnvoll, Afghanistan auf die Liste der sicheren Herkunftsländer zu setzen, möge er und sie dabei bedenken: Ein junger Afghane, der um sein Leben bangt, wird kaum noch eben kurz in deutschen Gesetzbüchern blättern, um die Erfolgschancen seines Asylantrages realistisch einzuschätzen. Diese Idee ist absurd und naiv zugleich. Statt über den schwierigen Rechtsweg wird er sich über den realen Weg nach Europa Gedanken machen und feststellen, dass es den einfachen Weg dorthin nicht gibt. Daher wird er sich von dubiosen Schleppern für eine horrende Summe eine Überfahrt besorgen, weil legale Einreisemöglichkeiten fehlen.

DIE VERMEINTLICHE LÖSUNG DES PROBLEMS

Gesetzesänderungen sind daher kein Beitrag zur Lösung des Problems. Lediglich eine Mauer entlang der europäischen Außengrenzen würde den Schleppern das Leben erschweren. Allerdings ist diese Vorstellung noch verrückter als die Idee Donald Trumps, eine Mauer entlang der mehr als 3000 Kilometer langen Grenze zwischen den USA und Mexiko zu bauen. Eine europäische Variante verliefe zum Großteil entlang der Küstenlinie von Italien, Griechenland und Spanien sowie deren Inseln. Hotelzimmer mit Meerblick für deutsche Touristen wären dann vermutlich wohl passé.

Ähnlich absurd erscheint die Idee, das gesamte Mittelmeer flächendeckend zu überwachen. Da die Benennung von weiteren sicheren Herkunftsländern und andere Gesetzesänderungen die Geflüchteten aus genannten Gründen mäßig beeindrucken wird, bleibt nur, eine langfristige Lösung zu suchen. Die kann lediglich darin bestehen, die Fluchtursachen zu bekämpfen.

Denn solange Armut, Hunger, Perspektivlosigkeit und zunehmend auch Naturkatastrophen aufgrund der Klimaveränderungen Menschen in ihrer Heimat bedrohen, wächst der Druck, von dort zu flüchten.

Sicherlich sind die westlichen Industriestaaten nicht allein für die Situation in diesen Ländern verantwortlich, aber sie tragen durchaus ihren Teil dazu bei. Viele in Europa hergestellte Lebensmittel überschwemmen beispielsweise den afrikanischen Markt und zerstören so die Lebensgrundlagen der lokalen Bauern. «Lebensmittel» ist bei vielen der hier angesprochenen Produkte jedoch eine freundliche Umschreibung. Tatsächlich sind es in vielen Fällen die in Deutschland weniger beliebten Hühnerbeine, die man guten Gewissens als Schlachtabfälle bezeichnen kann. Na gut, wenn's dem Afrikaner schmeckt und günstig ist, könnte man noch auf die Idee kommen, es sei eine Wohltat.

Und auch der vorrangig von den Industrienationen verursachte Klimawandel trifft in Form von beispielsweise Dürren besonders negativ die Völker, die ohnehin schon hungern.

Ferdinand Lassalle, einer der Gründerväter der SPD, sagte bereits 1862 bei einer Rede in Berlin folgenden Satz: «Alle große politische Action besteht in dem Aussprechen dessen, was ist, und beginnt damit. Alle politische Kleingeisterei besteht in dem Verschweigen und Bemänteln dessen, was ist.»[85]

«Für einen Strand, an dem wir gut und gerne liegen können.» Dieser Slogan der Partei DIE PARTEI hat in Verbindung mit einem Plakat im Stil der CDU, auf dem der ertrunkene dreijährige Flüchtling Aylan Kurdi zu sehen ist, für große Empörung gesorgt. Tatsächlich spricht die Satirepartei damit das an, was ist. Wenn Europa sich abschottet und es kaum legale Wege für Zuwanderung gibt, ersaufen kleine Kinder. Zu Hause haben sie vielleicht Durst gelitten und ertrinken dann auf der Flucht im Mittelmeer.

Wir sollten also ehrlich aussprechen und nicht verschweigen, dass eine harte Asylpolitik zwar die Zahl derer, die bei uns ankommen, bis zu einem gewissen Maß reduziert, aber auch Menschen in den Tod treibt.

Je schwieriger die Umstände in den Herkunftsländern werden, desto mehr sind auch die Menschen bereit, eine Flucht auf sich zu nehmen. Also werden Geflüchtete weiterhin zu uns kommen, und das wird so bleiben! Eine Studie des Instituts für Arbeitsmarkt- und Berufsforschung zeigt, dass nur etwas mehr als ein Viertel aller Geflüchteten noch nachzugsberechtigte Verwandte im Ausland haben.[86] Es wird also in den nächsten Jahren voraussichtlich kein Problem sein, den Familiennachzug zu regeln.

ORGANISATION DES FLÜCHTLINGSSTROMS

Damit wir allerdings langfristig mit dieser Situation umgehen können, muss ein neuer europäischer Verteilungsschlüssel für Geflüchtete festgelegt werden. Das aktuell existierende Dublin-II-Verfahren, bei dem eine Abschiebung in das Land erfolgt, über das die EU als erstes betreten wurde, belastet unter anderem Italien und Griechenland ungerechterweise.

Um unwillige EU-Mitgliedsstaaten – sagen wir mal – zu «motivieren», sich einer Neuregelung des Dublin-Verfahrens anzuschließen, werden alle Fördermittel aus dem Europäischen Sozialfonds (ESF) und dem Europäischen Fonds für regionale Entwicklung (EFRE) sowie dem Europäischen Landwirtschaftsfonds für die Entwicklung des ländlichen Raums (ELER) daran gekoppelt.

Aber es wird neben Fördermitteln als disziplinierende Maßnahme auch finanzielle Mittel für Integration und Qualifizierung brauchen. Aber dafür kann man auch Schulden machen. Ja ich weiß, Schulden belasten die nachfolgende Generation, zu der auch ich gehöre. Es wird aber ebenso eine nachfolgende Generation von Afghanen und

Afghaninnen und Syrerinnen und Syrern in Deutschland geben, die dann hoffentlich Deutsche sind und dazu beitragen, diese Schulden abzubauen. Dazu müssen wir die Geflüchteten aber entsprechend qualifizieren und integrieren. Sollte uns das nicht gelingen, sinkt die Pro-Kopf-Schuld glücklicherweise auch allein dadurch, dass die Bevölkerungszahlen überproportional zur Neuverschuldung steigen.

SITUATION IN DEUTSCHLAND

Wir können die momentane Zuwanderungssituation also schaffen. Damit darüber aber breiterer Konsens besteht, braucht die Gesellschaft Sicherheit und Zusammenhalt. Um Grenzen öffnen zu können, müssen sich die Menschen innerhalb dieser Grenzen sicher fühlen.

Die Politik hat Fehler gemacht, die dazu geführt haben, dass sich in der deutschen Gesellschaft Menschen überfordert und nicht beachtet fühlen. Für sie gibt es nur wenige Chancen in Deutschland. Das Aufstiegsversprechen der sozialen Marktwirtschaft aus der guten alten Zeit gilt nicht mehr.

Dazu kommt eine steigende Anzahl von Personen aus der Mittelschicht, die sich davor fürchtet, sich keinen neuen Mittelklassekombi mehr leisten zu können. Der kostet ja immerhin etwa mindestens ein Jahresgehalt, brutto versteht sich. Diese (Abstiegs-)Ängste werden insbesondere von Rechtspopulisten geschürt. Den Nährboden dafür legen aber andere, nämlich diejenigen, die eine Politik für zu wenige zu verantworten haben.

Wenn das Aufstiegsversprechen wieder gilt und die jetzige und die folgenden Generationen nicht berechtigte Sorgen haben müssen, dass es ihnen finanziell schlechtergehen wird als ihren Eltern, kann man auch getrost die verbleibenden Personen, die sich nicht klar zum Recht auf Asyl bekennen, als ausländerfeindlich bezeichnen. Vermutlich wird es immer einen kleinen Teil der Gesellschaft geben, der Menschen wie mich, aufgrund der dunklen Haare, abfällig als Kanaken bezeichnet. Oder mich aufgrund meines Bartes sofort für einen radikalen Islamisten hält, obwohl ich konfessionslos bin und vielleicht nur der Mode folge. Diesen Leuten gilt: Nazis raus!

ALL INCLUSIVE – INKLUSION

Lieber Bijan, was hat es eigentlich mit dieser Inklusion auf sich?

Seit über zehn Jahren ist das «Übereinkommen über die Rechte von Menschen mit Behinderungen» der Vereinten Nationen in Kraft. In der sogenannten UN-Behindertenrechtskonvention werden die allgemeinen Menschenrechte auch für Menschen mit Behinderung besonders bekräftigt. Darüber hinaus werden noch weitere, konkret auf ihre Lebensrealität zugeschnittene Regeln festgeschrieben.

Eine der grundlegenden Ideen ist Inklusion. Während das Gegenteil Exklusion bedeute, also eine ganze Gruppe von Menschen aus der Gesellschaft auszuschließen, bedeutet Inklusion das genaue Gegenteil. Es gibt nur eine Gruppe in der Gesellschaft, nämlich Menschen.

WAS BEDEUTET INKLUSION?

Gar nicht so kompliziert, denkt man auf den ersten Blick. Doch der Teufel steckt im Detail. Während jeder schon mal von Integration gehört hat, beispielsweise in Bezug auf Menschen mit Migrationshintergrund, geht der Inklusionsbegriff noch weiter.

Um beim genannten Beispiel zu bleiben: Wenn türkische Gastarbeiter mit ihren Familien in einem Stadtteil mehr oder weniger unter sich leben, sich auf eine Siedlung von Sozialwohnungen beschränken, alle auf eine Schule gehen und die gleichen Rechte und Pflichten haben, aber eben nicht umfassend in die Gesellschaft inkludiert sind, können sie trotzdem als integriert angesehen werden. Im Falle von jungen Menschen mit Behinderung würde auch gelten, dass sie als integriert anzusehen sind, wenn sie zur Schule gehen können. Zur Schule gehen hieße in dem Fall aber auf eine eigene Schule, oft sind das Förderschulen. Der Schritt hin zur Inklusion wäre jetzt, diese Trennung innerhalb der Gesellschaft aufzuheben und eine gemeinsame Beschulung von Menschen mit und ohne Behinderung zu ermöglichen. Das heißt am Ende nicht, dass jedes Kind diese Schule besuchen muss, aber jedes Kind muss es theoretisch können. Und ja, die Kinder von Migranten und Migrantinnen gehören natürlich auch dazu.

SCHULISCHE INKLUSION

Dass das so sein muss, schreibt Artikel 24 der UN-Behindertenrechtskonvention vor. Mit der Unterzeichnung hat sich auch Deutschland dazu verpflichtet, durchzusetzen, dass kein Mensch aufgrund einer Behinderung vom allgemeinen Bildungssystem ausgeschlossen werden darf und darüber hinaus der Staat die notwendige Unterstützung bereitstellt, die Bildungserfolg für alle gewährleisten soll. Dahinter verbirgt sich auch eine ganze Reihe von konkreten Maßnahmen, die aber den Rahmen dieses Buches sprengen würden. Mir geht es ums große Ganze, was mich nicht davon abhält, auch ein wenig über meine Schulzeit zu berichten.

INKLUSION IN DEN 1990ER JAHREN

Eingeschult wurde ich 1995 in Darmstadt. Nach dem Tod meiner Mutter wuchs ich bei meinen Großeltern auf und verbrachte daher meine restliche Grundschulzeit ab 1996 in Roßdorf. Tourette hatte ich da schon. Beide Grundschulen waren normale Schulen.

Zu dieser Zeit hatte ich schon Tics, die auffällig waren. Auf meine plötzlichen und wiederholten Handbewegungen wiesen mich die Lehrerinnen und Lehrer oft lediglich hin, ohne darin ein «krankes» Verhalten zu sehen. «Lass das doch!» oder «Hör damit auf!» dürften Sätze sein, die jeder Mensch mit Tourette im Laufe seines Lebens häufig hört. Ebenso erging es mir.

Allerdings nahm im Laufe der Zeit die Intensität sowie die Komplexität meiner Tics zu, sodass spätestens nach etwa ein bis zwei Jahren klar wurde, dass es sich bei meinen Zuckungen um mehr als schlechte Angewohnheiten handelte. Allerdings vergingen auch noch einige Jahre bis zur letztendlichen Diagnose – Tourette-Syndrom.

Ab 1999 besuchte ich dann die Edith-Stein-Schule, ein katholisches Gymnasium in Darmstadt. Eigentlich verwunderlich, da es doch für einen konservativen katholischen Pfarrer offensichtlich hätte sein müssen, dass in mir der Teufel persönlich sein Unwesen treibt. Ich kann jedoch versichern, einen Exorzismus wollte niemand dort mit mir durchführen, auch wenn ich dazu gelegentlich vielleicht einen Anlass geliefert hätte. Wie die meisten anderen auch habe ich mal Mist gebaut, aber am Ende unter ganz normalen Umständen mein Abitur gemacht.

ARGUMENTE GEGEN INKLUSION

In der bildungspolitischen Diskussion zum Thema Inklusion äußern konservative Bildungspolitikerinnen und -politiker, aber auch häufig Eltern Bedenken, ob der inklusive Unterricht allen Kindern gerecht werde. Zunächst einmal würde ich allen Eltern unterstellen, dass sie die bestmögliche Förderung für ihr Kind wollen.

Wenn es dann darum geht, in welchem Umfeld das eigene Kind beschult werden soll, richten Eltern verständlicherweise ihren Blick auf den Bildungserfolg, also auf gute Noten. Vor dem Hintergrund der gestiegenen Erwartungen und Anforderungen an Studium und Karriere sorgen sie sich darum, dass ihr Kind nicht bestmöglich gefördert werden könnte, wenn beispielsweise durch Inklusion Rücksicht auf lernschwächere Kinder genommen wird.

Die Eltern von Kindern mit Behinderung argumentieren unter Umständen, dass sie in einer normalen Schule eine Überforderung ihres Kindes befürchten und daher eine gesonderte Beschulung bevorzugen.

Ich kann die Einwände beider Parteien nachvollziehen, allerdings richten sie, meines Erachtens nach, den Fokus auf das falsche Ziel, denn beiden Argumentationen liegt eine bestimmte Sichtweise auf Bildung zugrunde.

Die Eltern von Kindern ohne Einschränkung, die so argumentieren, haben einen ökonomisierten Blick auf den Bildungsweg ihrer Schützlinge, indem die Rücksichtnahme auf andere der individuellen Karriere zum Nachteil gereichen kann. Die Eltern von Kindern mit Behinderung unterschätzen möglicherweise ihr Kind. Aus Angst vor den Anforderungen der Inklusionsschulen schrecken sie vor ihnen zurück.

Das Beste für sein Kind zu wollen und es gleichzeitig inklusiv beschulen zu lassen, muss kein Widerspruch sein. In Bezug auf mich hatte das immerhin zur Folge, dass heute ziemlich viele meiner ehemaligen Mitschülerinnen und Mitschüler einen unverkrampften und offenen Umgang mit Tourette haben dürften. Das ist an sich schon ein Gewinn.

Eigentlich sollte es im Interesse der Eltern sein, dass ihre Kinder in der Schule mehr als nur Wissen vermittelt bekommen. Stattdessen sollten sie Werte, kritisches Denken und Sozialkompetenz erlernen. Diese Lernziele gehören zu dem Aufgabenbereich einer Schule. Jedoch fand in den vergangenen Jahrzehnten eine zunehmende Ökonomisierung der Bildung statt, und der Fokus wurde immer mehr auf das spätere Berufsleben und wirtschaftlichen Erfolg im Erwachsenenalter gelegt. Das Ziel, mündige Bürgerinnen und Bürger zu schaffen, geriet aus dem Blickfeld. Daher ist es möglicherweise auch schwieriger, der Inklusion in der Gesellschaft zum Durchbruch zu verhelfen.

Wechselt man den Blickwinkel auf Bildung weg von einer rein humankapitalistischen Sicht, kann der Widerspruch zwischen der bestmöglichen Förderung in der Schule dahingehend aufgelöst werden, dass Bildungserfolg nicht allein an der Menge an vermitteltem Wissen bemessen wird, das einem Kind in möglichst kurzer Zeit beigebracht wird. Es ist vielmehr im Interesse der gesamten Gesellschaft, Menschen für ein soziales Miteinander zu sensibilisieren, das es ihnen später möglich macht, glücklich und respektvoll zusammenzuleben.

Dennoch müssen die Sorgen beider Seiten ernstgenommen werden. Um ein inklusives Schulsystem so zu gestalten, dass es für Kinder mit und ohne Behinderung auch in Hinblick auf die spätere Karriere und die notwendigen Sozialkompetenzen die bestmögliche Förderung bietet, benötigen wir deutlich mehr Lehrerinnen und Lehrer. Aber auch mehr Sonderpädagoginnen und Sonderpädagogen sind nötig, die die Lehrkräfte im Klassenzimmer unterstützen sowie Schulsozialarbeit in deutlich größeren Umfang als bisher durchführen. Auch Physio-, Ergo- und Sprachtherapeutinnen und -therapeuten müssen dazu stärker in den Schulalltag einbezogen werden.

Im Übrigen wird oft vergessen, dass die Gleichberechtigung auch über die schulische Ausbildung hinaus besteht, also bei der Berufsausbildung ebenso wie an Universitäten und Hochschulen sowie in der Aus- und Weiterbildung. Das Recht auf Bildung gilt also universell, auch in Bezug auf das lebenslange Lernen. Alle Jugendlichen haben ein Recht darauf, eine Ausbildung zu erhalten, die ihren Möglichkeiten entspricht und sie auf das Berufsleben vorbereitet.

INKLUSION AN DER UNIVERSITÄT

In meiner Zeit in der Uni war mein Tourette nur während der Prüfungsphase ein besonderes Thema. Ich durfte meine Klausuren nämlich alleine schreiben. «Nachteilsausgleich» nennt sich das in der Sprache der universitären Bürokratie. Jetzt muss ich an dieser Stelle etwas tun, was sonst kaum ein Student je tut: großes Lob an das Prüfungsamt der Goethe-Universität Frankfurt am Main! Hier hat sich jede und jeder Mühe gegeben, ein Umfeld zu schaffen, das Studieren unabhängig von Einschränkungen ermöglicht. Neben mir schrieben einige weitere Studierende ihre Klausuren vor Ort im Prüfungsamt. Von Sehbehinderung über Tourette – alles war dabei. Ich glaube, dass dadurch einige Personen ihr Studium meistern konnten, die es unter anderen Umständen nicht geschafft hätten, was nicht an ihren intellektuellen Leistungen gelegen hätte. Das ist ein Gewinn für die Gesellschaft.

Wenn sich die Inklusion in allen diesen Bildungsbereichen durchsetzt und unsere Gesellschaft vollständig inklusiv geworden ist, glaube ich daran, dass viel mehr Menschen mit Besonderheiten großen Erfolg in jeglicher Hinsicht haben werden. Dann können Bildungsabschlüsse und Karriere genauso wie sportlicher Erfolg mit Behinderung gelingen. Ich glaube daran, weil ich es selbst erlebt habe. Meine Geschichte soll auch anderen Menschen Mut machen.

Mein Leben ging nach Schule und Studium ohne größere Probleme weiter, und ich habe seitdem auf unterschiedlichen Ebenen viel erreicht. Ich habe einen Job im Thüringer Wirtschaftsministerium gefunden und es in der Politik über die Jusos bis in den Kreistag des Landkreises Darmstadt-Dieburg geschafft.

VIELFALT IST MEHRWERT

J. Richard Hackman fand 1990 in wissenschaftlichen Studien heraus, dass durch Vielfalt geprägte Gruppen oft kreativere und bessere Lösungen finden als vergleichsweise homogene Arbeitsgruppen.[87] Es ist also Zeit, dass die Unternehmen und der Staat die besonderen individuellen Stärken und Fähigkeiten aller Menschen nutzen. Einige sind zwar etwas anders, aber genau darin liegt eine Bereicherung.

Auch wenn er dafür formal gar nicht zuständig war, betrieb der Staatssekretär in Thüringen, Georg Maier, aktiv Inklusion. Das Feierabendbier trank er am liebsten zusammen mit seinem persönlichen Referenten Julian, dem ein Stück Arm fehlt, und mir, der ja bekanntlich Tourette hat. Tolle Truppe! Aber nicht überall sind Führungskräfte so offen.

Insbesondere bei der beruflichen Inklusion von Menschen mit Behinderung besteht nach wie vor Handlungsbedarf. Die Arbeitslosenquote liegt in dieser Gruppe deutlich höher als im Durchschnitt. Betrachtet man den bevorstehenden Fachkräftemangel, lässt sich argumentieren, dass auch Inklusion einen Teil zu Abmilderung des Problems beitragen kann. Die Statistik der Bundesagentur für Arbeit zur Situation schwerbehinderter Menschen zeigt, dass unter schwerbehinderten Arbeitslosen anteilig sogar mehr Fachkräfte sind als bei nicht schwerbehinderten Arbeitslosen.[88]

Menschen mit Behinderungen profitieren von einer Anstellung. Gebraucht zu werden und eine Aufgabe zu haben, kann glücklich und stolz machen. Über die bestehenden gesetzlichen Regelungen hinaus bedarf es daher mehr politischen Engagements.

Ich glaube, dass mein Leben so gradlinig verlaufen ist, ist meiner Zielstrebigkeit und optimistischen Einstellung geschuldet. Trotz teils schwieriger Umstände würde ich mich als glücklichen und weitestgehend zufriedenen Menschen beschreiben. Meine bisherige Erfahrung ist, dass auch andere mich so wahrnehmen. Ich habe mich weder in der Schule noch im Studium oder Beruf entmutigen lassen – Tourette hin oder her. Ich habe mir mein ganzes Leben lang gesagt: «Denk positiv, sei offen und mach das Beste draus!» Ohne mein Umfeld und meine Familie, die mir stets den Rücken gestärkt haben – egal was ich vorhatte –, wäre mir das alles aber nicht gelungen. Diesen Rückhalt, aber auch das Vertrauen in sich brauchen Kinder mit einer Behinderung natürlich genauso wie alle anderen Kinder.

Ich weiß, dass mein Fall mit einer guten Ausbildung und einem anspruchsvollen Beruf nicht unbedingt die Regel ist. In vielen Bereichen muss Teilhabe von Menschen mit Behinderung eingefordert, ermöglicht und unter Umständen mit großer Anstrengung erkämpft werden. Wo größere Widerstände und überholte Denkweisen vorherrschen, genügen der Mut und die Kraft des Einzelnen oft nicht mehr. Hier sind Freundinnen und Freunde, Lehrkräfte, Professorinnen und Professoren gefragt, später dann Kolleginnen und Kollegen sowie Vorgesetzte – letztendlich die gesamte Gesellschaft.

Dabei sollte sich jede und jeder bei einer Person mit Behinderung fragen, wie kann ich unnötige Belastungen für mein Gegenüber vermeiden und mich stärker für die Belange von Betroffenen in meinem Umfeld einsetzen. Denn das ist nicht allein die Aufgabe von Behindertenbeauftragen und Interessenverbänden.

Dass es etwas bringt, sich lautstark zu äußern und einzubringen, zeigt unter anderem die Debatte zum Bundesteilhabegesetz. Behindertenverbände und Menschenrechtsaktivistinnen und -aktivisten haben gegen dieses Gesetz protestiert, da es in ihren Augen eine Verschlechterung der Situation von Menschen mit Behinderung darstellt.

Hier wurde von Aktivistinnen und Aktivisten, wie unter anderem Raul Krauthausen durch seine Petition für ein #Teilhabegesetz und Michel Arriens durch die Aktion «24 Stunden gegen das Bundesteilhabegesetz» Zeichen gesetzt. Durch diese politische Partizipation wurde ein massiver Rückschritt für Menschen mit Behinderungen in Deutschland verhindert.

Auch noch über zehn Jahre nach Inkrafttreten der UN-Behindertenrechtskonvention ist in Deutschland ein Paradigmenwechsel nötig, denn die vollständige Umsetzung der Forderungen, um die Situation aller Menschen mit Behinderung weiter zu verbessern, lässt auf sich warten.

Denn gesellschaftliche Akzeptanz und Anerkennung lassen sich nicht durch Gesetze erzwingen. Die genannten Beispiele zeigen, dass die öffentliche Debatte weiter vorangetrieben werden muss. Am einfachsten würde das funktionieren, wenn mehr Personen des öffentlichen Lebens nicht dem entsprechen, was gemeinhin als «normal» gilt.

SOZIALE INKLUSION

Sei es im Fernsehen oder in der Politik, Menschen mit Behinderung müssen in anderen Kontexten und ohne direkten Bezug zu den jeweiligen Handicaps selbstverständlich dargestellt werden.

Doch die Frage ist, wie? Dieses Ziel kann zum einen erreicht werden, indem ein Bewusstsein geschaffen wird und Menschen mit ihren unterschiedlichsten Fähigkeiten auch in Politik und Medien vorkommen. Wie wäre es mit einer Polit-Talkshow mit einer Moderatorin mit Tic? Mal einem Bürgermeister mit Handicap? Auch im Sport, wo es seit 1960 bereits die Paralympischen Spiele und seit 1968 auch die Special Olympics gibt, könnte sich mehr tun. Sportmoderatoren und -moderatorinnen mit Behinderung sollten nicht nur während dieser Zeit ran dürfen. Ich musste schon ein wenig schmunzeln, als ich das erste Mal davon las, welchen Vorteil eigens für Sprinter und Sprinterinnen und Weitspringerinnen und Weitspringer mit Beinamputation angefertigte spezielle Prothesen im Vergleich zu einem gesunden menschlichen Bein haben und daher gegebenenfalls als Vorteil gewertet werden könnten. Ähnlich absurd wäre es, mir in Bezug auf meine Leistung in der Politik durch die Tourette-Erkrankung einen Vorteil gegenüber anderen zuzusprechen. Ich konnte zum Beispiel durch meine Auftritte in der Serie *Frag ein Klischee* von Hyperbole.TV eine breitere Öffentlichkeit erreichen.

Hyperbole.TV ist ein Videonetzwerk, das bereits mit dem Grimme Online Award und 2018 für seine Produktion *Germania* mit dem Grimme-Preis ausgezeichnet wurde.

Auch die *Süddeutsche Zeitung* teilte online die Videos aus der *Frag ein Klischee*-Serie. Mein Video aus dieser Serie «Wann sind die Tics am schlimmsten?» hat auf YouTube mittlerweile etwa 520 000 Klicks. Damit trage ich auch noch Jahre nach der Veröffentlichung zu mehr Verständnis für von Tourette Betroffene bei.

Außerdem war ich in verschiedenen anderen Fernseh- und YouTube-Formaten zu sehen, u. a. mit Eckhard von Hirschhausen, Kelly MissesVlog und Fabian Siegesmund.

Indem Menschen mit verschiedensten Diagnosen, wie ich mit meinem Tourette, an die Öffentlichkeit gehen, wird einerseits wichtige Aufklärungsarbeit geleistet und andererseits öffentliche Wahrnehmung und Teilhabe an Medien erreicht.

Im Rahmen des Jugendsenders Funk bekam ich dann sogar mein eigenes Format: *Tourettikette*. Wichtig war mir dabei, dass es sich nicht nur mit dem Tourette-Syndrom beschäftigt. Dennoch wurden mir immer wieder Fragen zu mir und meinem Leben mit Tourette gestellt, das ist auch nicht weiter schlimm. Ziel war jedoch, den Bezug zu der Erkrankung im Titel zu belassen, aber inhaltlich einen satirischen Ratgeber zu produzieren, der sich nicht mit Tourette beschäftigt, sondern sich mit Ironie und Witz Themen wie Politik, Karriere und Liebe widmet. Genau solche Sendungen oder Veröffentlichungen meine ich, wenn ich sage, es muss eine Darstellung von Menschen mit Behinderung ohne ausschließlichen oder direkten Bezug zum Handicap geben. Natürlich wirft die Erkrankung noch immer Fragen auf, das Tourette ist ja immer da und für die meisten Menschen, die mir begegnen, noch neu. Ich würde mir aber wünschen, irgendwann mal eine Sendung zu moderieren, die in keinem Bezug zum Tourette-Syndrom steht. *Die Welt* bezeichnete mich übrigens im Zusammenhang mit *Tourettikette* als «Muppet unter Starkstrom», die Redakteure und Redakteurinnen haben es also noch nicht so verstanden mit der Etikette.

Neben der Darstellung einzelner Persönlichkeiten braucht es aber auch Menschen, die gemeinsam deutlich benennen, wie das Leben von Menschen mit Behinderungen verbessert werden kann. Selbsthilfegruppen und Verbände sind dabei von essenzieller Bedeutung, aber sie müssen eben auch gehört werden. Solche Gruppierungen gibt es inzwischen für fast jede Art von Behinderung, so bin ich zum Beispiel Mitglied in der Tourette-Gesellschaft Deutschland e.V. (TGD), um die Interessenvertretung von Menschen mit Tourette zu stärken.

Im Jahr 2018 bin ich das erste Mal als Gast bei der Jahrestagung der TGD gewesen. Als Sprecher habe ich an einer Podiumsdiskussion teilgenommen, um von meinem Alltag mit Tourette zu berichten. Das habe ich zwar schon viele Male getan, aber bei diesem Anlass habe ich das erste Mal vor «Fachpublikum», also vor Betroffenen, deren Angehörigen und Ärztinnen und Ärzten gesprochen.

Warum erzähle ich dort oder generell von Tourette? Eigentlich könnte ich meine Zeit mit einem guten Buch, im Stadion oder in der Kneipe verbringen. Ich will mir aber diese Zeit nehmen und mit meinen Auftritten und Debattenbeiträgen Menschen Mut machen. Ich möchte ein Plädoyer dafür halten, dass mit einer offenen Diskussionskultur die Gesellschaft zum Besseren verändert werden kann. Vielen Betroffenen fällt das sicher schwerer als mir. Daher verstehe ich es ein Stück weit als meine Pflicht, mich in der Öffentlichkeit auch für die starkzumachen, die im Verborgenen mit wahrscheinlich ähnlichen Problemen, Vorurteilen und Hindernissen wie ich zu kämpfen haben. Ich mache Aufklärungsarbeit, weil es mir leichter fällt als anderen, die dann in ihrer Zeit Dinge tun, die ihnen leichter fallen.

AKZEPTANZ ERKÄMPFEN

Für mehr Akzeptanz zu werben, kostet viele der Betroffenen viel Kraft. Aber auch Menschen, die sich bisher kaum mit Tourette auseinandergesetzt haben, sind teilweise am Anfang überfordert. Ich glaube, dass es bei vielen anderen Besonderheiten, mit denen Menschen im Alltag nicht regelmäßig konfrontiert sind, ähnlich ist.

Da hilft nur persönlicher Kontakt und Aufklärung.

Diesen einen Vorteil hatte die Wehrpflicht ja im Nachhinein dann doch, nämlich diejenigen, die Zivildienst geleistet haben, konnten so, oft zum ersten Mal, Erfahrungen in der Arbeit mit Menschen mit Behinderung sammeln.

Ob mit oder ohne diese Erfahrungen – in unserer Gesellschaft ist noch viel Aufklärungsarbeit zu leisten, und zur vollständigen Inklusion ist es noch ein weiter Weg. Doch wenn alle sich einbringen und offen sind, kommen wir ans Ziel. Wichtig ist nur, dass die Betroffenen Mut haben, an sich glauben und sich nicht unterkriegen lassen. Dann kann alles gelingen.

«Seid neugierig. Und wie schwer auch immer das Leben scheinen mag, so gibt es doch immer etwas, das ihr tun und worin ihr erfolgreich sein könnt. Es kommt darauf an, nicht aufzugeben»,[89] so formulierte es der wohl berühmteste Rollstuhlfahrer, der im Jahr 2018 verstorbene Astrophysiker Stephen Hawking.

UNSER GESUNDHEITSSYSTEM UND DIE KRANKENVERSICHERUNG

Lieber Bijan, warum gibt es verschiedene Krankenversicherungen, wenn alle dieselben Krankheiten bekommen können, und warum bekomme ich nie einen Termin?

Schaut man auf die Grundlage des ärztlichen Handelns, das Glaubensbekenntnis der Götter in Weiß, den hippokratischen Eid, so findet man Folgendes:

«Ich will [...] mich enthalten jedes willkürlichen Unrechtes [...]»[90]
Ist die aktuelle Situation in der ärztlichen Versorgung ungerecht? Viele würden sagen, ja. Aber, liebe Ärztinnen und liebe Ärzte, keine Sorge, der Eid ist rechtlich nicht verpflichtend, und auch andere Passagen, wie die zum Abtreibungsverbot und zur Sterbehilfe, stehen in unseren aufgeklärten Zeiten zur Diskussion. Warum dann nicht auch die mit dem Unrecht? Das Leben ist doch ohnehin nicht gerecht. Zwar können alle – wenn man mal von einigen speziellen Fällen absieht, die z.B. nur Frauen oder Männer bekommen können – die gleichen Krankheiten erleiden, aber nicht alle Menschen sind vergleichbar gesund oder werden gleich alt. Schon bei der Frage der Länge des Rentenbezugs wurde diese Ungerechtigkeit, die in der Natur des Menschen liegt, deutlich. Ärmere Menschen werden im Schnitt nicht so alt wie Menschen, die finanziell besser gestellt sind. Ein Grund dafür, dass

vermögendere Menschen länger leben, ist möglicherweise auch eine bessere medizinische Versorgung.

Studien belegen die Unterschiede in Unterbringungs- und Serviceleistungen nach Art der Krankenversicherung. Ebenfalls gibt es Hinweise darauf, dass der Zugang zu medizinischer Versorgung variiert.[91] Allerdings ist aus wissenschaftlicher Perspektive bisher nicht geklärt, ob den Patienten daraus ein gesundheitlicher Nachteil erwächst.

Im Durchschnitt geht es jedoch Menschen mit geringem Einkommen gesundheitlich oft schlechter.

In der Soziologie spricht man dabei von der meritokratischen Triade. Dieses Konzept basiert auf einem Schichtenmodell. Wir alle sind mit den Begriffen Unter-, Ober-, Mittelschicht vertraut. Und weil diese Einteilung jeder versteht, wurde es in Deutschland sogar auf Autos übertragen, und das will was heißen. Dort kann man seinem eigenen sozialen Status entsprechend einen Wagen aus der oberen Mittelklasse wählen, wenn man sich etwas besser fühlen möchte als der Rest der Mittelschicht. Oder man möchte zu einer bestimmten gesellschaftlichen Gruppe dazugehören und macht das durch den Kauf eines 5er-BMWs nach außen sichtbar.

Allerdings liegen Schichtmodellen keine Automodelle zugrunde, sondern Bildungsstand, Einkommen und Berufsgruppe. Dieser soziale Schichtindex – die meritokratische Triade von Bildung, Beruf und Einkommen –[92] kann als eine Determinante, also eine bestimmende Größe, für Lebenschancen oder aber für Überlebenschancen gesehen werden. Wer gut ausgebildet ist, bekommt einen guten Job und hat ein hohes Einkommen. Ein hohes Einkommen sichert den Zugang zur privaten Krankenversicherung und somit schnellen Zugang zu guten (Privat-)Ärzten und damit eine bessere Gesundheitsversorgung.

Die höhere Sterblichkeit der unteren Schichten lässt sich gemäß diesem Modell auf die tendenziell ungesündere Lebensweise (Rauchen, Alkohol, weniger Bewegung, ungesunde Ernährung), die oft stärkere körperliche Betätigung am Arbeitsplatz und die geringere Teilnahme an Präventions- und Früherkennungsmaßnahmen[93] zurückführen.

UNTERSCHIEDE BEI DEN KRANKENVERSICHERUNGEN

Wie bei der Rente auch besteht bei der Krankenversicherung grundsätzlich für fast alle eine Versicherungspflicht. Die meisten Menschen sind daher in einer der gesetzlichen Krankenversicherungen Mitglied. Daher der Name «gesetzliche», kurz GKV. Dazu gehören die großen Player wie die AOK, die DAK, die Betriebskrankenkassen und so weiter. Player klingt in diesem Fall ziemlich cool, ist es aber nicht zwingend. Die coolen Kids oder zumindest die, deren Eltern es sich leisten können, die Kinder von Besserverdienenden oder Beamten und Beamtinnen, sind da nämlich oft nicht drin, sie sind privatversichert.

Wer Beamter ist oder als Angestellter mindestens ein Jahr mehr als knapp 60 000 Euro im Jahr verdient, unterliegt nicht mehr der gesetzlichen Versicherungspflicht und hat die Wahl, anstatt bei einer GKV bei einer privaten Krankenversicherung (PKV) Mitglied zu werden. Wie bei der gesetzlichen auch können Familienangehörige, wie Kinder und der Ehepartner oder die Ehepartnerin, dort ebenfalls mitversichert werden.

Worin die Unterschiede bestehen, dürfte hinlänglich bekannt sein: Privatversicherte bekommen Termine häufig noch am selben Tag und haben auch kürzere Wartezeiten in der Praxis.

Aber auch die Art der Behandlung kann variieren. Beispielsweise wird regelmäßig bei Kassenpatienten nur geröntgt, obwohl eine Computertomographie (CT) in manchen Fällen eine genauere Diagnose erlauben würde. Grund dafür sind natürlich die höheren Kosten einer CT. Privatversicherte erhalten also vielleicht auch mal eine computergestützte Untersuchung, wo keine gebraucht wird. Dann strahlt besonders der reiche Radiologe von nebenan.

Oft bekommen Privatversicherte im Krankenhaus auch ein Einzelzimmer oder werden vom Chefarzt oder der Chefärztin behandelt, weil ihre Versicherung diese Sonderbehandlung übernimmt. Das ist allerdings nicht immer zu empfehlen, denn Chefärztinnen und Chefärzte sind oft nicht so ganz in Übung, da sie selten selbst am Patienten oder an der Patientin arbeiten und eher organisieren und managen, zumindest habe ich das häufiger gehört. Und in Zeiten von Fake News reicht das schließlich für einen zweifelsfreien Beleg.

Momentan stellt sich wieder die Frage, wie das Gesundheitssystem nachhaltig besser und gerechter gemacht werden kann. Die SPD hat dazu im Wahlprogramm zur Bundestagswahl 2005 eine sogenannte Bürgerversicherung gefordert.

Nach der Bundestagswahl 2017 feierte dieser Vorschlag sein Revival, als die SPD im Regierungsbildungsdrama die Bürgerversicherung als Kernforderung stellte. In den Koalitionsverhandlungen von CDU/CSU und SPD konnte sich die SPD in diesem Punkt jedoch nicht durchsetzen.

Heraus kam die Forderung, die Honorarordnung der Ärzte und Ärztinnen anzupassen, sodass Ärzte und Ärztinnen für die

Behandlung von Kassen- und Privatpatientinnen und -patienten die gleiche Vergütung bekommen. Doch kann man nicht schon früher am Problem ansetzen?

ZWEI-KLASSEN-GESUNDHEITSSYSTEM

Warum gerade Beamtinnen und Beamte bei Eintritt in das Dienstverhältnis in die private Versicherung wechseln, ist klar. Neben der angesprochenen besseren Versorgung wird ihnen – aus welchem Grund auch immer – vom Staat ein Anreiz gegeben, sich privat zu versichern, dazu komme ich gleich. (Alte Ökonomenregel: Menschen reagieren auf Anreize.)

Ist eine Staatsdienerin oder ein Staatsdiener mal krank, erstattet sein Arbeitgeber oder seine Arbeitgeberin über eine Beihilfe einen Teil der Rechnungen der Ärztin oder des Arztes bzw. des Krankenhauses. Je nachdem, um welche medizinische Leistung es geht, können das bis zu 80 Prozent der Kosten sein. Nur für den Rest der entstandenen Kosten, die das Beihilfesystem nicht deckt, müssen sich Beamtinnen und Beamte und ihre Familien versichern. Das wiederum geschieht meistens privat, denn nach der Verbeamtung wären sonst in der gesetzlichen Versicherung die vollen Beiträge zu zahlen, nämlich auch der Arbeitgeberanteil. Bei Angestellten teilen sich Arbeitnehmer oder Arbeitnehmerin und Arbeitgeberin oder Arbeitgeber den Beitrag für die gesetzliche Krankenversicherung, der zu fast gleichen Anteilen vom Lohn abgeht. Dass aus diesen fast gleichen Teilen wieder identische Anteile werden, ist einer der wenigen positiven Punkte zu diesem Thema, den man im Koalitionsvertrag der GroKo findet. Was die private Krankenversicherung bei Beamtinnen und Beamten betrifft, soll alles beim Alten bleiben.

Das ist einfach absurd. Der Staat unterhält eine eigene Beihilfestelle, die sich um die Abrechnungen medizinischer Kosten der Beamtinnen und Beamten kümmert, und weitet die Zwei-Klassen-Gesellschaft von Angestellten und Beamten und Beamtinnen auf den Gesundheitsbereich aus. Schlimm genug, dass es dadurch in einer Arztpraxis zu unterschiedlichen Behandlungen (im wahrsten Sinne des Wortes) kommen kann, subventioniert der Staat darüber auch massiv die privaten Versicherer und stärkt so deren Stellung gegenüber den gesetzlichen Kassen. So wird durch staatliches Handeln die Zwei-Klassen-Medizin zementiert.

Bevor Olaf Scholz Finanzminister wurde, hatte der kühle Erste Bürgermeister Hamburgs a.D. eine Idee. Er ist ja mittlerweile, entgegen den Erwartungen und Hoffnungen vieler seiner Parteigenossen und -genossinnen, nicht dafür bekannt, mit Geld um sich zu schmeißen, doch bei der Frage der Krankenversicherung hat er den Hamburger Weg eingeschlagen.

(Nicht zu verwechseln mit dem Frankfurter Weg, der in der Stadt am Main den Umgang mit der dortigen Drogenszene gestaltet und beispielsweise den Konsumentinnen und Konsumenten saubere und überwachte Drückräume bietet.)

Hamburg schafft einen gerechteren Weg ins Wartezimmer, da dort die Beamtinnen und Beamten eine echte Wahlfreiheit zwischen gesetzlicher und privater Krankenversicherung haben, indem die Beihilfe und der Arbeitgeberanteil bei ihnen zukünftig auch mit dem System der gesetzlichen Krankenkassen kompatibel sind. Auch in anderen Bundesländern und auf Bundesebene wäre ein solcher Schritt wünschenswert.

Obwohl Olaf Scholz jetzt in Berlin waltet, ist von der neuen alten und mittlerweile recht kleinen GroKo in dieser Hinsicht nicht viel zu erwarten. Im Koalitionsvertrag steht in Bezug auf ein gerechteres

Gesundheitssystem lediglich die schon genannte paritätische Finanzierung der Beiträge durch die Beschäftigten und Unternehmen.

Dass Minister Spahn dieses Versprechen erfüllt, wollen wir hoffen. Aber wahrscheinlich ist es illusorisch, zu erwarten, dass es auch nur ein kleines bisschen mehr gibt. Wenn er sich die gesamte Legislaturperiode mit Fragen zum Islam beschäftigt, könnte er sogar den Koalitionsvertrag vergessen, und es bleibt nach vier Jahren alles beim Alten. Dann ist keinem geholfen, egal welcher Religion die Patientinnen und Patienten im Abendland angehören.

Folgende Geschichten zu diesem Thema haben mich amüsiert:

Mein bester Freund hat beispielsweise mal seine Wartezeit auf einen Termin dadurch verkürzt, dass er die Behandlung einfach bar bezahlte. Die Dame am Telefon hatte ihm, auf seine Frage, wie man als Kassenpatient denn behandelt werden könne wie ein privat Versicherter, geantwortet: «Bar zahlen!» Unglaublich eigentlich, aber so was geht. Auch ich kenne den verwunderten Blick der Sprechstundenhilfe meines Hautarztes, als ich mal spontan einen Termin in der Mittagspause bekommen habe und sie praktisch fünf vor zwölf dann feststellte, dass ich Kassenpatient bin. Nein, ich zahle dann nicht bar, habe nur das Glück, dass der Herr Doktor der Vater eines alten Schulfreundes ist. Dieses Vorgehen ist eigentlich nicht richtig, aber es war sehr dringend.

Gesundheitsminister Spahn kann aber nicht ruhig schlafen bei dem, was sich in den letzten Jahren im Gesundheitssystem zum Besseren verändert hat, denn das ist viel zu wenig. Der Patient Gesundheitssystem bleibt chronisch krank, ist aber nicht unheilbar. Aber was hilft da, Herr Spahn? Ich glaube zu wissen, was da hilft:

Wichtig wäre unter anderem als Sofortmaßnahme sowohl eine Anpassung des Leistungskataloges der Kassen als auch der Honorarordnung für Ärztinnen und Ärzte.

Dazu steht leider nur ein sogenannter Prüfauftrag im Koalitionsvertrag. Das heißt so viel wie: Wir schauen mal und entscheiden dann, was wir machen. Aber hey, das ist besser als nichts! Aus meiner Erfahrung kann ich da nur sagen, wenn man etwas wirklich will, formuliert man keine Prüfaufträge. Das macht man nur, wenn man nicht will oder kein Geld für die Umsetzung hat.

Dennoch möchte ich euch nicht folgende wundervolle Formulierung vorenthalten:

Sowohl die ambulante Honorarordnung in der Gesetzlichen Krankenversicherung (EBM), als auch die Gebührenordnung der Privaten Krankenversicherung (GOÄ) müssen reformiert werden. Deshalb wollen wir ein modernes Vergütungssystem schaffen, das den Versorgungsbedarf der Bevölkerung und den Stand des medizinischen Fortschritts abbildet. Dies bedarf einer sorgfältigen Vorbereitung. Die Bundesregierung wird dazu auf Vorschlag des Bundesgesundheitsministeriums eine wissenschaftliche Kommission einsetzen, die bis Ende 2019 unter Berücksichtigung aller hiermit zusammenhängenden medizinischen, rechtlichen und wirtschaftlichen Fragen Vorschläge vorlegt. Ob diese Vorschläge umgesetzt werden, wird danach entschieden.[94]

Zumindest sollen in ländlichen oder strukturschwachen Gebieten Zulassungssperren für die Neuniederlassung von Ärztinnen und Ärzten entfallen. Die kassenärztliche Vereinigung legt nämlich beispielsweise fest, wie viele ärztliche Praxen es wo geben darf. In Darmstadt, wo ich herkomme, kommt etwa eine Hausarztpraxis auf 1500 Einwohner. Gerade Allgemeinmediziner und -medizinerinnen sind für die täglichen Wehwehchen von Menschen wichtig. Dies gilt insbesondere, da sie diejenigen sein müssen, die eine erste Diagnose stellen, damit nicht alle sofort zum Facharzt oder zur Fachärztin rennen und dort stundenlang im Wartezimmer sitzen. Gibt es zu wenig Hausärzte und -ärztinnen, wenden sich die Menschen gleich wegen jeder Kleinigkeit an die Notaufnahmen der Kliniken und blockieren sie für die wirklichen Notfälle. Und dann beschweren sie sich noch über die langen Wartezeiten.

Das liegt aber auch daran, dass oftmals die richtige Anlaufstelle – nämlich der ärztliche Bereitschaftsdienst (ÄBD) – nicht bekannt ist.

Also, liebe Leute, wenn das nächste Mal auf eurer Feier jemand über einen Bierkasten stolpert und Nasenbluten bekommt, lieber erst mal zur Praxis des Bereitschaftsdienstes gehen. Da Darmstadt jedenfalls nicht als ländlicher Raum definiert wird, bleibt hier das Problem mit der knappen Versorgung bestehen, denn viele Hausärztinnen und -ärzte nehmen hier wegen Überlastung gar keine neuen Patienten mehr an. Dazu sind sie auch befugt, um die Qualität ihrer Behandlung sicherzustellen.

Betrachtet man die Entwicklung der hausärztlichen Versorgungssituation in wirklich ländlichen Räumen, sind die Probleme augenfällig. Versorgungslücken versucht die SPD vor Ort durch den Ausbau von medizinischen Versorgungszentren (MVZ) entgegenzuwirken. Die CDU im Kreistag lehnt dies übrigens ab.

Auch in der Telemedizin[95] sehen wir Chancen, die medizinische Versorgung auf dem Land zu verbessern. Dazu habe ich einen Antrag unserer Ampel-Koalition im Kreistag formuliert.

Aber auch die Telemedizin löst das Problem mit den Wartezeiten nicht. Es ist zu befürchten, dass sich in dieser Hinsicht kaum etwas bewegen wird ... Prüfauftrag eben.

Zumindest auf die Feststellung, dass reformiert werden muss, konnte sich die GroKo einigen.

ABRECHNUNG DER ÄRZTLICHEN LEISTUNG

Aber wie wird was abgerechnet? Der Hausarzt bzw. die -ärztin dokumentiert für jede Patientenbegegnung bestimmte Abrechnungsziffern – je nachdem, welche Leistungen erbracht wurden, etwa für liebevolles Abhören oder unangenehmes In-den-Hals-Schauen. Allerdings kann unter Umständen pro Quartal eine Ziffer nur einmalig abgerechnet werden, auch wenn die gleiche Person mehrfach die Praxis aufgesucht hat. Patientin XX bzw. Patient XY – je nach Chromosom – kommt in die Praxis, um sich wegen Fußschmerzen beraten zu lassen. Sie bzw. er bekommt etwas verschrieben, und die Praxis rechnet dann eine Gebührenziffer für das Gespräch ab. Kommt die gleiche Person im gleichen Quartal zwei Wochen später mit einer Erkältung, kann eine neue Ziffer abgerechnet werden. Ist es wieder der Fuß, geht das nicht. So passiert es, dass Ärztinnen und Ärzte gegen Quartalsende bei vielen Patientenbesuchen nichts mehr verdienen. Ist das dann Ungerechtigkeit nach dem hippokratischen Eid, wenn man Privatpatienten lieber behandelt, weil man die auch am 31. März noch abrechnen kann?

Liebe Leserinnen und Leser, haben Sie also bitte ein Herz für Hausärztinnen und -ärzte. Wenn Sie mehrfach in einem Quartal eine Erkältung haben und nicht zur Arbeit können, sagen Sie doch ab und zu mal, dass es Magen-Darm ist – der Abrechnung wegen.

Dem Arzthonorar sind also, zumindest was die Kassenpatienten und -patientinnen angeht, gewisse Grenzen gesetzt. Was niedergelassene Ärztinnen und Ärzte mit Privatpatienten abrechnen, können sie aber zusätzlich zum Honorar verdienen.

Das bietet also einen Anreiz, lieber Private zu behandeln und zwar ganz besonders dann, wenn gegen Ende eines Quartals das Abrechnungsbudget der gesetzlichen Kassen ausgeschöpft ist. Was einzelne Ärzte und Ärztinnen daraus machen, bleibt ihre Sache. Aber man könnte ihnen seitens der Politik sicher die Entscheidung etwas erleichtern.

Gleicher Lohn für gleiche Arbeit, das war für mich schon immer die richtige politische Forderung. Wieso sollte sie nicht auch genauso im Gesundheitsbereich gelten? Wenn ich als Kassenpatient behandelt werde, ist das doch die gleiche Arbeit wie bei einem oder einer Privatversicherten.

PROBLEME DES GESUNDHEITSWESENS
KEIN EINZELFALL

Dass es im Bereich der Gesundheitsversorgung nicht so gut läuft, ist allerdings nicht allein ein deutsches Phänomen.

Die Probleme im staatlichen britischen Gesundheitssystem habe ich bei der Frage nach dem Brexit ja schon angesprochen. Auch das vollkommen privatwirtschaftlich organisierte System in den USA krankt. Im Vergleich mit unserem deutschen wohlfahrtsstaatlich organisierten Versicherungssystem kommen wir noch gut weg.

Zumindest wenn es akut wird, wird einem immer und überall geholfen.

Aber nicht nur bei den deutschen niedergelassenen Ärztinnen und Ärzten gibt es massive Probleme, auch in den Kliniken läuft einiges schief. Am Rande des Deutschen Ärztetags, der 2018 in Erfurt stattfand, sprach ich mit der Vorsitzenden der Regionalgruppe Rhein-Main des Deutschen Ärztinnenbundes. In der Runde, die neben ihr noch aus weiteren Damen und Herren bestand, erzählte ich von meinem Buchprojekt. Da sie mehrheitlich in Krankenhäusern beschäftigt waren, stimmten sie einhellig überein: Das Problem bei uns sind die DRGs (*diagnosis-related groups*), das Abrechnungssystem für Krankenhausaufenthalte. In Kanada habe man das System wieder abgeschafft, weil es so schlimm sei.

Das DRG-Problem ergibt sich dadurch, dass Kliniken ihre Betriebskosten zu großen Teilen über Fallpauschalen decken. Nur dafür, dass es eine Notaufnahme gibt, fließt noch kein Cent. Dazu braucht es auch Notfälle, die tatsächlich behandelt werden. Ist nichts los, verdient das Krankenhaus kein Geld. Daher neigt man dazu, solche Stationen ein wenig kleiner zu halten. Doch meine Gesprächspartner und -partnerinnen zu zitieren und alle Probleme aufzuzählen, die DRGs mit sich bringen, würde das gesamte Buch füllen, wie das Thema abendfüllend war.

An eine Sache erinnere ich mich besonders gut: Da über die DRGs pauschal nur Diagnosen abgerechnet werden, stellte ein anwesender Arzt zynisch die Frage, welches Krankenhaus denn die ohnehin zu geringe Anzahl von 8000 Stellen in der Pflege, die im Koalitionsvertrag vereinbart wurden, haben will. Denn in diesem System verdienen Schwestern und Pfleger kein Geld, sie sind nur ein weiterer Kostenfaktor.

Hier zeigt sich wieder einmal, dass bestimmte Dinge besser nicht dem marktwirtschaftlichen Prinzip unterworfen werden, denn an der Ökonomisierung des Gesundheitssektors krankt das System.

In Spahns erster Rede vor der versammelten Ärzteschaft ging er beim 121. Deutschen Ärztetag 2018 darauf jedoch nicht wirklich ein. Stattdessen kam er schon wieder auf sein Lieblingsthema zu sprechen, was man gegen Aggressionen gegen medizinisches Personal tun könne. Wichtige Frage sicherlich, aber eben nicht die einzige, die drängt. Und so kam es, dass am Ende die sicherlich nicht mehrheitlich links wählenden Menschen auf dem Ärztetag dem thüringischen Ministerpräsidenten Bodo Ramelow nach dessen Rede ausgiebiger applaudierten als dem Bundesgesundheitsminister. Aber es könnte auch noch schlimmer sein. Hätte die CSU das Gesundheitsressort bekommen, würde ein Psychisch-Kranken-Hilfe-Gesetz (Bay-PsychKHG) nach bayerischem Vorbild sicher für ganz Deutschland gefordert werden. Das Bay-PsychKHG wurde in seiner ersten Fassung von vielen Fachverbänden, Betroffenenverbänden, Bürgerinnen und Bürgern und von der Opposition im bayerischen Landtag scharf kritisiert, da es vorsah, die Daten von Patientinnen und Patienten einer psychiatrischen Klinik für fünf Jahre zu speichern und der Polizei zu übermitteln. Die Kritikerinnen und Kritiker befürchteten unter anderem eine noch stärkere Stigmatisierung von psychisch Erkrankten.

Kann ich froh sein, dass ich in Thüringen arbeite und in Hessen für den Landtag kandiert habe statt in Bayern! In Verbindung mit dem in Bayern ebenfalls neu eingeführten Polizeiaufgabengesetz sperren die einen Halbmarokkaner, der bei der SPD ist und auf der Straße zuckt, sicher für immer weg. Aber so ist das in autoritären Staaten eben. Die gefährlichen Oppositionellen, die sich beim Volk zu großer Beliebtheit erfreuen, müssen von der Straße. Oder sähe die bayerische Polizei in mir bloß einen Gefährder?

NACHWORT UND DANK

Es ist kurz nach 17:00 Uhr am Wahlsonntag. Ich betrete mit meinem Wahlkampfteam ein italienisches Restaurant in der Nähe der SPD-Geschäftsstelle in Darmstadt. Bereits seit dem Nachmittag kenne ich die Ergebnisse der sogenannten Exit Polls. Dabei werden Bürger nach dem Verlassen des Wahllokals zu ihrem Abstimmverhalten befragt.

Diese Ergebnisse zeigen deutlich: CDU und SPD verlieren massiv an Stimmen, die Grünen gewinnen deutlich und die AfD zieht sicher zweistellig in den Landtag ein.

Schon nach der Bayernwahl kamen mir große Zweifel, ob das Direktmandat nach dem miserablen Wahlergebnis der SPD von unter 10 Prozent und dem anhaltend schlechten Bundestrend überhaupt zu gewinnen war. Doch nachdem auf meinem Handy die Ergebnisse für die CDU von 28 Prozent, SPD 20 Prozent, Grüne 20 Prozent aufploppte, war ich mir sicher: Das wird nix.

Um 17:45 Uhr hatte Thorsten Schäfer-Gümbel, Spitzenkandidat der SPD, zur Telefonkonferenz geladen. Ungeschönt wurde über das historisch schlechte Ergebnis, das uns an diesem Abend bevorstand, gesprochen. Kurz und schmerzlos ist wahrscheinlich die treffendste Beschreibung.

Zurück am Tisch, danke ich beim gemeinsamen Essen allen für den tollen Wahlkampf und dämpfe die Erwartungen an die ersten Hochrechnungen der Erststimmen im Wahlkreis, für die es keine verlässlichen Prognosen gibt. Mit dem Direktmandat sollte keiner rechnen, warne ich.

Gegen 19:00 Uhr ist der erste Wahlbezirk ausgezählt. Karin Wolff (CDU) liegt bei 27,3 Prozent, ich bei 29,8 Prozent und Philip Krämer (Grüne) bei 18,9 Prozent. Jubel am Tisch. Das Ergebnis stammt aus Nieder-Modau. Aus dem Ortsverein heißt es: «Da ist es eher rot.» Eine gewisse Ernüchterung stellt sich ein, und ich weise mehrfach darauf hin, dass noch 90 weitere Wahlbezirke ausgezählt werden müssen.

Auf der gemeinsamen Wahlveranstaltung der Stadt Darmstadt und dem Landkreis Darmstadt-Dieburg in der Centralstation angekommen, waren fünf Wahlbezirke ausgezählt: Ich liege zwischenzeitlich bei über 30 Prozent der Erststimmen. Immer noch zweifele ich und versuche, die anwesenden Genossinnen und Genossen in ihrer Euphorie zu bremsen. Statt weiter in diesem Meer aus siegestrunkenen Grünen und enttäuschten CDUlern auf weitere Ergebnisse zu warten, will ich nur weg. Weg zu meiner Party, meinen Leuten in meinem Wahlkreis. Die Anspannung ist groß.

Beim Stadtkoch Vanille in Mühltal am Bahnhof werde ich schon freudig empfangen. Auch wenn mittlerweile schon 37 Wahlbezirke ausgezählt sind und ich nach wie vor deutlich vorne liege, bin ich zurückhaltend, mache mir aber das erste Bier auf. Nachdem ich die Anwesenden einzeln persönlich begrüßt habe und etwas Zeit vergangen war, zeichnete sich ab, was bereits im ersten Wahlbezirk deutlich wurde und sich den gesamten Abend über fortsetzte: Ich lag fast 10 Prozentpunkte über dem Zweitstimmenergebnis der SPD und knapp 5 Prozent vor meiner CDU-Gegenkandidatin, und daran würden auch die verbleibenden Wahlbezirke nicht viel ändern.

In der Centralstation suchen derweil die Moderatoren und die gesamte regionale Presse nach mir. Telefonisch erreichen kann mich keiner: Funkloch in Mühltal. Trotzdem bekomme ich Interviewanfragen über Umwege, und ich fahre mit einem Teil des Teams und Thüringens Innenminister Georg Maier zurück nach Darmstadt in die Centralstation.

Als ich nach Karin Wolff zum Interview auf die Bühne trete, sind 84 von 91 Wahlbezirken ausgezählt, und es ist sicher, dass ich, für viele überraschend, den Wahlkreis gewonnen habe.

Ich betone im Interview, dass der Gewinn des Direktmandates ein Vertrauensvorschuss sei und dass die Aufgabe, die vor mir liegt – verglichen zum Wahlkampf – die noch größere Herausforderung sein wird.

Nun sollte es aber wirklich losgehen mit meiner eigenen Wahlparty – also mit meiner Beteiligung daran.

Bei meiner Rückkehr auf meine eigene Wahlparty werde ich mit Standing Ovations empfangen. Unser Landrat Klaus Peter Schellhaas, Pit, hält eine Rede und gratuliert. In diesem Wahlkampf war auch er eine große Hilfe, und ich habe viel vom ihm gelernt. Danke, Pit!

Danach ergreift Brigitte Zypries das Wort. Auch sie lobt meinen Wahlkampf und gratuliert. (Da die Wahlparty durch das Team vom Stadtkoch organisiert wird, kann sie aber dieses Mal nicht beim Einräumen der Spülmaschine helfen. Das hätten wir ansonsten sicher gut gemeinsam erledigen können.)

In der Wahlanalyse des darauffolgenden Tages, die auf Basis des vorläufigen Endergebnisses noch in der Nacht erstellt wurde, heißt es: «Den größten Personenbonus (mehr Erst- als Zweitstimmen) unter den SPD-Kandidaten erreicht [...] Bijan Kaffenberger im Wahlkreis Darmstadt-Stadt II.»

In den Tagen nach der Wahl werde ich von Presseanfragen und Glückwünschen überschwemmt. Alle großen Zeitungen, das ZDF, RTL und Sat1 berichten. Ohne die Hilfe meiner Freundin wäre das alles, besonders in dieser Phase, nie zu bewältigen gewesen. Persönlich beantworte ich etwa 1000 Glückwünsche, die mich per Telefon, Facebook, WhatsApp, Instagram, E-Mail und analoger Post erreichen.

Als ich eine Woche später dem Deutschlandfunk ein Interview gebe, habe ich es immer noch nicht vollständig begriffen. Ich bin jetzt richtiger Politiker – hauptberuflich! Dass ich das erreicht habe, verdanke ich den Wählerinnen und Wählern und meinem Team, das es mir ermöglicht hat, so viele Menschen im Wahlkreis zu erreichen und zu überzeugen. Egal ob mit Plakaten, Flyern oder persönlich bei Hausbesuchen oder bei Veranstaltungen. Mein Team hat angepackt, mich getragen und bis zum Schluss gekämpft! Danke dafür an Daniel, Vivien, Markus, Olli, Jörg, Alexia, Matti, Jakob, Tobias, Tim, Janis, Timm, Carolin, Katrin, Leon, meinem Ersatzkandidaten Sebastian Cramer sowie an die beste Praktikantin der Welt, Michèle, und den besten Praktikanten der Welt, Flo. Auch der Geschäftsstelle, allen Ortsvereinsvorsitzenden und den Jusos Darmstadt-Dieburg sowie allen Jusos aus anderen Bundesländern inklusive des Bundesvorsitzenden Kevin Kühnert, die vor Ort waren, will ich danken. Aber natürlich danke ich auch meiner Oma, die in all den Monaten des Wahlkampfes meine Wäsche gemacht hat und dafür gesorgt hat, dass ich trotz Stress und ständigem Unterwegssein drei Kilo zugenommen habe.

Unser derzeitiger Bundespräsident Frank-Walter Steinmeier hat während seiner Zeit als Außenminister ein Buch mit dem Titel *Flugschreiber* veröffentlicht – vielleicht auch, weil er Teile des Manuskripts im Flugzeug verfasst hat. Einen großen Teil dieses Buches habe ich im Zug geschrieben; ich bin also ein Zugschreiber. Auch viele meiner Reden sind im ICE entstanden, denn ich muss meine Reden selbst schreiben. Einige der besten Reden von Steinmeier stammen von Wolfgang Silbermann, dem ich an dieser Stelle für unsere guten Gespräche in der Vorbereitung meiner Rede für die Landtagskandidatur danke.

Weder Richard von Weizsäcker noch Frank-Walter Steinmeier haben mich politisch besonders geprägt. Im Laufe des Buches habe ich aber an der einen oder anderen Stelle ganz dezent auf Menschen in der Politik hingewiesen, von denen ich viel lernen konnte. Hier will ich auch insbesondere Georg Maier danken, der mich immer gefördert hat, und Dr. Cordelius Ilgmann, der mir die Kniffe der Verwaltung beigebracht hat.

Natürlich danke ich allen voran auch dem Rest meiner Familie, ganz besonders meinem Onkel Bernd, meiner Freundin und all meinen Freunden. Während all dem Stress, den ich in Beruf, Politik und Medien in meinem bisherigen Leben schon hatte, waren und sind sie mir immer die wichtigste Stütze gewesen. Sie alle und ich wissen, meine Mutter wäre stolz, wenn sie dieses Buch lesen und mich im Landtag sehen könnte.

Jetzt gilt es, im Landtag die Dinge zum Besseren zu verändern und den Wahlkreis voranzubringen. Eine große Aufgabe liegt vor mir, die Erwartungen zu erfüllen und ein guter Abgeordneter zu sein. Dabei muss man sich immer vor Augen halten, was Willy Brandt 1992 auf einem Kongress der Sozialistischen Internationale sagte:

«Nichts kommt von selbst. Und nur wenig ist von Dauer. Darum – besinnt Euch auf Eure Kraft und darauf, dass jede Zeit eigene Antworten will und man auf ihrer Höhe zu sein hat, wenn Gutes bewirkt werden soll.»[96]

QUELLEN

1   Fieber, M. (09.02.2018). Wie die GroKo die Politikverdrossenheit
    der Jugend verschlimmert hat. HuffPost Deutschland. Abgerufen unter:
    https://www.huffingtonpost.de/entry/die-jugend-fuhlt-sich-von-
    der-politik-vernachlassigt-und-die-groko-hat-das-noch-verschlimmert_
    de_5a7d9792e4b044b3821c4d4f

2   Verfassung der Vereinigten Staaten von Amerika (1787): Art. 1, Abs. 1. Ver-
    fügbar unter: https://usa.usembassy.de/etexts/gov/gov-constitutiond.pdf

3   Verfassung vom 4. Oktober 1958 (Fassung vom 21. Juli 2008): Art. 1. Ver-
    fügbar unter: https://www.conseil-constitutionnel.fr/sites/default/files/as/
    root/bank_mm/allemand/constitution_allemand_juillet2008.pdf

4   Grundgesetz für die Bundesrepublik Deutschland, (Fassung vom
    13.07.2017): Art. 20, Abs. 2. Verfügbar unter: http://www.gesetze-im-
    internet.de/gg/GG.pdf

5   Cicero (2013). De re publica. Vom Staat. Ditzingen: Reclam.

6   Funke, P. (2003). Athen in klassischer Zeit (2., durchgesehene und aktuali-
    sierte Aufl.). München: Beck.

7   Schubert, C. (2012). Solon. Tübingen: Francke.

8   Hessenschau (24.05.2018): Bürger dürfen über 15 Verfassungsän-
    derungen abstimmen. Verfügbar unter: https://www.hessenschau.de/
    politik/landtag-buerger-duerfen-ueber-15-verfassungsaenderungen-
    abstimmen,verfassungsaenderungen-100.html#Volksbegehren

9   Hessischer Landtag (2018). Direkte Demokratie in die Verfassung? Meine
    Entscheidung! Verfügbar unter: https://www.verfassung-hessen.de/direkte-
    demokratie

10 Grundgesetz für die Bundesrepublik Deutschland (Fassung vom 13.07.2017):
    Art. 8. Verfügbar unter: http://www.gesetze-im-internet.de/gg/GG.pdf

11 Wirth, Johann Georg August (1832). Das Nationalfest der Deutschen zu
    Hambach (Heft 2). Neustadt an der Haardt: Christmann.

12 (BVerfG; Beschluss vom 14. Mai 1985, Az.: 1 BvR 233, 341/81).

13 (BVerfGE 5, 85 [197])

14 BVerfGE 20, 56 [98f]

15 BVerfGE 69, 315 [66]

16 BVerfG, Beschluss vom 12. Juli 2001, Az.: 1 BvQ 28/01

17 MDR Thüringen (09. Juni 2018). Über 2000 Neonazis beim Rechtsrock-Festival in Themar. Verfügbar unter: https://www.mdr.de/thueringen/sued-thueringen/hildburghausen/themar-rechtsrock-festival-neonazis-100.html

18 Franz, Johann Friedrich Karl (1747). Neue und vollständigere Sammlung der Reichs-Abschiede, Welche von den Zeiten Kayser Conrads des II. bis jetzo, auf den Teutschen Reichs-Tägen abgefasset worden. Frankfurt am Mayn: Koch.

19 Der Presserat ist ein Zusammenschluss von zwei Verleger- und zwei Journalistenorganisationen. Er bewertet Beschwerden über Veröffentlichungen aufgrund eines Pressekodexes und spricht einen Hinweis, eine Missbilligung oder, als härtestes Sanktionsmittel, eine Rüge gegen das veröffentlichende Medium aus.

20 Isis encyclopädische Zeitschrift vorzüglich für Naturgeschichte, Physiologie etc. (1/1850). München: o. V.

21 Mohr, F. (24. 09. 2017). Wie geht es Ihnen? Wir sind afdgeschockt. Zeit Online. Abgerufen unter: https://www.zeit.de/politik/2017-09/wie-geht-es-ihnen-heute-bundestagswahl

22 Rede von Wolfgang Thierse zur Eröffnung des Reichstagsgebäudes in Berlin. Verfügbar unter: https://web.archive.org/web/20070606215740/http://www.bundestag.de/bau_kunst/bauwerke/Rstg/index.html

23 Behmann, J. C. (2018). Bundespräsidentin? Nix für mich. Abgerufen unter: https://www.freitag.de/autoren/jan-c-behmann/bundespraesidentin-nix-fuer-mich-1

24 Der Spiegel, 21. 04. 1975

25 BVerfG, Urteil des Zweiten Senats vom 12. Juni 2018
    - 2 BvR 1738/12 – Rn. (1–191),

http://www.bverfg.de/e/rs20180612_2bvr173812.html

26 Erklärung in dem gleichnamigen Animationsfilm, abrufbar unter https://www.
    youtube.com/watch?v=2r_u1F3IQNU (28.06.2018)

27 Weber, M. (1926). Politik als Beruf (2. Aufl.). München: Duncker &
    Humblot.

28 Institut für Arbeitsmarkt und Berufsforschung (IAB) der Bundesagentur für
    Arbeit (Hrsg.) (2017). IABKurzbericht Nr.18. Abgerufen unter: http://doku.
    iab.de/kurzber/2017/kb1817.pdf

29 Esslinger, D. (2016). Angesehene Berufe werden unbeliebter. Abgerufen unter:
    https://www.sueddeutsche.de/karriere/berufsgruppen-ein-bisschen-weniger-
    beliebt-1.3133148

30 Informr ist ein Format des öffentlich-rechtlichen Online-Senders Funk,
    welches Informationen und Meinungen zu aktuellen politischen Themen
    bietet. Zu sehen bei: https://www.funk.net/channel/informr/

31 Pressestimmen zu diesem Vorfall: https://www.n-tv.de/politik/presse
    stimmen/Gruener-mit-Hitler-Droge-erwischt-article17131101.html

32 Bundesministerium des Inneren (2016). Politisch motivierte Kriminalität im
    Jahr 2016. Bundesweite Fallzahlen. Abgerufen unter: https://www.bmi.bund.
    de/SharedDocs/downloads/DE/veroeffentlichungen/themen/sicherheit/
    pmk-2016.pdf?__blob=publicationFile&v=1

33 Antwort der Bundesregierung auf die Kleine Anfrage der Abgeordneten
    Martina Renner, Frank Tempel, Jan van Aken, weiterer Abgeordneter und der
    Fraktion DIE LINKE. Drucksache 18/10985.

34 Kleine Anfrage Die Linke vom 19.19.2017.

35 Bourdieu, P. (2001). Das politische Feld. Zur Kritik der politischen Vernunft.
    Konstanz: UVK-Verlag.

36 Das Video zur Rede auf YouTube: http://www.youtube.com/
    watch?v=Yllj0uRG99Q (abgerufen am 28.08.2018)

37 Interview mit Bernhard Heinzlmaier vom 29.01.2018 im Deutschlandfunk.
    Verfügbar unter: https://www.deutschlandfunk.de/jugendforscher-

zur-haltung-junger-politiker-noch-nie-so.694.de.html?dram:article_
id=409463

38 Das «Netzwerk Berlin» ist ein Zusammenschluss von SPD-Bundestags-
   abgeordneten, die progressive Standpunkte vertreten (www.netzwerk
   berlin.de).

39 Herbert Wehner war ein deutscher SPD-Politiker, der in seinen 34 Jahren im
   Bundestag fast 60 Ordnungsrufe erhielt. Dabei kommentierte er einmal den
   Beitrag eines CDU-Politikers in einer Diskussion über Pornographie mit den
   einfachen Worten «Glied ab!» (Floehr, R. & Schmidt, K. (1983). Unglaublich,
   Herr Präsident!: Ordnungsrufe – Herbert Wehner (3., erw. Aufl.). Krefeld: La
   Fleur.)

40 «Doppik ist ein Kunstwort bzw. eine Abkürzung aus der Betriebswirt-
   schaftslehre, insbesondere der Buchführung bzw. Buchhaltung: Doppelte
   Buchführung in Konten bzw. in Kommunen / Körperschaften.» (verfügbar
   unter: http://kommunalwiki.boell.de/index.php/Doppik)

41 Süddeutsche Zeitung vom 20. November 2017: Es ist besser, nicht zu
   regieren, als falsch zu regieren (verfügbar unter: https://www.sueddeutsche.
   de/politik/fdp-chef-lindner-im-wortlaut-es-ist-besser-nicht-zu-regieren-als-
   falsch-zu-regieren-1.3757035).

42 Süddeutsche Zeitung vom 05. April 2018: SPD verliert Tausende Mitglieder
   (verfügbar unter: https://www.sueddeutsche.de/politik/grosse-koalition-spd-
   verliert-tausende-mitglieder-1.3932792).

43 Statista GmbH: Mitgliederentwicklung der SPD bis 2017 (verfügbar unter:
   https://de.statista.com/statistik/daten/studie/1214/umfrage/mitgliederent
   wicklung-der-spd-seit-1978/).

44 Pressemitteilung des statistischen Bundesamts Nr. 332 vom 06.09.2018.
   Anteil der Akademikerinnen bei 30- bis 34-Jährigen doppelt so hoch
   wie vor einer Generation. Verfügbar unter: https://www.destatis.de/
   DE/PresseService/Presse/Pressemitteilungen/2018/09/
   PD18_332_217.html

45 Erik Flügge (2018): Das kleine Buch zur Erneuerung der SPD (verfügbar unter: http://www.erikfluegge.de/das-kleine-buch-zur-erneuerung-der-spd/).

46 Löbbert, R. (2018). Gott nimmt mich so, wie ich bin. Erschienen in Christ & Welt (20 / 2018). Verfügbar unter: https://www.zeit.de/2018/20/jens-spahn-katholizismus-homosexualitaet-glaube/komplettansicht

47 Für eine ökonomisch sinnvolle Reform der Erbschaftssteuer: http://www.spd-finanzforum-ffm.de/dl/SPD_Finanzforum_FFM_Erbschaftssteuer.pdf

48 Küttler, C. (2005). Nicht nur die Mode ändert sich. In Die Zeit (03 / 2005). Verfügbar unter: https://www.zeit.de/2005/03/gruene

49 Der Spiegel (16. 01. 2018. Wie eine Sardine in der Büchse. Verfügbar unter: http://www.spiegel.de/auto/aktuell/kretschmann-ueber-dienstwagen-wie-eine-sardine-in-der-buechse-a-1188223.html

50 Pressemitteilung des Statistischen Bundesamtes Nr. 063 vom 27. 02. 2018. 0,9 % weniger Verkehrstote im Jahr 2017. Verfügbar unter: https://www.destatis.de/DE/PresseService/Presse/Pressemitteilungen/2018/02/PD18_063_46241.html

51 Was außerdem ein alter Werbeslogan der Fleischindustrie ist. (Die Fleischerei (2011). Fleisch ist ein Stück Lebenskraft. Verfügbar unter: https://www.fleischerei.de/fleisch-ist-ein-stueck-lebenskraft/150/9634/194347)

52 Heinrich-Böll-Stiftung, Bund für Umwelt und Naturschutz Deutschland und Le Monde Diplomatique (Hrsg.) (2018). Fleischatlas 2018. Daten und Fakten über Tiere als Nahrungsmittel (2. Auflage). Verfügbar unter: https://www.boell.de/sites/default/files/fleischatlas_2018_ii.pdf?dimension1=ds_fleischatlas_2018

53 Uken, M. (2013). Veganer, die Klimaretter. Verfügbar unter: https://www.zeit.de/wirtschaft/2013-11/soja-bilanz/komplettansicht

54 Berndt, C. (10. September 2012): Im Unwissen liegt das Risiko. Verfügbar unter: https://www.sueddeutsche.de/gesundheit/gentechnik-in-lebensmitteln-im-unwissen-liegt-das-risiko-1.1379884

55 Hartman, G., West, E. & Herman, T. (2011). Crops that feed the World 2. Soybean – worldwide production, use, and constraints caused by pathogens and pests. Doi: 10.1007/s12571-010-0108-x.

56 Poore, J. & Nemecek, T. (2018). Reducing food's environmental impacts through producers and consumers. DOI: 10.1126/science.aaq0216.

57 Heinrich-Böll-Stiftung, Bund für Umwelt und Naturschutz Deutschland und Le Monde Diplomatique (Hrsg.) (2018). Fleischatlas 2018. Daten und Fakten über Tiere als Nahrungsmittel (2. Auflage). Verfügbar unter: https://www.boell.de/sites/default/files/fleischatlas_2018_ii.pdf?dimension1=ds_fleischatlas_2018

58 Harvard Business Manager (19. November 2015). Was sind Ihnen Ihre Daten wert? Verfügbar unter: http://www.harvardbusinessmanager.de/blogs/was-sind-ihnen-ihre-daten-wert-a-1061019.html

59 Bitkom Presseinformation vom 3. November 2017. Nur jeder Fünfte hält seine Daten im Netz für sicher. Verfügbar unter: https://www.bitkom.org/Presse/Presseinformation/Nur-jeder-Fuenfte-haelt-seine-Daten-im-Netz-fuer-sicher.html

60 Das Magazin Nr. 48 vom 3. Dezember 2018. Ich habe nur gezeigt, dass es die Bombe gibt. Verfügbar unter: http://cgvr.informatik.uni-bremen.de/teaching/vr_literatur/Wahlmanipulation%20mittels%20Psycho metrik%20und%20Social%20Media%20-%20Das%20Magazin,%202016.pdf

61 Bialek, C. & Kerkmann, C. (26. März 2018). Cambridge Analytica ist kein Einzelfall. Verfügbar unter: https://www.handelsblatt.com/unternehmen/it-medien/datenskandal-bei-facebook-cambridge-analytica-ist-kein-ein zelfall/21115016.html?ticket=ST-4612181-4cspaHgwE2ZdqudyZnsX-ap4

62 Marx, K. (1946). Der achtzehnte Brumaire des Louis Bonaparte. Berlin: Dietz.

63 Anter, A. (2004). Die normative Kraft des Faktischen. Das Staatsverständnis Georg Jellineks. Baden-Baden: Nomos-Verlagsgesellschaft.

64 Sonderbericht 12/2018 des Europäischen Rechnungshofes. Der Breit-
    bandausbau in den EU-Mitgliedstaaten: Trotz Fortschritten werden nicht alle
    Ziele der Strategie Europa 2020 erreicht. Verfügbar unter: https://www.eca.
    europa.eu/Lists/ECADocuments/SR18_12/SR_BROADBAND_DE.pdf

65 Sidorov, W. (01. Juni 2017). Webvideopreis – Gewinner 2017 – Die Sieger
    des WVP-Abends. Verfügbar unter: https://www.playnation.de/spiele-news/
    webvideopreis/gewinner-2017-sieger-wvp-abends-id70297.html

66 Vortrag des Bundeskanzlers Willy Brandt zum Thema «Friedenspolitik
    in unserer Zeit» in der Universität Oslo am 11. Dezember 1971 anlässlich
    der Verleihung des Friedensnobelpreises. Verfügbar unter: https://
    www.willy-brandt.de/fileadmin/brandt/Downloads/Rede_Willy_Brandt_
    Nobelpreis_1971.pdf

67 Meisch, S., Jäger, U. & Nielebock, T. (Hrsg.) (2017). Erziehung zur Frie-
    densliebe. Annäherungen an ein Ziel aus der Landesverfassung Baden-Würt-
    temberg. Baden-Baden: Nomos-Verlagsgesellschaft.

68 Clausewitz, C. von (2018). Vom Kriege. Köln: Anaconda.

69 Diener, A. (08. März 2018). Falsche Nachrichten sind einfach sexy.
    Verfügbar unter: http://www.faz.net/aktuell/feuilleton/medien/fake-news-
    vebreiten-sich-auf-twitter-schneller-als-fakten-15484467.html?printPaged
    Article=true#pageIndex_0

70 Jansen, J. & Löhr, J. (13. September 2018). 43 Milliarden Euro Schaden
    durch Hackerangriffe. Verfügbar unter: http://www.faz.net/aktuell/
    wirtschaft/diginomics/43-milliarden-euro-schaden-durch-hackeran
    griffe-15786660.html

71 Clauß, U. (9. Juni 2014). Cybercrime schadet Deutschland am stärksten.
    Verfügbar unter: https://www.welt.de/politik/deutschland/article128845865/
    Cybercrime-schadet-Deutschland-am-staerksten.html

72 Beuth, P. (29. April 2014): Schwanger ohne digitale Spuren. Verfügbar
    unter: https://www.zeit.de/digital/datenschutz/2014-04/big-data-
    schwangerschaft-verheimlichen

73 Brühl, J. (11. April 2018). Da lacht das Silicon Valley. Verfügbar unter: https://www.sueddeutsche.de/digital/facebook-chef-vor-us-kongress-da-lacht-das-silicon-valley-1.3939212

74 Deutsche Rentenversicherung Bund (Hrsg.) (2014). 2
    125 Jahre gesetzliche Rentenversicherung. München: August Dreesbach. Verfügbar unter: https://www.deutsche-rentenversicherung.de/Allgemein/de/Inhalt/4_Presse/infos_der_pressestelle/02_medieninformationen/03_presse material/pressemappen/125_jahre_rentenversicherung/broschuere_125_jahre.pdf?__blob=publicationFile&v=11

75 Textarchiv des Deutschen Bundestages. Verfügbar unter: https://www.bundestag.de/dokumente/textarchiv/2012/40879998_kw41_rente_kalen derblatt/209618

76 Berlin-Institut für Bevölkerung und Entwicklung (Hrsg.) (2017). Hohes Alter, aber nicht für alle. Wie sich die soziale Spaltung auf die Lebenserwartung auswirkt. Verfügbar unter: https://www.berlin-institut.org/fileadmin/user_upload/Hohes_Alter/Lebenserwartung_online.pdf

77 Fratzscher, M. (31. August 2018). Das gesetzliche Rentensystem verschärft die Polarisierung. Verfügbar unter: https://www.zeit.de/wirtschaft/2018-08/lebenserwartung-ungleichheit-aequivalenzprinzip-umverteilung-rente

78 Fernsebner-Kokert, B. & Osztovics, W. (15. Januar 2018). Jeder will eine Insel sein. Verfügbar unter: https://www.zeit.de/2018/03/gesellschaft licher-zusammenhalt-europa-studie-wir-und-die-anderen/komplett ansicht

79 YouGov (2016). Times Survey Results. Verfügbar unter: http://d25d2506sfb94s.cloudfront.net/cumulus_uploads/document/j84ytv1far/TimesResults_160524_EURef&Parties_W.pdf

80 Zastiral, S. (15. Januar 2018). Eine Grippewelle – und das System wankt. Verfügbar unter: http://www.spiegel.de/wirtschaft/soziales/grossbritannien-gesundheitssystem-nhs-in-england-in-der-krise-a-1187911.html

81 Heidelberg Institut for International Conflict Research (Hrsg.) (2018): Conflict Barometer 2017. Abrufbar unter: https://hiik.de/download/conflict-barometer-2017/?wpdmdl=3390&refresh=5b954a64eff641536510564

82 Bundesministerium des Innern, für Bau und Heimat, Pressemitteilung vom 6. 01. 2016, abrufbar unter: https://www.bmi.bund.de/SharedDocs/presse mitteilungen/DE/2016/01/asylantraege-dezember-2015.html

83 Bundesamt für Migration und Flüchtlinge (Stand August 2018), abrufbar unter: http://www.bamf.de/DE/Fluechtlingsschutz/Sonderverfahren/Sicher eHerkunftsstaaten/sichere-herkunftsstaaten-node.html

84 ZDF heute vom 15. 02. 2018: UN-Bericht Afghanistan – auch 2017 Tausende zivile Opfer. Abrufbar unter: https://www.zdf.de/nachrichten/heute/un-bericht-zivile-opfer-afghanistan-100.html

85 Lassalle, F. (1909). Gesammelte Werke und Schriften (2. Band). Berlin: Paul Cassirer.

86 Brückner, H. (2017): Familiennachzug: 150 000 bis 180 000 Ehepartner und Kinder von Geflüchteten mit Schutzstatus leben im Ausland. Verfügbar unter: https://www.iab-forum.de/familiennachzug-150-000-bis-180-000-ehepartner-und-kinder-von-gefluechteten-mit-schutzstatus-leben-im-ausland/?pdf=5323

87 Hackman, J. R. (1990). Groups that work (and those that don't). San Francisco: Jossey-Bass.

88 Statistik der Bundesagentur für Arbeit (Hrsg.) (2017). Berichte: Arbeitsmarkt kompakt – Situation schwerbehinderter Menschen. Abrufbar unter: https://statistik.arbeitsagentur.de/Statischer-Content/Arbeits marktberichte/Personengruppen/generische-Publikationen/AM-kompakt-Situation-schwerbehinderter-Menschen.pdf

89 University of Cambridge. Professor Stephen Hawking 1942–2018. Video verfügbar unter: https://www.cam.ac.uk/news/professor-stephen-hawking-1942-2018

90 Deichgräber, K. (1955). Der hippokratische Eid. Stuttgart: Hippokrates
Verlag.

91 Lungen, M., Stollenwerk, B., Messner, P., Lauterbach, K. W. & Gerber, A.
(2008). Waiting times for elective treatments according to insurance status:
A randomized empirical study in Germany. Verfügbar unter: https://equity
healthj.biomedcentral.com/articles/10.1186/1475-9276-7-1

92 Kreckel, R. (1992). Politische Soziologie der sozialen Ungleichheit. Frankfurt
am Main: Campus.

93 Richter, M., Brand, H., Rossler, G. (2002): Socio-Economic Differences in
the Utilisation of Screening-Programmes and Health Promotion Measures in
North Rhine Westphalia, Germany. Gesundheitswesen. 64(7), 417–423.

94 Koalitionsvertrag zwischen CDU, CSU und SPD (19.Legislaturperiode):
Ein neuer Aufbruch für Europa. Eine neue Dynamik für Deutschland. Ein
neuer Zusammenhalt für unser Land (Z. 4585–4594). Abrufbar unter:
https://www.bundesregierung.de/Content/DE/_Anlagen/2018/03/2018-
03-14-koalitionsvertrag.pdf;jsessionid=F9D2C57993D8D20E9204C8729
AE0B03D.s3t2?__blob=publicationFile&v=6

95 «Telemedizin ist ein Sammelbegriff für verschiedenartige ärztliche Versor-
gungskonzepte, die als Gemeinsamkeit den prinzipiellen Ansatz aufweisen,
dass medizinische Leistungen der Gesundheitsversorgung der Bevölkerung
in den Bereichen Diagnostik, Therapie und Rehabilitation sowie bei der ärztlichen Entscheidungsberatung über räumliche Entfernungen (oder zeitlichen
Versatz) hinweg erbracht werden. Hierbei werden Informations- und Kom-
munikationstechnologien eingesetzt.» (Definition der Bundesärztekammer,
verfügbar unter: https://www.bundesaerztekammer.de/aerzte/telematiktele-
medizin/telemedizin/)

96 Verfügbar unter: https://www.willy-brandt.de/willy-brandt/zitate/